Hartwig Berger
Untersuchungsmethode und soziale Wirklichkeit

D1986511

Die gängige empirische Sozialforschung – so könnte man die These dieser Arbeit umschreiben – erringt einen Pyrrhus-Sieg nach dem anderen über die gesellschaftliche Wirklichkeit. Mit ihrem ungeheuren methodischen Aufwand und durch die Standardisierung ihrer Forschungstechniken mag sie präzise und verläßliche Daten gewinnen – die soziale Realität aber in ihrer ganzen Komplexität ist ihr dabei entglitten.
»Das Buch arbeitet zwar selbst keine methodischen Alternativen zur empirischen Sozialforschung heraus. Es will aber dazu ermutigen, unbelastet vom großen technischen Aufwand der geläufigen Soziologie Untersuchungen zu machen. Die dabei verwendeten ›Methoden‹ lassen sich im Grunde gar nicht sinnvoll standardisieren; vielmehr sollten die Untersuchenden mehr von ihrem sozialen Alltagsverstand Gebrauch machen, ihrer sozialen Sensibilität, ihren kommunikativen Fähigkeiten.«

Hartwig Berger, geboren 1943, war von 1970 bis 1976 Mitarbeiter an der FU Berlin, dann Hausmann und arbeitet seit 1978 an der Universität Amsterdam. Veröffentlichungen: *Erfahrung und Gesellschaftsform* (1972); *In Verteidigung des »Pueblo«*, in »Prokla« Nr. 25, 1976; zus. mit B. Kavemann und M. Hessler: *Brot für heute, Hunger für morgen – Landarbeiter in Südspanien* (1978).

Hartwig Berger

Untersuchungsmethode und soziale Wirklichkeit

Eine Kritik an Interview und Einstellungsmessung in der Sozialforschung

Syndikat

Dem Wusel aus Kusel

CIP-Kurztitelaufnahme der Deutschen Bibliothek

Berger, Hartwig:
Untersuchungsmethode und soziale Wirklichkeit :
e. Kritik an Interview u. Einstellungsmessung
in d. Sozialforschung / Hartwig Berger. –
Frankfurt am Main : Syndikat, 1980. (Syndikat-Reprise)
ISBN 3-8108-0144-5

Syndikat-Reprise, um ein Nachwort erweitert
© Suhrkamp Verlag, Frankfurt am Main 1974
Alle Rechte jetzt bei
Syndikat Autoren- und Verlagsgesellschaft, Frankfurt am Main 1980
Umschlag nach Entwürfen von Rambow, Lienemeyer und van de Sand
Motiv: Umbo, »Unheimliche Straße«, Berlin 1928, Photographie.
Produktion: Klaus Langhoff, Friedrichsdorf
Gesamtherstellung: Georg Wagner, Nördlingen
Alle Rechte vorbehalten
Printed in Germany
ISBN 3-8108-0144-5

Inhalt

I. Empirische Sozialforschung und Positivismuskritik

1. Zur Frage einer »marxistischen Empirie«

Die marxistische Sozialwissenschaft hat die Frage der Methoden empirischer Untersuchung der sozialen Wirklichkeit bisher weitgehend verdrängt. Weder gibt es relevante Auseinandersetzungen mit dem methodischen Instrumentarium der spätkapitalistischen Sozialforschung, noch wurden nennenswerte Ansätze von Untersuchungsverfahren mit emanzipatorischer Zielsetzung entwickelt[1]. Die Kritik bürgerlicher Sozialwissenschaft beschränkt sich auf deren theoretische Systeme und erkenntnistheoretische Prinzipien, ihre empirischen Forschungstechniken betrachtet man dagegen oft als neutrales Handwerkszeug, das für Untersuchungen mit reaktionärer wie fortschrittlicher Zielsetzung gleichwertig verwendbar ist[2]. Eine Anpassung der marxistischen Forschungspraxis an bürgerliche Vorbilder läßt sich im erneuerten Marxismus der BRD und West-Berlins erst in Ansätzen beobachten, weitgehend durchgesetzt hat sie sich inzwischen in den RGW-Ländern. Die Soziologie der DDR übernimmt fast einhellig die Untersuchungsmethoden der spätkapitalistischen Sozialforschung und deutet sie lediglich im Lichte der marxistisch-leninistischen Erkenntnistheorie (teilweise auch der dialektischen Logik Hegels) anspruchsvoll, wenngleich praktisch völlig unverbindlich, um[3].

Vorläufige Ideen einer emanzipatorisch gerichteten Empirie hat der linke Flügel der westdeutschen Soziologie nicht weiter ausgearbeitet. Marxistische Textexegeten rechtfertigen diese Abstinenz in der Regel mit dem Prinzip des »Aufsteigens vom Abstrakten zum Konkreten«, das reichlich fragmentarischen

1 Ausnahmen sind: Das Verfahren des »Untersuchungsberichts« im Maoismus; die *Arbeiteruntersuchung* der *Quaderni Rossi;* das Bildungsprogramm des Paulo Freire; in der BRD: Ritsert zum Verfahren der Inhaltsanalyse; programmatisch: W. Fuchs.

2 F. Haug 1969. (Genaue Literaturangaben am Schluß des Bandes.)

3 Vgl. W. Friedrichs ed. 1971; H. Roede 1866; *Technik und Methodologie soziologischer Forschung,* 1966.

Methodenreflexionen von Marx entstammt. Es besagt, daß erst die allgemeinen Grundzüge einer Theorie der kapitalistischen Gesellschaftsform ausgearbeitet oder »rezipiert« sein müssen, bevor man gezielt ihre empirische Wirklichkeit analysieren kann[4]. Aus der allgemeinen Theorie sind die bestimmenden Merkmale der gesellschaftlichen Wirklichkeit ableitbar, an denen sich empirische Untersuchungen auszurichten haben. Die ausgearbeitete Theorie gibt schließlich Aufschluß über die verwendbaren und angemessenen Forschungsmethoden. Die Frage empirischer Untersuchungsmethoden ist so in zweifachem Sinn sekundär: Sie wird auf einen Zeitpunkt nach der erfolgreichen Rekonstruktion marxistischer Theorie vertagt, und sie kann erst im Rahmen dieser Rekonstruktion eine Lösung finden.

Eine Theorie mit emanzipatorischem Anspruch muß sich in der Verallgemeinerung und Deutung von Ideen bewähren, die in Sozialbewegungen unterdrückter Klassen entstehen, aufgegriffen oder verbreitet werden. Notwendig ist daher eine enge Beziehung der Theorie zum proletarischen Erfahrungszusammenhang. Der gegenwärtigen marxistischen Sozialwissenschaft wird jedoch das Gesellschaftsbewußtsein von proletarischen Klassen nur theoretisch zum Problem. Es gibt lange Abhandlungen über die apriorische Struktur von Klassenbewußtsein und die allgemeinen Bedingungen seiner Entfaltung. Aus der marxistischen Theorie versucht man seine idealtypische Struktur ebenso abzuleiten, wie die Formen ideologischer Verkehrung des Bewußtseins. Auf eine Untersuchung empirischen Arbeiterbewußtseins verzichtet man dagegen entweder ganz, oder man beschränkt sich auf Sekundäranalysen von Studien aus dem bürgerlichen Lager. Eigene Untersuchungen, die bisher kaum vorliegen, dienen der nachträglichen Überprüfung marxistischer Schreibtischtheorien; für die theoretische Analyse der kapitalistischen Gesellschaft selbst gilt das empirische Arbeiterbewußtsein nicht als orientierend. Die Techniken der Datenermittlung werden dabei unkritisch der spätkapitalistischen Sozialforschung entliehen.

Die Verdrängung des Problems empirischer Untersuchungs-

4 Vgl. a. die Veröffentlichungen des Projekts Klassenanalyse am IfS der FU Berlin.

methoden ist ein Schritt zur Reintegration einer sich systemkritisch verstehenden Sozialforschung in den spätkapitalistischen Wissenschaftsbetrieb. Diese zeichnet sich bereits in der emphatischen Aufnahme des Anspruchs auf »Wissenschaftlichkeit«, »exakte« oder »wahre« Gesellschaftswissenschaft im gegenwärtigen Marxismus der BRD ab; sie findet sich wieder z. B. in der Deutung der Kritik der Politischen Ökonomie als theoretisches System oder in der – durch Erweiterung auf gesamtgesellschaftliche Erklärungsmodelle nur modifizierten – Übernahme des positivistischen Gesetzesbegriffs. Für die Sozialforschung speziell konstituiert die Übernahme der vorgegebenen Untersuchungsinstrumente zunächst eine Degradierung der Untersuchten zu Forschungsobjekten, die durch den Anspruch auf streng objektive Datenermittlung gerechtfertigt wird, in Wirklichkeit aber die Untersuchungssituation Verhaltensmustern der sozialen Herrschaft und Kontrolle angleicht. Daß die Techniken des Forschungsinterviews, der standardisierten Erhebung und der Einstellungsmessung vorrangig das an Herrschaftsverhältnisse angepaßte Sozialverhalten und Bewußtsein erfaßbar machen, soll der vorliegende Beitrag begründen.

Er richtet sich dabei ebenso gegen die Vernachlässigung empirischer Sozialforschung im sich neu bildenden Marxismus der BRD. Dessen Beschränkung auf theoretische Analysen und eine Kritik bürgerlicher Sozialtheorie, die deren wesentliche methodische Prinzipien gleichwohl übernimmt, steigert langfristig die Gefahr der Sterilisierung und Verselbständigung der Tätigkeiten linker Intelligenz. Im Gegensatz zur Entstehungsphase sozialistischer Theorien, die sich durch enge Bindung an Klassenkampfpraxis und Denken der proletarisierten Schichten auszeichnete[5], ist ihre gegenwärtige Lage in der BRD der eines Wasserkopfes mit schwachbrüstigem Körper und Kinderfäusten vergleichbar[6]. Weder Begrifflichkeit noch leitende marxistische Theoreme knüpfen gegenwärtig an Erfahrungen der unterdrückten Klassen an, die Theorie bewegt sich in Randbezirken der bürgerlichen Öffentlichkeit und in intellektuellen Gegenkulturen. Damit der Marxismus nicht zur akademischen Lehrmeinung und zur theoretischen

5 M. Vester 1970.
6 So eine Karikatur aus der Zeitschrift *links*, 1973.

Orientierungskrücke eines linken Bildungsbürgertums verkommt, muß er sich als organisierendes Gesellschaftsverständnis unterdrückter Klassen bewähren. Es geht, in den Worten von Negt/Kluge, vordringlich darum, die Kategorien der *Kritik der Politischen Ökonomie* nach unten, zu den wirklichen Erfahrungen der Massen hin, zu öffnen.[7] Ob allerdings der Prozeß umfassender und kollektiver Bewußtseinsbildung die marxistische Theorie bewährt, oder ob er eine andere theoretische Orientierung über die gesellschaftliche Wirklichkeit zum Resultat hat, kann vorweg und »wissenschaftlich« nicht entschieden werden.

Mit der skizzierten Forderung erhält empirische Sozialforschung zentrale Bedeutung für eine marxistische Sozialwissenschaft. Am Gesellschaftsverständnis unterdrückter Klassen müssen die zur herrschenden Ideologie konträren und potentiell systemverändernden Elemente erst ermittelt werden, an denen sich die Entfaltung einer »populistischen« Gesellschaftstheorie orientiert; die Denk- und Sprach-Formen, in denen sich das latente Gesellschaftsbewußtsein der Unterdrückten artikuliert, müssen erfaßbar sein, damit sich die Gesellschaftstheorie als theoretischer Organisator der Erfahrungen dieser Klassen bewähren kann. Eine Klassenanalyse spätkapitalistischer Gesellschaften nimmt auch bei aller theoretischen Verbalradikalität nicht einen »proletarischen Standpunkt« ein, wenn sie sich mit objektiven ökonomischen und sozialen Analysen bescheidet, statt an das wirkliche Verständnis der arbeitenden Klassen von der gesellschaftlichen Gliederung anzuknüpfen. Kein ZK wird dieser akademischen Theorie zur Massenwirkung verhelfen.

Auch eine nachträgliche Popularisierung der Theorie löst ihre akademische Begrenzung nicht auf. Die Popularisierung einer Theorie spaltet sie in ein Arkanon für Fachgelehrte und eine Simplifizierung für bildungswillige Massen; nicht die Theorie, sondern ihre mundgerechte Kurzfassung hat sich als Organisator proletarischer Erfahrungen zu bewähren, wobei nicht diese Erfahrungen das Kriterium sind, an dem sich die Angemessenheit der Theorie orientiert, sondern umgekehrt von der Theorie diejenigen Erfahrungen und Denkweisen ausgewählt werden, die das Prädikat »antikapitalistisch« verdienen.

7 Negt/Kluge 1972.

Ausgangspunkt einer Klassenanalyse, die nicht durch standortspezifische Sichtweisen von privilegierten Kopfarbeitern geprägt sein soll, sind das wirkliche Bewußtsein der Unterdrückten von der Gliederung der Gesellschaft, in der sie leben, und ihre Ansätze zur begrifflichen Fassung dieser Gliederung. »Wirkliches Bewußtsein« ist allerdings ein zweideutiges Wort, da natürlich das Arbeiterbewußtsein auch durch depositäre Ablagerungen der herrschenden Ideologie bestimmt ist. Die Sozialforschung muß eine Trennung der depositären Ablagerungen von originären Bewußtseinselementen vornehmen können, die im Ansatz die Situation der Unterdrückung und Ausbeutung verarbeiten und ein systemveränderndes Potential enthalten[8]. Dazu gibt die klassische marxistische Theorie wichtige Orientierungen, ohne ein definitiver Maßstab über wahres und falsches Bewußtsein zu sein.

Mit dem Programm einer Entfaltung massenwirksamer Gesellschaftstheorien stellen sich wichtige methodische Probleme einer empirischen Sozialforschung. Der vorliegende Beitrag soll dazu Vorarbeiten liefern, indem er die Eignung bestimmter und gegenwärtig praktizierter Untersuchungsverfahren zur Erfassung systemsprengender Bewußtseinselemente überprüft. Vorgreifend können wir diese Überprüfung zu fünf Thesen zusammenfassen:

1) Die vorherrschenden Verfahren zur Untersuchung sozialen Bewußtseins – das Forschungsinterview und die Techniken der Einstellungsmessung – sind zugeschnitten auf die Erfassung von Bewußtsein, das mit bestehenden Herrschaftsverhältnissen konform geht. In Ansätze einer emanzipatorisch gerichteten Sozialforschung sollten sie daher nicht übernommen werden.

2) Latente und kaum entfaltete Verständigungsmuster über die gesellschaftliche Wirklichkeit lassen sich mit diesen Methoden ebensowenig erfassen wie komplexe, ambivalente und widersprüchliche Sozialorientierungen. Sie eignen sich wohl zur Untersuchung stereotyper Meinungen vereinzelter Personen, nicht aber von Bewußtsein, das Erfahrungen und

8 Den Begriff »depositäres Bewußtsein« führt Freire für alle fremdbestimmten Denkweisen und Denkinhalte der Unterdrückten ein, die ihnen durch die herrschende Klasse und ihre Medien indoktriniert wurden.

konkrete soziale Situationen kollektiv verarbeitet und interpretiert. Die spätkapitalistische Sozialforschung faßt ihren restriktiven methodischen Zugang zum subjektiven Lageverständnis von Menschen im Begriff der »Einstellung« zusammen. Eine emanzipatorische Sozialforschung wird, um ihrem erkenntnisleitenden Interesse gerecht zu werden, einem anderen Begriff von sozialem Bewußtsein folgen müssen.

3) Der positivistische Objektivitätsanspruch erweist sich in der Ermittlung sozialen Bewußtseins als unhaltbar, für eine emanzipatorische Sozialforschung werden daher andere Objektivitätskriterien zwingend. Sie muß sowohl die Forderung nach situationsunabhängig geltender Datenermittlung aufgeben als auch die Abstinenz des Forschers, durch seine Untersuchung das soziale Bewußtsein der Untersuchten nicht zu verändern.

4) Die Struktur der Sozialbeziehung zwischen Forschern und untersuchten Subjekten, die in den vorherrschenden Untersuchungsmodellen impliziert ist, ist mit den kollektivistischen und egalitären Ideen und Ablaufformen von Sozialbewegungen unvereinbar.

5) Die aufgewiesenen Grenzen der vorherrschenden Methodologie treffen in besonderer Schärfe für die Untersuchung von Arbeiterbewußtsein zu.

Mit Ausnahme des Leitbegriffs »thematisches Bewußtsein« wird also die Kritik an Methoden der spätkapitalistischen Sozialforschung nur indirekt und völlig unausgeführt Kriterien für emanzipatorische Ansätze entfalten. Ohne damit diese Begrenzung des Beitrags zu rechtfertigen, soll doch auf eine prinzipielle Schwierigkeit »emanzipatorischer Methodologie« hingewiesen werden: Die Trennung von Methodenreflexion und Forschungspraxis hat in der bürgerlichen Sozialwissenschaft zur Konsequenz, daß die Wissenschaftstheorie ein der Realität widersprechendes Bild der Sozialforschung zeichnen und eben dadurch Legitimationsfunktionen übernehmen kann. Warum sollte eine unter systemkritischen Ansprüchen entworfene Methodologie vor derselben Gefahr immun sein? Angesichts der normativen und politischen Zwänge einer im Spätkapitalismus institutionalisierten Sozialwissenschaft nimmt die Aussicht zu, daß eine durch ihre Praxis integrierte Forschung erst über abgelöste methodologische und theoretische Reflexionen einen radikalisierten Anstrich erhält. Damit Radikalität nicht zur Kosmetik einer in Wirklichkeit integrierten Sozialforschung verkommt, ist es notwendig (obwohl längst nicht hinreichend), daß eine emanzipatorische Methodologie an konkreten Untersuchungen selbst entwickelt wird.

2. Zur Methodologiekritik der Frankfurter Schule

Vor einigen Jahren hat sich die Auseinandersetzung um Methoden der empirischen Sozialforschung im »Positivismusstreit« zentriert[9]. Mindestens teilweise bezog er sich auf die Frage, ob die Untersuchungstechniken des Social research eine angemessene Erfassung der gesellschaftlichen Realität ermöglichen, und ob sie Vorentscheidungen sozialtechnischer und direkt politischer Art beinhalten, die eine Verwendung für integrative Sozialplanung und ideologische Formierungstendenzen im Spätkapitalismus von ihrem Ansatz her nahelegen. Ist die empirische Sozialforschung erst aufgrund bestimmter Anwendungspraktiken in eine integrative Gesellschaftspolitik eingeordnet, oder legen bereits ihre methodischen Postulate diese Parteilichkeit fest? Von seiten der kritischen Theorie verband sich diese Frage mit dem Anspruch, unter dem Stichwort »Dialektik« und »Hermeneutik« Alternativen nicht nur soziologischer Theorie, sondern auch Empirie aufzuzeigen, die sich in eine Strategie der Emanzipation von Ausbeutung und Unterdrückung einordnen lassen. Das Frankfurter Institut für Sozialforschung hat deshalb seit seiner Neugründung versucht, Verfahren wie die »Gruppendiskussion«, das »Gruppenexperiment« und den psychoanalytischen Dialog näher auszuarbeiten.
Nach den Höhepunkten des Positivismusstreits, der auch für die entstehende Studentenbewegung orientierend war, hielt nur die kritisch-rationalistische Seite den Bezug zu Fragen der empirischen Sozialforschung aufrecht: Die Wissenschaftstheorie Poppers findet in methodologische Einführungsbücher zunehmend Eingang[10]. Dagegen trat die kritische Theorie

9 Adorno et al. 1969.
10 Z. B. Atteslander, Opp.

einen philosophischen Rückzug an. Statt ihre allgemeine Kritik des positivistischen Wissenschaftsbegriffs an sozialwissenschaftlicher Praxis und Methodologie zu konkretisieren, entfaltete sie die erkenntnistheoretischen und sozialphilosophischen Hintergründe ihrer Kritik und grenzte sie vom Ansatz des klassischen Marxismus ab.
Das vorläufige Scheitern einer konkretisierbaren Positivismuskritik durch »die Frankfurter« ist innertheoretisch bereits in ihrem Ansatz angelegt. Ihr Anspruch war es, den Wissenschafts*begriff* in kapitalistischen Gesellschaften und die *Praxis* wissenschaftlicher Forschung in diesen Gesellschaften zu kritisieren. Die Wissenschaftskritik war gleichzeitig als Ideologiekritik und als Auseinandersetzung mit den Methoden wirklicher Wissenschaft angelegt. Brennpunkt der Kritik wurde dabei zunehmend die analytische Wissenschaftstheorie. Obwohl diese eine systematische Explikation des im Spätkapitalismus verbreiteten Wissenschaftsverständnisses leistet, und obwohl sie durchaus direkte Bezüge zur Methodenpraxis der Sozialforschung aufzuweisen hat, führte die ausschließliche Auseinandersetzung mit ihr die kritische Theorie in eine Sackgasse. Solange nämlich die Umsetzung der wissenschaftstheoretischen Postulate in die methodische Praxis der Wissenschaften, ihr Gelingen und ihr Scheitern, nicht überprüft worden ist, besteht die Gefahr, daß die Positivismuskritik nur auf den Sack haut, während sie den Esel meint. Zentrale Forderungen der »philosophy of science« kann die Sozialforschung de facto ignorieren, und umgekehrt die Wissenschaftstheorie wesentliche Merkmale der Forschungspraxis. Eine vorrangig gegen wissenschaftstheoretische Positionen zielende Positivismuskritik ist dann unfähig, zwischen verzerrter und angemessener Darstellung von Forschungsprinzipien zu unterscheiden, sie erfaßt nicht die Ambivalenz der analytischen Theorie zwischen Ideologisierung und angemessener Reflexion der Wissenschaftspraxis und kann die Konsequenzen der Anwendung bestimmter methodischer Postulate nur aufs Geratewohl abschätzen.

Zwei Beispiele, die das Scheitern der Frankfurter Positivismus-Kritik deutlich machen, sind Habermas' Analysen der Beobachtungstheorie von Popper und des behavioristischen

Forschungsansatzes in der Soziologie[11]. Habermas' Behandlung des Basisproblems konzentriert sich auf das Verhältnis von Theorie und Experiment, wie es die *Logik der Forschung* entfaltet hat. Er versucht zu zeigen, daß Entscheidungen über relevante Beobachtungssätze den begrifflichen Rahmen eben der Theorie voraussetzen, zu deren Test die Beobachtungssätze Verwendung finden sollen. Er schließt daraus auf eine unaufhebbare Zirkularität im Verhältnis von Beobachtung und Theorie und vertritt im Anschluß an die pragmatistische Bedeutungslehre die These, daß die gemeinsamen Regeln der Theorien- und Beobachtungs-Sprache ihren spezifischen semantischen Gehalt mindestens teilweise durch Regeln instrumentellen Handelns erhalten, die leitend für jede wissenschaftliche Tätigkeit sind. Damit ist die sozial- technische Anwendbarkeit soziologischer Erkenntnis bereits durch die Regeln der Wissenschaftssprache und der Forschungstätigkeit vorstrukturiert.

Obwohl Habermas auch gegen die positivistische Praxis der Sozialforschung zielt, entfaltet er seine kritische Argumentation nicht an konkreten Methodenproblemen der Soziologie. Die Entscheidung über theorierelevante Beobachtungen ist in dieser weitgehend identisch mit der Aufgabe, die Gültigkeit (Validität) von Beobachtungsverfahren zu bestimmen. Die Methodologie hat dazu eine Reihe von Techniken entwickelt, die eine Zirkularität von theoretischer und experimenteller Sprache vermeiden sollen. Sie versucht, den von der Wissenschaftstheorie konstatierten Zirkel aufzulösen. Eine relevante Methodologie-Kritik muß die Berechtigung dieses Anspruchs an den Techniken der Validierung selbst überprüfen, sonst bleibt sie auf die triviale Feststellung beschränkt, daß der Philosoph Popper keine Regeln zur Festlegung theorierelevanter Basissätze angeben kann. An den Validierungstechniken muß die Notwendigkeit eines Rekurses auf scheinbar »außerwissenschaftliche« Handlungsregeln bewiesen werden. Ihre Analyse ergibt wahrscheinlich, daß die These einer sozialtechnischen Bindung sozialwissenschaftlicher Beobachtungsverfahren in einer Hinsicht zu weit, in einer anderen

11 Habermas, *Empir.-anal. Wissenschaftstheorie* . . ., in: Adorno 1969; Habermas 1967, S. 58 ff. Eine ausgezeichnete Darstellung und Beurteilung der wiss.-theor. Argumentation von H. gibt H. Pilot, in: Adorno 1969.

Hinsicht zu eng ist. Sie ist zu eng, weil in die Entscheidung über die Validität von Beobachtungssätzen standpunktspezifische Ideologien der Sozialforscher und ihrer Auftraggeber eingehen; sie ist zu weit, weil die Feststellung eines sozialtechnischen Imperativs nicht genügend differenziert. So wird man den Techniken der Intelligenzmessungen zwar technisch-instrumentelle Funktionen zusprechen müssen, weil sie wesentlich die Anpassungsfähigkeit der Testpersonen an normative Anforderungen bestimmter Arbeitsprozesse messen; diese Anpassungsfähigkeit begrenzt sich aber nicht auf rein instrumentelle Qualifikationen, sondern impliziert auch ein Minimum an ideologischer Konformität der Testpersonen – und ihre Zielgröße ist übrigens nicht Arbeit allgemein, sondern Tätigkeit in bestimmten gesellschaftlichen Produktionsverhältnissen[12].

Ein zweites Beispiel für das Scheitern Frankfurter Positivismus-Kritik ist die Behaviorismus-Analyse von Habermas. Kann man den Beobachtungsbereich der Sozialforschung und der Psychologie auf stimuliertes Verhalten beschränken und dadurch eine verbindliche Intersubjektivität wissenschaftlicher Beobachtung herstellen? Habermas weist die Unhaltbarkeit dieser wissenschaftstheoretischen Position nach und folgert, daß eine an ihr orientierte Sozialforschung nur zu Erkenntnissen gelangt, die als manipulatives Herrschaftswissen einsetzbar sind. Als Alternative propagiert er eine bewußt sinnverstehende Datenermittlung, deren Ergebnisse zur Aufklärung der Untersuchten über ihre Handlungsregeln und ihre gesellschaftliche Situation einsetzbar sind.

Habermas überprüft jedoch nicht die mögliche Umsetzung des behavioristischen Programms in sozialwissenschaftlichen Beobachtungsmethoden. Sieht man von Skinners Rattenexperimenten ab, so steht die Forschungspraxis konträr zu den behavioristischen Postulaten. Zentrale Verfahren der Datenermittlung, wie Interview und Formen teilnehmender Beobachtung, haben Sozialbeziehungen zwischen Forschern und Untersuchten zur unerläßlichen Vorbedingung. Das methodische Problem ist nicht, das Verhalten der Untersuchten auf stimulierte Reaktionen zu reduzieren, sondern die Sozialbe-

12 In diese Richtung geht die ausgezeichnete Analyse des Wechsler-Intelligenz-Tests von H. Probst. In: *Kritik der Sonderpädagogik*, 1974.

ziehen im Beobachtungsprozeß so weit unter Kontrolle zu bringen, daß sie die Untersuchungsergebnisse nicht verändern und verzerren (vgl. II, 1., 2.). Indem Habermas seine Kritik an den Sozialbehaviorismus von Philosophen adressiert, der sich weit von der wirklichen Sozialforschung entfernt hat, gelingt es ihm nicht, methodische Probleme und politische Dimensionen einer an soziale Interaktion gebundenen Beobachtung hinreichend zu erfassen.
Am Beispiel des Forschungsinterviews soll später gezeigt werden, daß die Methodologie diese Probleme permanent verdrängt. Sie registriert nicht destruktive Konsequenzen der Beobachtungssituation auf den Objektivitätsanspruch, sie übersieht strukturelle Merkmale der Sozialbeziehung und der Befragerrolle, die aus der Verbindlichkeit bestimmter methodischer Postulate resultieren, und sie zeichnet ein verkürztes Bild vom Prozeß sprachlicher Verständigung im Interview. Die Alternative behavioristischer oder sinnverstehender Datenermittlung ist für eine Kritik methodischer Praxis irrelevant – zu untersuchen sind vielmehr die Modelle sozialer Interaktion, nach denen der Forschungsprozeß abläuft, und die konkreten Probleme von Sinn- und Sprachverstehen, die sich in der Datenermittlung stellen. Die behavioristische Position der analytischen Wissenschaftstheorie erscheint im Lichte solcher Kritik als Ablenkungsmanöver, das die ergebnisbestimmenden Auswirkungen der Sozialbeziehung zwischen Forschern und Untersuchten umgeht, indem sie real unerfüllbare Beobachtungsbedingungen abstrakt propagiert.

3. Analytische Wissenschaftstheorie als Legitimationsideologie empirischer Sozialforschung

Welche Lehren kann man aus den Fehlern der Frankfurter Positivismuskritik ziehen? Orientierungspunkt der Auseinandersetzung muß die angewandte Methodologie der Sozialforschung sein; da deren Prinzipien aber durch die allgemeine Wissenschaftstheorie gerechtfertigt werden, muß eine vollständige Kritik von Forschungsprinzipien zugleich deren wissenschaftstheoretische Legitimation angreifen. Dabei ist es notwendig, die Ambivalenz der Methodenreflexion zwischen angemessener und ideologischer Darstellung von Forschungsprinzipien möglichst genau zu erfassen. Sonst besteht die Gefahr, daß man Positionen bekämpft, die mit praktischer Sozialforschung wenig zu tun haben, und gleichzeitig Positionen übergeht, die ein systemintegratives Vorgehen der Sozialforschung angemessen wiedergeben. Erfaßbar wird die Ambivalenz der Wissenschaftstheorie nur, indem man die Realisierung ihrer Prinzipien in der Sozialforschung einzeln überprüft. Die Kritik verläuft also doppelgleisig – auf der Ebene allgemeiner Wissenschaftstheorie und auf der Ebene angewandter Methodologie.

Entsprechend dieser Argumentationsstrategie stellen wir zunächst einige Beobachtungsprinzipien dar, die die analytische Wissenschaftstheorie auch für die empirische Sozialforschung propagiert. Seit ihrer Ablösung von der im engeren Sinn neopositivistischen Phase läßt die Philosophy of science in wissenschaftlicher Datenermittlung nur intersubjektiv nachprüfbare Beobachtungen gelten. In dieser Allgemeinheit formuliert sie allerdings eine inhaltsleere Trivialität, denn auch jede alltägliche soziale Beobachtung muß, um Anerkennung zu finden, von anderen Menschen nachprüfbar sein, ohne dadurch einen wissenschaftlichen Status zu erlangen. Als Prinzip wissenschaftlicher Datenermittlung ist das Intersubjektivitätspostulat also noch zu weit gefaßt. Verschärft man das Prinzip dagegen zur Forderung, daß genau der Sachverhalt, den eine Person beobachtet hat, von anderen ebenfalls registriert sein muß, sind die Grenzen wissenschaftlicher Beobachtung zu eng gezogen. Da Experimente, aber auch Interviews und Protokolle teilnehmender Beobachtung, sich in der Regel nicht auf kollektive Wahrnehmungen stützen, könnte die Mehrzahl von Beobachtungssätzen keine wissenschaftliche Anerkennung finden.

Beide Sackgassen meidet das Intersubjektivitätspostulat nur, wenn man es inhaltlich präzisiert als Angabe bestimmter Bedingungen, die wissenschaftlich akzeptable Beobachtungen erfüllen müssen. Mindestens implizit führen denn auch wissenschaftstheoretische und methodologische Lehrbücher einige wesentliche Bedingungen intersubjektiv nachprüfbarer Beobachtung an. Es sind dies, ohne Anspruch auf Vollständigkeit:

1)[13] Beobachtungen müssen zwar nicht faktisch wiederholt, doch prinzipiell reproduzierbar sein – verschiedene oder auch identische Beobachter müssen unter gleichartigen experimentellen Umständen denselben Effekt wieder beobachten können. Die Sozialforschung beachtet dieses Prinzip mit der Forderung nach möglichst zuverlässiger Datenermittlung. Für die meisten Untersuchungsverfahren hat sie daher Zuverlässigkeitstests entwickelt. Sie messen, meist in indirekter Form, ob die Untersuchten in einer unveränderten Beobachtungssituation weitgehend identisch reagieren werden. Die Chance wissenschaftlicher Anerkennung eines Beobachtungsverfahrens nimmt mit dem Grad seiner Zuverlässigkeit zu.

2)[14] Idealfall wissenschaftlicher Beobachtung ist das Experiment. Es zeichnet sich durch eine eindeutig nach außen abgegrenzte Untersuchungssituation aus, deren Merkmale in ihrer Wirkungsrelevanz möglichst weitgehend identifizierbar sein sollen. Der Beobachtungsprozeß selbst richtet sich, um unbeabsichtigte Nebenwirkungen auszuschalten oder zu kalkulieren und um Reproduzierbarkeit zu garantieren, nach zuvor festgelegten und explizit formulierten Regeln. Experimentelle Bedingungen sind aber in der Sozialforschung nur annäherungsweise erreichbar. Ihr Annäherungsgrad bestimmt sich durch das Ausmaß der Standardisierung, das der Beobachtungsprozeß erreicht. Die Forderung nach standardisierbaren Untersuchungsverfahren ist daher identisch mit dem Postulat, experimentelle Bedingungen der Beobachtung möglichst weitgehend zu realisieren. Weitgehende Standardisierung fordert die Methodologie zwar nicht generell, doch hat sich seit einigen Jahrzehnten die Auffassung durchgesetzt, daß standardisierte Techniken zumindest für die Endphase einer Untersuchung, also für systematische Situationsbeschreibungen, statistischen Datenvergleich und gezielten Hypothesentest, zu bevorzugen sind.[15]

3)[16] Die Beobachtungsprotokolle müssen einen möglichst hohen Präzisionsgrad aufweisen. Präzision heißt größtmögli-

13 Z. B. Popper 1966, § 8, 19. Galtung 1967, S. 28 f.

14 Zur Forderung nach dem Experiment angenäherten Beobachtungsbedingungen vgl. Nagel, S. 450 ff.

15 Z. B. Lazarsfeld, Atteslander, Galtung.

16 Zur Forderung von Präzision und Meßbarkeit: Nagel 1961, S. 7 ff.

che Eindeutigkeit der begrifflichen Klassifikation und damit Unterscheidbarkeit verschiedener Beobachtungsresultate. Der erforderliche Präzisionsgrad richtet sich nach dem Forschungsziel, relativ zu ihm sollen die Beobachtungs-Klassifikationen möglichst eindeutig sein. Diese Forderung verbindet sich meist mit dem Anspruch statistischer Vergleichbarkeit verschiedener Beobachtungsresultate und kristallisiert sich im Programm, Beobachtungen in Meßdaten zu überführen[17]. Viele methodologische Texte setzen daher »Beobachtung« mit »Messung« gleich. Wenn man etwa bei Person A eine hohe Intelligenz feststellt und bei B eine geringe, hat man eine Vergleichbarkeit beider Resultate noch nicht gesichert. Die Feststellungen können sich auf verschiedene Situationen beziehen, so bei A auf seine Fähigkeiten zur Durchführung mathematischer Operationen, bei B auf seine Reaktionsgeschwindigkeit in der Lösung von Worträtseln. Ein Vergleich der Resultate setzt ihre Umsetzung in situationsunabhängige Meßwerte voraus – z. B. müssen die an A und B beobachteten Verhaltensweisen in bestimmte Intelligenzquotienten übersetzbar sein. Da hier nicht das Verhältnis Theorie – Beobachtung zur Diskussion steht, können wir die methodischen Probleme der erforderlichen Operationalisierung theoretischer Begriffe ignorieren. Es genügt die Feststellung: wissenschaftliche Beobachtungsprotokolle müssen eine, relativ zum Forschungsziel, präzise Form haben; erreicht wird das durch ihre Umsetzung in Meßdaten.

Die angeführten Bedingungen wissenschaftlich intersubjektiver Beobachtung sind, so wurde deutlich, für die Datenermittlung der empirischen Sozialforschung überwiegend verbindlich. Die Beobachtungsprinzipien der analytischen Wissenschaftstheorie zeichnen soweit also durchaus ein angemessenes Bild der Forschungspraxis. Nur deshalb kann die Wissenschaftstheorie mit weitgehender Anerkennung als »Sachverwalterin« des spätkapitalistischen Wissenschaftsverständnisses rechnen. Gleichzeitig aber interpretieren die Analytiker, wie im folgenden zu zeigen ist, Verbindlichkeit und Auswirkungen der wissenschaftlichen Beobachtungsprinzipien so, daß sie entscheidende Schwierigkeiten jedenfalls der empirischen

17 Nagel 1932, S. 122; Lundberg 1942, S. 22 ff.; Guilford 1957, S. 1.

Sozialforschung verschleiern. In diesem Sinn formulieren sie ein ideologisches Wissenschaftsverständnis. Die Funktion dieser Ideologie ist, das Vertrauen der Fachwissenschaftler in Funktionsfähigkeit und Erkenntnisanspruch ihrer Methoden zu stabilisieren. Weil die allgemeine Beurteilung praktizierter methodischer Prinzipien Sache der Wissenschaftstheoretiker ist, die ihre Aufgabe abgelöst von konkreten Problemen angewandter Methodologie erfüllen, bleibt die vorherrschende Sozialforschung gegen eine radikale Kritik ihrer Methoden weitgehend abgesichert.

Obwohl man den skizzierten Doppelcharakter der analytischen Wissenschaftstheorie – als angemessene und ideologische Methodenreflexion – allgemeiner entfalten kann, bleibt die Argumentation des vorliegenden Beitrags ausdrücklich auf die Intersubjektivitätspostulate der Datenermittlung beschränkt. Hier vertritt die Wissenschaftstheorie die These, daß eine möglichst strenge Befolgung der Forderungen nach Reproduzierbarkeit, Standardisierung und Meßbarkeit die Objektivität wissenschaftlicher Datenermittlung sichere. Wenn eine Wissenschaft diese Forderungen als verbindlich übernimmt, steigen die Aussichten, daß ihre Beobachtungsverfahren die wirkliche Struktur des untersuchten Gegenstandsbereichs zu erfassen helfen.

Selbst wenn Wissenschaftstheoretiker das nur selten ausdrücklich betonen, kann ihre These, daß objektive Erkenntnis eine strenge Intersubjektivität der Datenermittlung verlangt, leicht an ihrer Forderung abgelesen werden, daß Theorien möglichst streng an »kontrollierter« Beobachtung zu überprüfen sind. So vermeidet das Falsifikationskriterium der kritischen Rationalisten nur dann die absurde Konsequenz, daß einmalige widersprechende Beobachtungen zum Sturz einer etablierten Theorie führen, wenn zugleich als Bedingung erfolgreicher Falsifikation die Reproduzierbarkeit des falsifizierenden Basissatzes verlangt wird. Nach Popper muß daher ein falsifizierender Basissatz zu einer falsifizierenden Hypothese verallgemeinerbar sein. Für die Wissenschaft »objektiv« sind also nur Beobachtungen, die dem Kriterium der Reproduzierbarkeit genügen. Eine Voraussetzung ihrer Reproduzierbarkeit ist nun, daß die Beobachtungsumstände und -regeln eindeutig abgesteckt und identifizierbar sind – wissenschaftlich objektive Beobachtungen müssen der Forderung weitgehender Standardisierung genügen. Drittens verlangt der Vergleich wiederholt durchgeführter Beobachtungen eine Präzision der Beobachtungsprotokolle – »objektive« Beobachtungen sind in Meßdaten überführbar. Strenge Überprüfbarkeit, die nach Popper durch hochgradige Falsifizierbarkeit gesichert wird, erhöht den Objektivitätsanspruch wissenschaftlicher Theorien insgesamt. Somit folgt: Die Postulate wissenschaftlicher Intersubjektivität sind eine notwendige Bedingung wissenschaftlicher Objektivität. Eine analoge Argumentation läßt sich, mit Varianten natürlich, für jede Position analytischer Wissenschaftstheorie führen.

Bevor die These der Analytiker an der Datenermittlung der Sozialforschung überprüft wird, ist eine Erläuterung des Begriffs »wissenschaftliche Objektivität« am Platz. Von der Wissenschaftstheorie wird »Objektivität« eines empirischen Satzes vielfach in Abgrenzung zur empiristischen Position definiert, nämlich als intersubjektive Zugänglichkeit des beobachteten Sachverhalts. Unklar bleibt zunächst, nach welchen Kriterien über die allgemeine Zugänglichkeit eines Sachverhalts entschieden wird. Bekannt ist die dezisionistische Lösung Poppers, die als Index für die Objektivität eines Basissatzes den Konsensus einer idealen Forschergemeinschaft über seine Richtigkeit vorschlägt. Bereits erwähnt wurde die Absurdität dieser Position, die aus der faktischen Zugänglichkeit beobachtbarer Sachverhalte für nur wenige oder sogar nur einen Beobachter resultiert. Aufhebbar war die Absurdität, indem man die Intersubjektivität einer Beobachtung durch die angeführten Postulate der Reproduzierbarkeit usw. präzisiert. Damit erhält aber die These zum Verhältnis wissenschaftlich intersubjektiver und objektiver Datenermittlung eine zirkuläre Form: Daß nur eine kontrollierte Beobachtung objektiv gesicherte Aussagen verspricht, folgt so per definitionem. De facto hätte damit die analytische Wissenschaftstheorie die Intersubjektivitätsnormen wissenschaftlicher Beobachtung doppelt propagiert, sie aber nicht gerechtfertigt.
Obwohl derartige Scheinlegitimationen häufig anzutreffen sind, sollte man in ihnen nicht die typische Denkstrategie analytischer Wissenschaftstheorie sehen. Die These zum Ver-

hältnis wissenschaftlicher Intersubjektivität und Objektivität kann auch einen eigenständigen Objektivitätsbegriff voraussetzen; als synthetische Aussage wird sie dann aber durch Konfrontation mit der Forschungspraxis angreifbar.
Der Objektivitätsbegriff, der implizit der nicht-zirkulären wissenschaftstheoretischen Aussage zur Datenermittlung zugrunde liegt, kann ungefähr und vorläufig durch vier Merkmale bestimmt werden. Die Darlegung der vier Merkmale soll keine vollständige Begriffsanalyse sein, sie dient lediglich als Vorverständigung, die der späteren Kritik der Intersubjektivitätspostulate in der Sozialforschung einen Rahmen steckt.
1) »Objektiv« ist ein Beobachtungsprotokoll, wenn es die wirkliche Zuständlichkeit eines beobachteten Objekts beschreibt. Seine nähere Erläuterung erhält dieses Merkmal durch eine Korrespondenztheorie der Wahrheit, die, von zeitweiligen Abschweifungen in eine Kohärenztheorie abgesehen[18], für die analytische Wissenschaftstheorie orientierend ist. Wir bezeichnen das Merkmal als Forderung nach »Realitätsgehalt« von Beobachtungen. Seine Konkretion in der empirischen Sozialforschung ist trivial: Die Resultate z. B. eines Interviews zur Einstellung über politische Parteien sind dann objektiv, wenn sie die wirklichen Auffassungen der Befragten wiedergeben.
2) »Objektiv« ist ein Beobachtungssatz, wenn sein Aussagegehalt nicht durch die Position und die Vormeinungen des Beobachters sowie durch den Beobachtungsprozeß geprägt wird. Der Beobachtungssatz muß unabhängig von der spezifischen Situation der Untersuchung und dem spezifischen Standpunkt des Beobachters Geltung haben. Die Wissenschaftstheorie formuliert dieses Prinzip meist in der doppelten Forderung, daß eine Beobachtung nicht relativ zur Subjektivität des Beobachters bestimmt sein und nicht durch störende Nebeneffekte der Messung oder des Experiments beeinflußt sein darf. Die erste Forderung grenzt sie vom Empirismus ab, die zweite folgt aus der Funktion von Basissätzen: eine Überprüfung von Theorien zu ermöglichen. Die in Theorien formulierten Gesetzesinvarianzen müssen nämlich Geltung

18 Neurath und Hempel in den 30er Jahren.

unabhängig von sämtlichen Randbedingungen beanspruchen, die nicht explizit im Antezedens der Gesetze aufgeführt sind: Daraus ergibt sich auch die Forderung nach Ausschaltung situationsspezifischer Einflüsse des Beobachtungsprozesses. Wir bezeichnen sie, gemeinsam mit dem Anspruch standpunkt-unabhängiger Beobachtung, als Postulat situationsindependenter Datenermittlung.

Auch die Konkretion dieses Objektivitätsmerkmals in der Sozialforschung ist klar. In ein angemessenes Beobachtungsprotokoll dürfen nicht Wirkungen des spezifischen Beobachterverhaltens und der besonderen sozialen Situation eingehen, in der die Untersuchung durchgeführt wurde.

3) »Objektiv« sind Beobachtungsverfahren, wenn sie alle Gegenstandsbereiche zu erfassen gestatten, die für eine wissenschaftliche Erkenntnis der Wirklichkeit relevant sind. Diese Forderung nach universeller Breite wissenschaftlicher Beobachtung ist so trivial, daß sie meist nur beiläufige Erwähnung findet. Indirekt hat sie die Diskussion um einen methodischen Behaviorismus in der Sozialforschung bestimmt. Wenn es nicht gelingt, durch Beschränkung der Beobachtung auf stimuliertes Verhalten und durch theoretische Erschließung nicht direkt beobachtbarer Verhaltensdeterminanten die psychische und geistige Lebenswelt der Untersuchten, ihr Denken, ihre Gefühle zu erfassen, sind behavioristische Techniken der Datenermittlung unzureichend. Ihre Resultate haben einen nur begrenzten Objektivitätsanspruch.

4) Korrelierend zur »Breite« als Objektivitätsmerkmal ist die Forderung nach »Tiefe« eines Beobachtungsverfahrens. Der Empirie muß neben der Erfassung sämtlicher für theoretische Erklärungen relevanter Gegenstandsbereiche auch eine vollständige Registrierung von Sachverhalten innerhalb eines Gegenstandsbereichs gelingen. So verliert die Befragungstechnik an Objektivitätsgehalt, wenn sie nur solche soziale Orientierungen erfaßbar macht, die zu Stereotypen verfestigt sind, dagegen an Orientierungen scheitert, die sich erst im Prozeß der Formierung befinden oder durch starke Unbestimmtheit und Ambivalenz gekennzeichnet sind.

Die vier Merkmale ergeben insgesamt eine vorläufige Bestimmung des Objektivitäts-Begriffs, der für Wissenschaftstheorie und Datenermittlung der empirischen Sozialforschung orientierend ist. Dabei gelten die Prinzipien »realitätshaltiger« und »situationsindependenter« Beobachtung als konstitutive Merkmale, die für eine wissenschaftliche Datenermittlung unbedingt verbindlich sind. Die Merkmale »Breite« und »Tiefe« stellen dagegen periphere Merkmale dar, über deren Verbindlichkeit keine Einigkeit herrscht. Einige Methodologen nehmen zugunsten mehr realitätshaltiger und situationsindependenter Resultate auch Einschränkungen in ihrer Reichweite und inneren Differenzierung in Kauf; andere fordern, daß kontrollierte Verfahren gegenüber informellen Alltagsbeobachtungen nicht an Reichhaltigkeit und Tiefe zurückstehen dürfen. Eine Prüfung im Lichte der peripheren Merkmale kann also bestenfalls eine Einschränkung des Objektivitätsanspruchs von Beobachtungsverfahren feststellen, die in Grenzen selbst Positivisten zugeben mögen. Eine Kritik im Lichte der konstitutiven Merkmale greift dagegen den Objektivitätsanspruch der vorherrschenden Sozialforschung direkt an. Diese Differenzierung ist in der späteren Argumentation gegen Forschungsinterview, Skalierungsverfahren und Einstellungsbegriff zu beachten.

Wir werden Untersuchungsverfahren auch hinsichtlich der Merkmale »Breite« und »Tiefe« überprüfen. Es soll damit gezeigt werden, daß die wissenschaftlich präzise Datenermittlung an Komplexität und Vielfalt hinter die Norm alltäglicher Sozialerfahrungen weit zurückfällt. Dieser Nachweis macht es dann zwingend, nach politischen Hintergründen bei der Durchsetzung exakter Untersuchungsverfahren in der Sozialforschung zu suchen.

Wir bezeichnen im folgenden die Merkmale »Situationsindependenz« und »Realitätshaltigkeit« als *positivistischen* Objektivitätsanspruch. Damit ist keine erschöpfende Kennzeichnung »des Positivismus« beabsichtigt – die Wissenschaftspraxis und Wissenschaftstheorie, an die er adressiert ist, darf, bei Strafe sektiererischer Kritik, nicht als homogene Größe angesehen werden. Als »Familienbegriff« umgreift »Positivismus« eine nicht klar begrenzte Menge nicht eindeutig voneinander unterscheidbarer Merkmalsdimensionen (wie das Postulat der Wertfreiheit, die Abgrenzung der theoretischen Sprache von alltagssprachlichen Verständigungsformen, die Ignorierung gesellschaftlicher und historischer Bezüge des

Erkenntnisprozesses), die sich – wenn unsere These von der doppelbödigen Struktur des spätkapitalistischen Wissenschaftsbegriffs richtig ist – in Wissenschaftspraxis und Wissenschaftstheorie nicht immer uniform ausbilden. Die Heterogenität des Begriffs schließt zwar eine einheitliche Positivismuskritik nicht von vornherein aus, da die verschiedenen Merkmale durchaus in funktionalen Verbindungen stehen können. Eine globale Positivismuskritik wird jedoch schnell plakativ und blockiert in ihrer Grundsätzlichkeit eher die Auseinandersetzung mit bürgerlicher Wissenschaft, statt sie voranzutreiben.

Nach vorläufiger Klärung des Objektivitätsbegriffs der analytischen Wissenschaftstheorie beziehen wir deren Rechtfertigung der Normen wissenschaftlicher Intersubjektivität auf die empirische Sozialforschung. Wir werden die Anwendung dieser Normen am Beispiel des Forschungsinterviews und an Verfahren zur Messung von »Einstellungen« kritisieren und versuchen, im Gegenzug den Ansatz einer emanzipatorisch gerichteten »Empirie« indirekt zu rechtfertigen. Die These der Analytiker, die in der angewandten Methodologie weitgehend akzeptiert wird, lautet: Nur in Befolgung der Normen »Reproduzierbarkeit«, »Standardisierung« und »Meßbarkeit« gelangt die Datenermittlung zu einer angemessenen, »objektiven«, Erfassung der sozialen Wirklichkeit. Nur diese Normen garantieren eine realitätshaltige, situationsindependente und – hier besteht keine Einmütigkeit – breite und tiefe Beobachtung.
Als Gegenthese vertreten wir, daß die normierte Datenermittlung gerade eine Einschränkung und teilweise Destruktion des Objektivitätsanspruchs zur Folge hat. Statt die Abhängigkeit der Untersuchung von Beobachterposition und Beobachtungssituation zu eliminieren, trägt sie eher zu deren Verstärkung bei. Statt die Menge der erfaßbaren Gegenstandsbereiche und ihrer erfaßbaren Komplexität zu erweitern, schränkt sie Tiefe und Breite der Beobachtung ein: Der normierten Datenermittlung sind relativ weniger Bereiche an Sozialverhalten und Bewußtsein zugänglich als etwa unstrukturierten Alltagsbeobachtungen. Schließlich gelingt es ihr nicht, die Realitätshaltigkeit von Beobachtungen zu steigern,

vielmehr erhöht eine Anwendung der Intersubjektivitätspostulate die Aussichten, daß eine Untersuchung zu verzerrten oder falschen Resultaten führt. Kurz: die empirische Sozialforschung bezahlt eine normierte Datenermittlung mit beschränkten, falschen und nicht verallgemeinerbaren Erkenntnissen. Im direkten Gegensatz zu ihrer wissenschaftstheoretischen Legitimation kennzeichnet sie ein fundamentaler Widerspruch zwischen den Forderungen nach wissenschaftlicher Intersubjektivität und Objektivität der Beobachtung.

In der Kritik der Intersubjektivitätspostulate tritt der skizzierte Objektivitätsbegriff nicht als unabhängige Variable auf, deren Berechtigung fraglos unterstellt wird. Vielmehr werden auch die positivistischen Merkmale von »Objektivität« unterminiert. Zu zeigen ist, daß sie nicht nur für die normierte Datenermittlung, sondern auch prinzipiell nicht einlösbar sind. Am Beispiel des Forschungsinterviews wird dargelegt, daß Beobachtungssituation und Beobachterverhalten in der Sozialforschung nicht so weit kontrolliert werden kann, daß die situationsunabhängige Verallgemeinerung der Daten hinreichend abgesichert ist. Gleichzeitig richtet sich die Argumentation gegen den Anspruch strenger Realitätshaltigkeit für jede Untersuchungstechnik: Beobachtungsresultate über soziales Verhalten und Bewußtsein sind nicht verallgemeinerbar, sie gelten immer relativ zur bestimmten sozialen Situation, in der die Beobachtung stattfindet. Damit wird der Anspruch einer emanzipatorischen Sozialforschung gerechtfertigt, auf die Erfassung »an sich bestehender« sozialer Sachverhalte zu verzichten und Veränderungen durch die Untersuchungssituation gezielt für Prozesse der Selbstaufklärung der Untersuchten einzusetzen.

Nicht aufgegeben werden am Objektivitätsbegriff die Merkmale der »Tiefe« und »Breite«, doch gelten sie nicht mehr allgemein und unabhängig vom Untersuchungsprozeß. Differenzierte und komplexe Beobachtungen müssen nicht den Rang objektiver Sachverhalte beanspruchen, die vom Standpunkt des Beobachters unabhängig sind. Es geht einer emanzipatorischen Sozialforschung darum, latente Auffassungen und Denkweisen in der unterdrückten Klasse zu erfassen, die im Untersuchungsansatz der normierten Datenermittlung nicht sichtbar werden, ohne daß sie diese zu »an sich« und »generell geltenden« Auffassungen der Untersuchten verabsolutiert. Sie konzentriert sich auf *mögliche* Verhaltens- und Denkweisen, die durch die normativen und ideologischen Zwänge der Klassengesellschaften verschüttet sind, in egalitären Umsturzbewegungen aber eine volle Entfaltung finden können.

Gegenstand der empirischen Sozialforschung ist die gesellschaftliche Realität. Die Argumentation gegen ihre methodischen Normen beschränkt sich jedoch ausschließlich auf den Bereich »gesellschaftliches Bewußtsein«, »Denkweisen«, »soziale Orientierungen« handelnder Personen. Sie trifft nicht Erhebungen objektiver Daten (z. B. sozio-legaler Daten, Merkmale der sozialen Lage wie Wohnverhältnisse, Art und Ablauf von Arbeitstätigkeiten usw.). Die Erfolge und Vorzüge normierter Datenermittlung für objektive Erhebungen zu leugnen, ist blinde Wissenschaftsfeindlichkeit. Auch darf ihre Bedeutung für eine emanzipatorische Sozialforschung nicht unterschätzt werden. Detaillierte und umfassende Übersichten zu Arbeits- und Lebensverhältnissen der arbeitenden und verelendeten Klassen können wichtige Orientierungsdaten für Sozialbewegungen liefern, und ihre Verbreitung kann eine massenwirksame Anklage gegen die herrschende Klasse darstellen.
Nicht unbetroffen von der Kritik sind dagegen Erhebungen zu Sozialverhalten im weiteren Sinn. Z. B. nimmt bei einer standardisierten und durch Meßskalen geordneten Erfassung psychischer Krankheitsbilder die Wahrscheinlichkeit zu, daß wichtige Verhaltenssymptome und individuelle Abweichungen von der Norm nicht oder in verzerrter Form registriert werden. Die Einschätzung von Krankheitsbildern hängt stark von der sozialen Situation des Beobachters ab; die Verwendung eindeutiger Meßsysteme kann unklare Krankheitsbilder, die im Grunde die Inadäquanz des Meßsystems demonstrieren, ausschalten oder umdeuten. Da aber die Einschätzung des Objektivitätsanspruchs und der Intersubjektivitätspostulate für Studien über Sozialverhalten im weiteren Sinn eine Durchleuchtung von Verfahren »teilnehmender Beobachtung« oder der »Interaktionsanalyse« erforderlich macht,

beschränken wir die Kritik auf den Bereich »gesellschaftliches Bewußtsein«. Die auf seine Untersuchung zugeschnittene Methode ist das Interview, seine Auswertung wird bevorzugt durch Skalierungsverfahren geleistet.
Unklar bleiben die Begriffe »gesellschaftliches Bewußtsein«, »Denkweise« und »soziale Orientierung«. Eine vorläufige Gebrauchsdefinition: Sie bezeichnen die Art und die Inhalte, in und nach denen handelnde Subjekte ihre gesellschaftliche Situation(en) interpretieren und engagiert Stellung zu ihr beziehen. Die Sozialforschung – genauer: die sozialpsychologische Theorie – komprimiert Auffassungen über soziale Realität im Begriff der »attitude«, der »Einstellung«. Um wenigstens indirekt Umfang und Merkmale eines für emanzipatorische Sozialforschung erforderlichen Begriffes von »gesellschaftlichem Bewußtsein« anzudeuten, werden wir abschließend den Begriff der »attitude« näher beleuchten und zu klären versuchen, inwieweit er Verkürzungen und Verzerrungen, denen Untersuchungen mit standardisierten Forschungsinterviews und Skalierungstechniken ausgesetzt sind, auf der theoretischen Ebene der Sozialpsychologie rationalisiert.
Die Methodologiekritik wird anschließend erweitert, indem wir die gesellschaftspolitischen Gründe aufzuzeigen versuchen, die dazu führten, daß sich als Leitbegriff für soziales Bewußtsein das Konzept der »attitude« durchgesetzt hat. Wir wählen dazu zwei wegweisende Studien der amerikanischen Sozialforschung. In negativer Abgrenzung zum Einstellungsbegriff und den ihm zugeordneten Methoden des Interviews und der Einstellungsmessung skizzieren wir dann einen Begriff von Gesellschaftsbewußtsein, der für emanzipatorisch gerichtete Bildungs- und Untersuchungs-Programme geeignet scheint. Den Realitätsgehalt des Begriffs »thematisches Bewußtsein« werden wir durch Überprüfung von Theorien zu klassenspezifischem Sprachverhalten verteidigen.

Die vorliegende Untersuchung ist Ergebnis eines gemeinsamen Diskussionsprozesses von Studenten, der in Ausbildungskursen zur »Logik der Sozialwissenschaften« an der FU Berlin geführt wurde. Die Veröffentlichung der Ergebnisse soll vor allem Studenten sozialwissenschaftlicher Fächer helfen, Gegenpositionen zur herrschenden Ausbildung in empirischen Methoden zu formulieren und die Werkzeuge der spätkapitalistischen Sozialforschung nicht affirmativ übernehmen zu müssen.

II. Das Dilemma des Forschungsinterviews

Im folgenden soll die These näher begründet werden, daß die Bevorzugung weitgehend standardisierter Datenermittlung in der Sozialforschung zur Reduktion ihres Objektivitätsanspruchs führt. Sie schränkt einerseits den zugänglichen Bereich gesellschaftlicher Wirklichkeit und den Grad ihrer differenzierten Erfaßbarkeit erheblich ein, andererseits befördert sie eine umdeutende Selektion von Beobachtungsergebnissen vorzüglich in Richtung solcher Verhaltens- und Denkweisen der Untersuchten, die den herrschenden Normen und Ideologien einer Klassengesellschaft konform sind. Gleichzeitig richtet sich die Argumentation gegen den positivistischen Objektivitätsanspruch überhaupt, also die Forderung, daß die Beobachtungsergebnisse der Sozialforschung von den Einflüssen der spezifischen Untersuchungssituation befreit und zur Prüfung genereller Hypothesen verwendet werden können. Ex negativo soll die Kritik Untersuchungsprinzipien einer emanzipatorischen Sozialforschung verdeutlichen, nämlich einmal den Verzicht auf standardisierte Datenermittlung zugunsten von Beobachtungsformen, deren Vorgehensweise und begriffliche Kategorien weitgehend durch die Untersuchten selbst bestimmt werden, zum anderen die Preisgabe des Anspruchs objektiver Beobachtung zugunsten von Ermittlungsverfahren, deren Ergebnisse entscheidend durch die Interaktionsbeziehungen zwischen den Untersuchten und teilweise mit den Sozialforschern zustande kommen und die daher nicht zu situationsunabhängigen Verhaltensmerkmalen verallgemeinerbar sind.
Begründet wird die These durch eine kritische Analyse des »Forschungsinterviews«. Es wurde gewählt, weil es zur Untersuchung der sozialen Orientierungen und Denkweisen von Personen besonders geeignet erscheint. Daß die Kenntnisse der Sozialforschung darüber, wie Menschen über die gesellschaftliche Wirklichkeit und ihre Probleme denken, fast ausschließlich auf der Verwendung des Forschungsinterviews beruhen, ist ein Gemeinplatz der Methodologie.
Definiert ist das Forschungsinterview in negativer Abgren-

zung vom sogenannten »therapeutischen Interview«. Während der Therapeut bestimmte Probleme dem Befragten aufklären will, um so einen Prozeß der Bewußtseinsveränderung einzuleiten, soll das Forschungsinterview Verhalten und Bewußtsein der untersuchten Subjekte ausschließlich in seinem gegebenen Zustand erfassen und verändernde Einflüsse im Untersuchungsprozeß möglichst ausschalten. Beabsichtigt ist, das geistige und handelnde Verhältnis der Befragten zu bestimmten Themen systematisch zu beschreiben und die Ergebnisse in gezielten Tests sozialwissenschaftlicher Hypothesen zu verwerten. Diese Definition des Forschungsinterviews deckt sich mit den Merkmalen des Objektivitätsbegriffs, den die vorherrschende Sozialforschung für ihre Datenermittlung postuliert.

Kein definierendes Kriterium des Forschungsinterviews ist dagegen seine Standardisierung. Auch Formen des unstrukturierten Gesprächs sind Teil des Untersuchungsverfahrens.[1] Die kritische Analyse trifft also Techniken der standardisierten Datenermittlung nicht ausschließlich und unmittelbar. Daß dennoch vorrangig das Dilemma der Standardisierung in der Sozialforschung thematisiert wird, folgt aus zweierlei: Einmal hat sich in der Methodologie seit langem die Auffassung durchgesetzt, daß das standardisierte Interview gegenüber freieren Formen der Befragung wissenschaftlichen Vorrang hat, vor allem beim gezielten Hypothesentest; zum anderen wird sich zeigen, daß die dargelegten Schwierigkeiten des Forschungsinterviews in besonderer Schärfe und zum Teil sogar fast ausschließlich seine standardisierte Form betreffen.

1. Die Befragung als soziale Situation

Nicht einmal radikale Behavioristen können sinnvoll bestreiten, daß Befragungen eine soziale Interaktion zwischen den an ihr beteiligten Personen (wenngleich vorwiegend verbaler Art) darstellen. Die besondere Sozialbeziehung mit dem Befrager beeinflußt unvermeidlich das Verhalten der Befragten,

1 Vgl. etwa Merton/Kendall/Fiske 1956.

damit aber auch deren Reaktionen auf Fragen, die doch dem Anspruch der Sozialforschung nach situations*unabhängige* Einstellungen und Verhaltensmuster ermitteln sollen. Die Methodologie erkennt diesen Tatbestand nahezu durchweg an:

»It is impossible to conceive of an interview as anything else but a process of interaction, and interaction means by definition that each individual is influencing the other and reacting to the other in a variety of ways. To say, therefore, that we want an interview without interviewer influence is a contradiction in terms.«[2]

Untersuchungen zum Interview haben die Annahme, daß sich die soziale Beziehung zwischen Befrager und Befragten auf den Gesprächsablauf, die Reaktionen der Befragten und die Ergebnisprotokolle der Befrager auswirkt, empirisch erhärtet.[3] Damit scheint die Methodologie der Sozialforschung gezwungen, zumindest für die Interview-Technik ein zentrales Prinzip wissenschaftlicher Datenermittlung aufzugeben: nämlich die weitgehende oder sogar vollständige Unabhängigkeit der Beobachtungsresultate von der spezifischen Beobachtungssituation, in der sie gewonnen wurden[4]. Prinzipiell formuliert, können durch Befragung keine Daten gewonnen werden, die unabhängig von der sozialen Untersuchungssituation vollgültige Objektivität beanspruchen. Eine Feststellung bestimmter Einstellungen oder Persönlichkeitsmerkmale von Subjekten, die einer Befragung unterzogen werden, liefert nicht einfach generalisierbare Kenntnisse über diese Subjekte, vielmehr ist sie geprägt durch die spezifische Situation und die spezifische Sozialbeziehung im durchgeführten Interview. Eine Verallgemeinerung der Interview-Ergebnisse macht quasi ein zusätzliches Verfahren der Subtraktion situationsspezifischer Beobachtungseinflüsse erforderlich – und dazu hat die Sozialforschung keine Methoden entwickelt –, oder sie

2 Kahn/Cannell 1957, S. 195; Mayntz u. a., S. 115; Scheuch 1967.

3 Eine Übersicht geben Kahn/Cannell, S. 176-189; Webb u. a. 1966, S. 12-23. Die umfassendste Untersuchung ist die Auftragsstudie des »National Opinion Research Center« (NORC), ed. von Hyman et al. 1954; Untersuchungen, die Klassenbarrieren im Interview thematisieren, sind: D. Katz; Lenski/Legget; Williams Jr.

4 Explizit formuliert dieses Prinzip z. B. H. Kreutz, 1972.

ist nur für solche Ausschnitte sozialer Realität möglich, die analog der sozialen Situation des Interviews strukturiert sind. Es ist deutlich, daß damit der klassische Anspruch einer Datenermittlung, die von der Untersuchungssituation unabhängige und in Hypothesen generalisierbare Ergebnisse liefert, unterminiert wird.

Trotz des Zugeständnisses, daß die soziale Situation ein konstitutiver Faktor im Prozeß der Befragung ist, hält die angewandte Methodologie am Anspruch adäquater und generalisierbarer Informationsgewinnung durch Interviews fest.[5] Sie versteht alle Einflüsse, die auf Grund der spezifischen Befragungssituation und ihrer spezifischen Sozialbeziehungen in die Beobachtungsergebnisse eingehen, als Störvariable, »bias« oder Meßfehler; erfolgreiche Interviews müssen störende, d. h. ergebnisverzerrende Faktoren in der Befragungssituation weitgehend identifizieren, um sie entweder gänzlich zu beseitigen oder doch in ihren Auswirkungen kalkulierbar zu machen. Gute methodologische Texte konkretisieren dieses Programm nicht nur durch ad hoc eingeführte und unsystematisch addierte Faustregeln für ein »gutes Interview«, sondern versuchen, seine Einlösbarkeit durch eine Theorie des Interviews als spezifische Form verbaler Interaktion nachzuweisen. Ein Beispiel dafür ist das Buch von Kahn/Cannell *The Dynamics of Interviewing*[6].

Kahn/Cannell entwickeln die Grundlinien einer Theorie des Interviews, die verzerrende Einflüsse der interaktiven Interview-Situation identifizierbar machen und als Leitschnur für konkrete Befragungen dienen soll. Sie geben zu, daß eine solche Theorie nicht auf das Sozialverhalten im Interview beschränkt bleiben kann, sondern in eine allgemeine Analyse der Struktur menschlicher Sozialbeziehungen eingeordnet

5 Vgl. Kahn/Cannell, vor allem Kap. 7; Cannell/Kahn 1968. Mayntz u. a. sind reservierter mit dem Anspruch objektiver Datenermittlung durch Interviews. Sie geben unkontrollierbare Einflüsse des Befragungsprozesses auf die Ergebnisse zu (S. 114/5) und lehnen es ab, den Interaktionsprozeß als verzerrenden Störfaktor zu interpretieren (S. 119). Dennoch beziehen sie de facto diese Position, wenn sie als Idealsituation eines Interviews »die schriftliche Befragung unter Laboratoriumsbedingungen« annehmen. (S. 119). Wieso ist die soziale Situation keine Störvariable, wenn man in klösterlicher Einsamkeit die angemessenen Antworten geben soll?

6 Kahn/Cannell 1957, Kap. 2, 3 und 7.

werden muß.[7] Sie tragen Überlegungen vor zum Verhältnis rationaler und emotionaler Verhaltensformen, zur Struktur des »psychologischen Feldes« einer Person, d. h. der Summe ihrer handlungsrelevanten Motive, Ziele und Perzeptionen, zum Begriff der »Einstellung« und des »Selbst« sowie zu Motivationsstrukturen im verbalen Verhalten (Kapitel 2).

Der Anspruch einer allgemeinen Theorie menschlichen Sozialverhaltens ist zwar konsequent, wenn man nicht das Interview zu einer grundlegend neuen Situation deklarieren will, deren Verhaltensregeln sich aus dem Nichts entwickeln; doch wird bereits an ihm der im schlechten Sinn utopische Charakter des Programms einer Theorie des Interviews klar. Wenn sogar nach dem Selbstverständnis positivistischer Sozialforschung gegenwärtig nur Theorien mittlerer Reichweite über Sozialverhalten möglich sind, und weitergehende Ansätze in entweder gehaltlosen oder massiv ideologisch geprägten Aussagen steckenbleiben[8], erweist sich das Programm Kahn/Cannell als pure Verschleierung eines grundsätzlichen Dilemmas der Interview-Technik: Eine realistische Sichtweise, die den Befrager nicht als vorprogrammierten Computer und das Verhalten der Befragten nicht als stimulierte Reaktionen unter idealen experimentellen Bedingungen interpretiert, muß die Beeinflussung des Interview-Ablaufs durch eine Menge von Verhaltensregeln, Interpretationsmaximen und Erwartungsmustern beider Beteiligter zugestehen. Da nicht vorgängig entschieden werden kann, welche dieser Faktoren aus einer unbestimmten Menge an Möglichkeiten in einer konkreten Untersuchungssituation relevant werden, kann der Interviewer das für eine unverzerrte Datenermittlung angemessene Verhalten nicht im voraus kalkulieren. Er bleibt auf Ad-hoc-Strategien im aktuellen Befragungsprozeß angewiesen, die aber schon deshalb keine zureichende Situationskontrolle garantieren, weil der Befrager als Beteiligter die Auswirkungen seines Verhaltens und mögliche Fehlinterpretationen der verbalen Reaktionen seines Partners nur unzureichend übersehen kann.

7 Vgl. auch Cicourel, 1970, Kap. 3, der anhand einer Analyse der NORC-Studie *Interview in Social Research* zu demselben Ergebnis kommt.

8 Ein Beispiel dafür ist die sozialpsychologische Interaktionstheorie von Homans, *Social Behavior in its Elementary Forms*, 1968 (deutsch).

Der Anspruch auf Kontrolle der möglichen Störfaktoren ist also nicht einlösbar. Dieses Dilemma umgeht die angewandte Methodologie durch ihre Verheißung, daß aus einer zukünftigen Theorie des Interviews als sozialem Prozeß diejenigen Faktoren ableitbar seien, die das Verhalten der Befragten beeinflussen und verändern. Da diese Verheißung einerseits prinzipiell uneinlösbar ist, andererseits beim Forschungspraktiker aber die Zuversicht, eine unverzerrte Befragung durchzuführen, verstärkt, hat sie vorwiegend eine verschleiernde Legitimationsfunktion.

Tatsächlich beschränkt sich die Formulierung einer Theorie des Interviews bei Cannell/Kahn auf die klassifikatorische Ordnung möglicher Verhaltensdimensionen und bias-bildender Dimensionen von Störfaktoren im Interview, während auf gesetzmäßige Aussagen über die Struktur von Sozialbeziehungen, sowohl allgemein wie für die Befragung speziell, weitgehend verzichtet wird. Über den Inhalt einer solchen Theorie haben die Autoren bestenfalls impressionistische Vorstellungen, die etwa in der Forderung nach »deep understanding and insight into the dynamics of the interaction process« (S. 202) deutlich werden, oder auch in der Aufzählung beispielhafter Untersuchungen, die die Relevanz von Störfaktoren in Einzelfällen festgestellt haben.

Der schlechte utopische Charakter der Kontrolle interaktiver Einflüsse im Interview wird nicht nur an den Schwierigkeiten einer allgemeinen Theorie des Interaktionsprozesses klar, sondern auch an deren Irrelevanz für die Lösung der Probleme, die sich im Verhältnis Beobachtungsergebnisse–Untersuchungssituation stellen. Im günstigsten Fall könnte eine solche Theorie Gesetzesinvarianzen formulieren, die eine Befolgung bestimmter Handlungsregeln unter bestimmten situativen Bedingungen angeben. Aus der allgemeinen Theorie ist aber nicht ableitbar, ob die im Antezedens ihrer Gesetze angeführten situativen Bedingungen im konkreten Fall eines Interviews vorliegen. Da diese Bedingungen das Handeln der Befragten nur dann bestimmen, wenn sie in deren Situationsdeutungen auftreten, diese Situationsdeutungen aber erst im Prozeß der Befragung, also in der Interaktion mit dem Befrager, feststellbar sind, stellt sich für die Anwendung der allgemeinen Handlungsgesetze dasselbe Problem neu, das eben durch die Ableitung der Gesetze aus einer Theorie sozialer Interaktion gelöst werden sollte: Die Einflüsse der sozialen Untersuchungssituation sind nicht im voraus kalkulierbar. Nehmen wir an, das allgemeine Gesetz lautet: »In einer entspannten Kommunikation neigen Befragte zu größerer Offenheit in ihren Antworten.« Hier liegt die Entscheidung darüber, ob die Situation »entspannt« ist, von der Situationsdeutung der Untersuchten ab, sie kann erst im Interview selbst erfaßt werden.

Zweitens bleibt die allgemeine Theorienbildung irrelevant, weil aus ihr Prognosen über Handlungsregeln in konkreten Untersuchungssituationen erst dann ableitbar sind, wenn man die irreale Annahme vollständiger Gleichartigkeit von Interaktionsregeln in verschiedenen Gesellschaften, Klassen und sozialen Gruppen macht. Soweit solche Regeln aber eine gesellschafts-, klassen- und gruppenspezifische Variabilität aufweisen, können sie durch eine allgemeine Verhaltenstheorie überhaupt nicht erfaßt werden. Man müßte sie durch eine Spezifikation der Theorie für jeden Teilbereich sozialer Beziehungen, mindestens aber für verschiedene Gesellschaften und, jeweils gesondert, für deren klassenmäßige Untergliederungen ergänzen. Dieses Programm ist absurd – seine Einlösung erfordert eine Reichhaltigkeit von Erkenntnissen über Sozialbeziehungen und ihre Regeln, die Interviews als zusätzliche Erkenntnisquelle in dem Moment überflüssig machen, in dem es deren Objektivität erst garantiert. Außerdem wird das Programm durch ein prinzipielles Argument aufgehoben, nämlich den Hinweis, daß die Regeln sozialer Interaktion, die nicht dem Extremfall vollständiger Rationalität angeglichen sind, durch eine inhärente Vagheit und Flexibilität gekennzeichnet sind und deshalb in verschiedenen sozialen Situationen zu variablen Anwendungen führen.[9] Die Regel etwa, in einer entspannten Kommunikation erfragte Auffassungen offen anzugeben, kann sowohl von verschiedenen Subjekten variabel ausgelegt werden, wie für dasselbe Subjekt in differenten Situationen und mit verschiedenen

9 Besonders Wittgenstein hat die Unbestimmtheit von Handlungsregeln, speziell an sprachlicher Interaktion, aufgezeigt. Wittgenstein 1967. Für die Sozialforschung haben das zum Teil aufgegriffen: Cicourel 1964, S. 29, S. 163; Ritsert, 1971; Garfinkel.

Interaktionspartnern, trotz gleichartiger »entspannter Atmosphäre«, zu durchaus verschiedenen Antwortmustern führen.

Der Versuch, die Einflüsse der sozialen Situation im Interview durch eine allgemeine Theorie unter Kontrolle zu bringen, ist also zum Scheitern verurteilt. Erstens lassen sich prinzipielle Einwände gegen die Möglichkeit einer solchen Theorie vorbringen, zweitens ersetzt sie nicht die konkrete Analyse bestimmter Untersuchungssituationen, die wiederum nur im Zusammenhang sozialer Beziehungen mit den Untersuchten durchführbar ist, und drittens widerspricht die gruppenspezifische Varianz und Indeterminiertheit sozialer Handlungsregeln dem Anspruch, sie auf Grund allgemeiner und eindeutiger Gesetzesannahmen zu prognostizieren.

Die »transzendentale« Argumentation zur Kontrolle der sozialen Situation kann an der Menge empirischer Studien zu »bias in the research interview« leicht konkretisiert werden. Demonstriert sei das an einer Studie von Williams Jr.[10]: Sie geht von der verschiedentlich belegten Annahme[11] aus, daß die soziale Distanz zwischen Befrager und Befragten Ergebnisverzerrungen bedingt, und stellt die Frage, ob bestimmte Verhaltensmuster der Befrager diese Verzerrungen verringern oder verstärken. Sie greift dazu zwei Verhaltensmuster auf, nämlich die Fähigkeit des Befragers, »to establish good rapport«, und seine Fähigkeit, »to avoid giving cues to the respondent«, d. h. ihre »Objektivität«. Diese Fähigkeiten mißt sie mit Hilfe der »Guilford-Zimmermann-Temperamentskala«. Als Stichprobe wählt sie Angehörige der schwarzen Unterschicht aus ländlichen wie urbanen Regionen, als Befrager Personen aus der Mittelschicht, die »liberale Meinungen« zu politischen Theman haben. Befragungsgegenstand sind politische Themen wie Einstellungen zu Sit-in's, getrennte oder integrierte Einschulung von Negerkindern usw.

Die Resultate der Studie sind: 1. Wenn die Befrager, gleich welcher Hautfarbe, einen hohen »Objektivitäts«-Wert haben,

10 Williams 1968.
11 Siehe Anm. 37.

äußern die Befragten signifikant mehr konservative Einstellungen. 2. Weiße Befrager, die einen niedrigen »personal relation Wert« haben, erhalten eine geringere Quote an konservativen Antworten als solche mit hohem »personal relation Wert«. 3. Für schwarze Befrager liegt die Korrelation »personal relation Wert«–konservative Einstellungen genau umgekehrt: Je größer die Fähigkeit der schwarzen Interviewer ist, gute Sozialbeziehungen anzuknüpfen, desto liberaler fallen die Antworten der Befragten aus. Da Williams überwiegend liberale Einstellungen der Befragten annimmt, folgert er als Hypothese: Geringere Objektivität der Interviewer und ihre gesteigerte Fähigkeit, soziale Beziehungen einzugehen, verringern die soziale Distanz zu den Befragten und damit Ergebnisverzerrungen, die aus dieser Distanz resultieren. Da das Ergebnis 2. mit dieser Hypothese nicht konform geht, verbindet er sie mit einer Zusatzhypothese: Bei sehr großer sozialer Distanz (wie zwischen weißer middle class und schwarzer lower class vorliegend) wird die Tendenz der Befrager, egalitäre und freundliche Beziehungen (personal relation) einzugehen, von den Befragten als Bedrohung aufgefaßt und verstärkt somit ihre ergebnisverzerrenden Reaktionen.

Es ist deutlich, daß die Generalisierung dieser Untersuchungsergebnisse in technische Handlungsanweisungen für Interviews umsetzbar ist, die eine gezielte Kontrolle einiger aus der Sozialbeziehung Befrager-Befragte resultierender Verzerrungen ermöglichen. Bei näherem Zusehen entpuppt sich dieser Anspruch jedoch als Augenwischerei. Zunächst verfügt Williams – damit macht er ein grundsätzliches Dilemma der gesamten bias-Forschung deutlich – über kein unabhängiges Kriterium, nach dem die Angemessenheit der Antworten beurteilt werden kann. Die Annahme, daß die Befragten vorwiegend liberale Meinungen haben und – weitergehend – daß ihr politisches Bewußtsein durch die ausgewählten items und die Art der Befragung adäquat meßbar ist, bleibt selber bloße Hypothese. Damit haben die Generalisierungen aus der Untersuchung den Status unbestimmter Wahrscheinlichkeitsaussagen. Zum zweiten konnte die Studie aus der unbestimmten Menge möglicher Störfaktoren nur zwei Variable isolieren, so daß sie allenfalls, mit der genannten Wahrscheinlichkeitseinschränkung, eine relative Annäherung an »wahre Werte« durch Kontrolle dieser Variablen prognostizieren kann. Und nicht einmal das: Es kann nicht ausgeschlossen werden, daß die Veränderung der isolierten Variablen die unbestimmte Menge weiterer Situationsfaktoren in Richtung neuer Verzerrungen beeinflußt. An Resultat 2 konnte Williams das auch feststellen, doch hat er damit nur *eine* Möglichkeit indirekter Situationsveränderungen durch Variablenkontrolle erfaßt. 3. gibt es keine hinreichend empirische Basis dafür, die Ergebnisse zu technischen Empfehlungen für jedes Interview zu verallgemeinern. Die Auswirkungen eines, bezogen auf »Objektivität« und »personal relation«, veränderten Verhaltensmusters können durchaus nur auf die Beziehung zwischen Middle-class-Angehörigen und schwarzer lower class in den USA zutreffen und auch dort durch gesellschaftspolitische Auseinandersetzungen verändert werden. Auch in den USA können sich die Klassenkämpfe derart verschärfen, daß die schwarzen Getto-Bewohner Versuche der schwarzen Mittelklasse, positive personal relations aufzunehmen, als bedrohliche Anbiederung auffassen. 4. ist die Generalisierung der Meßkriterien für »Objektivität« und »good personal rapport« angreifbar. Die gültige Messung der Variablen hängt von der Situationsdeutung der Befragten ab – andere Befragte können dieselben Verhaltensweisen, die Williams zur »Objektivität« deklariert, als bewußte Distanzierung von den Befragten oder auch als indirekte Solidarität mit ihnen (da Verzicht auf negative Sanktionen) deuten und entsprechend unterschiedlich reagieren.

Kurz, die Verbindlichkeit der technischen Empfehlungen kann wegen der Willkürlichkeit der zugrunde liegenden Hypothesen, der Unmöglichkeit ihrer Generalisierung, der Unbestimmtheit der sozialen Befragungssituation und der Vielfältigkeit von Situationsdeutungen durch die Befragten nicht sinnvoll verteidigt werden. Damit findet sich das »transzendentale« Dilemma einer Theorie des Interviews auf der Ebene empirischer Untersuchungen über bias im Interview wieder.

2. Die Widersprüchlichkeit der Rolle des Befragers

Die Methodologie hat auf die Grenzen einer gezielten Kontrolle von bias indirekt mit der Forderung reagiert, die Untersuchungssituation des Interviewers so weit zu normieren, daß die Verhaltensregeln von Befrager wie Befragten kalkulierbar werden.[12] Die Festlegung präziser Regeln des Interview-Ablaufs kann allerdings im günstigsten Fall für das Verhalten der Befrager erreicht werden, den Befragten muß der Forscher die Freiheit spontaner Verhaltensentscheidungen und Situationsdeutungen zugestehen, wenn er nicht den massiven Zwang terroristischer Verhörmethoden als Idealfall einer Befragung propagieren will. Cannell/Kahn geben denn auch zu, daß man Hintergrundsmerkmale wie Alter, Geschlecht, sozio-ökonomischen Status und verhaltenswirksame Einstellungen nur auf seiten der Befrager unter Kontrolle bringen und manipulativ steuern kann.[13] Strenge Selektion, intensives Training der Befrager und die Entwicklung von Verfahrensregeln, die ein improvisierendes Interview-Verhalten jedenfalls der Befrager reduzieren, würden die Chance adäquater Datenermittlung vergrößern.[14]

Sowohl die Möglichkeit wie die relativen Vorteile einer solchen Kontrolle und Normierung des Interview-Verhaltens lassen sich aber mit Gründen bezweifeln. Zunächst verringert die Normierung des Interview-Ablaufs nur die Flexibilität der Befrager, ihre Gesprächsführung unvorhergesehenen Reaktionen der Befragten anzupassen, während sie umgekehrt ergebnisverzerrende Einflüsse der Sozialbeziehung mit den Befragten keineswegs ausschaltet. An vorgegebene Handlungsregeln fixiert, kann der Befrager sein Verhalten nicht auf unerwartete Reaktionen der Untersuchten und Besonderheiten der Befragungssituation einstellen. Das gelingt nur bei hochgradig flexiblen Interview-Regeln, wenn also die Datenermittlung wenig normiert ist.

Der Vorschlag, Einflüsse der Untersuchungssituation durch Standardisierung bzw. Normierung des Interviewer-Verhaltens zu verringern, erinnert an den Teufelskreis bürokrati-

12 Kahn/Cannell, S. 551; Mayntz u. a. S. 115/6; Hyman et al. 1954, S. 32.
13 Kahn/Canell, S. 196 ff.
14 Cannell/Kahn, S. 551.

scher Organisationen, in den diese auf Grund von Schwierigkeiten in ihrer Umweltbeziehung geraten.[15] Anlaß der Schwierigkeiten ist, daß die sozialen Verhältnisse, die durch bürokratische Organisationen »verwaltet«, d.h. beherrscht und kontrolliert werden sollen, nicht Ansprüchen rationaler Gliederung und eindeutiger Handlungsregeln entsprechen, die der Verwaltungsapparat an sie stellt. Der Apparat reagiert auf diese Schwierigkeit, seiner eigenen Handlungslogik entsprechend, zunächst durch Verstärkung seiner zweckrationalen und hierarchischen Struktur (etwa durch Zentralisierung der Entscheidungsbefugnisse) – damit behebt er aber nicht die Schwierigkeiten in seiner Umweltbeziehung, sondern verdoppelt sie nur. Dieser Teufelskreis der Bürokratie findet sich strukturell wieder in der Methodologie der Sozialforschung, wenn diese das Dilemma, daß ihr Gegenstandsbereich nicht den Idealbedingungen wissenschaftlicher Experimente genügt, zu lösen versucht, indem sie ihre eigenen Untersuchungsmethoden den Normen einer experimentellen Situation weiter angleicht und damit den Bruch zwischen methodologischer Norm und gesellschaftlicher Realität gerade verstärkt.

Allerdings bleibt die Analogie zwischen dem Verhalten einer »wissenschaftlich exakten« Sozialforschung und den bürokratischen Organisationen an einer entscheidenden Stelle lükkenhaft. Die Bürokratie reagiert nämlich, zumindest langfristig, auf ihren Teufelskreis mit dem Versuch, die von ihr verwaltete soziale Realität im Sinne ihrer internen Struktur und ihrer eigenen Handlungsregeln umzugestalten – der Sozialforscher, der über keine direkten gesellschaftspolitischen Machtmittel verfügt, muß die Diskrepanz zwischen seinen methodologischen Normen und der sozialen Struktur seines Untersuchungsfeldes – zum Glück – hinnehmen. Trotzdem verweist diese Diskrepanz darauf, daß die an Standardisierung orientierte Sozialforschung wegen der unkontrollierbaren Faktoren der Untersuchungssituation nicht einfach zu falschen Ergebnissen führt, sondern sozialem Verhalten, dessen Regeln sich den Bedingungen wissenschaftlicher Experimente annähern, durchaus tendenziell angemessen ist. Ein

15 M. Crozier, *Le phénomène bureaucratique*, Paris 1963. Entscheidende Auszüge in: Mayntz ed., *Soziologie der Bürokratie*, 1968.

Verhalten, das durch eindeutige und vorhersagbare Regeln strukturiert ist, kommt aber dem Anspruch bürokratischer Organisationen auf Beherrschung und Kontrolle gesellschaftlicher Verhältnisse gerade entgegen.
Tatsächlich lassen sich nicht nur strukturelle Analogien im Idealtyp von Sozialverhalten sowohl von Bürokratien wie der empirischen Sozialforschung, sondern auch inhaltliche und funktionelle Bezüge zwischen beiden »Institutionen« aufweisen.[16] Das Dilemma standardisierter Datenermittlung entspricht also der ungenügenden Rationalisierung des gesellschaftlichen Lebens im Spätkapitalismus und erscheint prinzipiell aufhebbar in einer Zukunftsgesellschaft, in der sich diese Rationalisierung voll durchgesetzt hat. Damit wäre aber eine eindeutige gesellschaftspolitische Parteilichkeit der vorherrschenden sozialwissenschaftlichen Methodologie aufgezeigt – und auch ihr grundlegender Gegensatz zu einer emanzipatorischen Forschung, die für eine autonome Befreiung unterdrückter Klassen von gesellschaftlicher Herrschaft samt bürokratischer Regulierung des gesellschaftlichen Lebens Partei nimmt.

Zurück zum Vorschlag der Normierung des Interviewer-Verhaltens. Seine relativen Vorteile wurden in Frage gestellt, seine implizite »Gesellschaftsutopie« wurde hervorgehoben. Hinzu kommt, daß auch die Durchführbarkeit dieses Programms bezweifelt werden kann. Das Programm einer vollständigen Normierung widerspricht nämlich der Forderung, daß der Befrager im Untersuchungsprozeß situationsangemessen zu handeln und auf spezifische Persönlichkeits- und Verhaltensmerkmale der Befragten zu reagieren hat. Selbst wenn das Interview nach einem vollstandardisierten Fragebogen abläuft, der sprachliche Frage- und Antwortmuster vorgängig festlegt, muß dem Befrager ein Spielraum etwa in der Art der

16 Hagstrom 1963 (nach Cicourel 1970, S. 58); Sjoberg 1959. Besonders eindeutig ist dieser Bezug bei den beiden Pionierstudien empirischer Sozialforschung *Management and the Worker* – im Auftrag des Managements eines großen Elektro-Trusts – und *The American Soldier* – im Auftrag der amerikanischen Heeresbürokratie. Beide Studien verwendeten extensiv das Forschungsinterview. Wir werden später noch zeigen, wie die politische Parteilichkeit dieser Forschungsprojekte ihre empirischen Untersuchungsmethoden bestimmt: Teil IV.

Gesprächsführung und seiner nicht-verbalen Begleithandlungen (wie Gestik, Stimmenführung) zugestanden werden. Ebensowenig läßt sich die Interpretation der Befrager-Reaktionen durch feste Richtlinien vorausplanen. Empirische Untersuchungen zur standardisierten Gesprächsführung haben ergeben, daß der Ermessensspielraum der Interviewer in der Protokollierung verbaler Reaktionen ungewöhnlich groß ist. Nach einer Studie, in der ein instruierter Befragter 15 geschulten College-Studenten dieselben Antworten gab, lag die Fehlerquote der Interview-Protokolle zwischen 12-36 Fällen.[17]

Kahn/Cannell weisen denn auch darauf hin, daß für eine erfolgreiche Interviewführung »sensitivity in human relations« unerläßlich ist, und daß diese Kunst nicht in allgemeinen Handlungsregeln fixiert werden kann.[18] Im Idealfall eines normierten Befrager-Verhaltens müßten Interviews am besten durch Computer durchführbar sein – neben der Notwendigkeit, das Computer-Gespräch durch Sozialforscher informell, also in nicht-standardisierter Form, einzuleiten, ist aber klar, daß eine derartige »Kommunikation« erhebliche und sicher nicht eindeutig kalkulierbare Auswirkungen auf das Verhalten der Befragten hat.

Die Methodologie insistiert daher, durchaus im Widerspruch zu ihrem Normierungspostulat, ebenso auf Flexibilität des Befragers in der Gesprächsführung. Die Rolle des Befragers darf sich nicht auf die gezielte Entsendung vorbereiteter Stimuli und die Registrierung der Befrager-Reaktionen beschränken.[19] Neben reiner Datenermittlung und dazu erforderlicher Handlungen – Kahn/Cannell bezeichnen sie als »measurement function« – muß der Interviewer informelle Sozialbeziehungen mit den Untersuchten anknüpfen und »managen« können – das ist seine kommunikative Aufgabe:

»The interviewer can and must be active with respect to motivating fullness of response and with respect to directing the communication to the objectives of the interview«[20].

17 Guest 1947.
18 Kahn/Cannell, S. 235.
19 Z. B. Kahn/Cannell, S. 6.
20 Kahn/Cannell, S. 60.

Die Methodologie sieht in der Doppelrolle des Befragers als kommunizierendes Subjekt und als unbeteiligter Beobachter ein Verhältnis der funktionellen Ergänzung. Die kommunikativen Fähigkeiten des Befragers dienen dazu, ein adäquateres Befragungsresultat zu erzielen, seine Fähigkeit zur genauen Beobachtung soll ihn davor schützen, im Interaktionsprozeß zu »verkaffern«. Es ist aber zu fragen, ob die zur Erfüllung der beiden Funktionen erforderlichen Verhaltensmuster überhaupt vereinbar sind oder ob sie den Befrager in einen unlösbaren Rollenkonflikt treiben.

Zunächst stellt sich das Problem, ob die Förderung der Gesprächsbereitschaft durch ein motivierendes Verhalten der Befrager überhaupt den Wahrheitsgehalt der Interview-Daten steigert. Angesichts der Gefahr, daß motivierende Handlungen die Befragten ebensogut zu falschen Antworten veranlassen können, empfehlen Kahn/Cannell eine genaue Dosierung der kommunikativen Handlungen des Interviewers. Er müsse unterscheiden zwischen Handlungen, die sich positiv, und solchen, die sich negativ auf Gesprächsbereitschaft und Aufrichtigkeit der Befragten auswirken.[21] Unterstellt wird hier, daß die Gesamtheit oder der überwiegende Teil motivierender Handlungen eindeutig in zwei Teilklassen, nämlich die informationsfördernden und die informationsblockierenden, zerlegbar ist. Ausgeschlossen wird die Zugehörigkeit motivierender Praktiken zu beiden Teilklassen.

Die Fraglichkeit dieser Annahme wird allein an Cannells und Kahns Klassifikation von Faktoren deutlich, die die Befragten zu vollständigen und akkuraten Informationen motivieren sollen.[22] Es handelt sich um die folgenden: »liking for the interviewer«; »prestige of research agency«; »self-image as dutiful citizen«; »loneliness«. Unbestreitbar verstärken diese Faktoren sämtlich die Gesprächsbereitschaft der Befragten – aber ebenso wahrscheinlich ist, daß sie den Befragten bestimmte inhaltliche Antwortrichtungen deutlich nahelegen.

Das Selbstbild als Bürger, der seine Pflicht tut[23], wird bei den

21 Kahn/Canell, S. 62; Cannell/Kahn, S. 537 ff., S. 545 ff.

22 Cannell/Kahn, S. 539.

23 Merton u. a. interpretieren diese Pflichterfüllung sogar als avantgardistisches Bewußtsein der Befragten, das sie zu Stolz berechtigt: »once the indivi-

Befragten ebenso an die normativen Forderungen appellieren, im Sinne eines guten Staatsbürgers zu antworten; mit der Anerkennung des öffentlichen Rufes einer Forschungsagentur neigen die Befragten zugleich eher zu Antworten, die sich im Normensystem der herrschenden Öffentlichkeit bewegen. Wenn zum Beispiel Kern/Schumann ihre Befragung mit den Sätzen einleiten: »Wir kommen von der Universität Göttingen«[24], so aktivieren sie bei den befragten Arbeitern einen durch die Sozialisationsagenturen vermittelten Respekt gegenüber »der Wissenschaft« und ihren Vertretern und veranlassen sie damit gleichzeitig zur Angleichung ihrer Antworten an erwartete Orientierungsmuster der Wissenschaftler. Zumindest werden sie bereit sein, die Gliederung des Fragebogens und die Art der Fragestellungen, mit denen sie konfrontiert werden, eher hinzunehmen, als wenn die mit der Untersuchung beauftragten Studenten nicht das Prestige der institutionellen Autorität »Wissenschaft« in die Waagschale geworfen hätten.

Schließlich hat eine Sympathie der Befragten für den Interviewer – der motivationsfördernde Faktor Nr. 1 – mit hoher Wahrscheinlichkeit eine doppelte ergebnisverzerrende Konsequenz: Die Befragten werden dem Interviewer zu Gefallen auch dann antworten, wenn sie zum untersuchten Problem keine Einstellung haben; sie werden ferner versuchen, Antworten zu geben, die den erwarteten Auffassungen der Interviewer mehr entsprechen. Entstammen die Befrager privilegierten und die Befragten unterdrückten Schichten, wird eine Beziehung gegenseitiger persönlicher Wertschätzung die Antworten weiter an das herrschende Normen- und Wertsystem angleichen.

Insgesamt läßt sich also folgern, daß die motivationsfördernden Faktoren gleichzeitig die Validität der Antworten beeinflussen, und zwar tendenziell in Richtung auf eine stärkere Anpassung an die Ideologien der herrschenden Klasse in einer

dual takes active part in the interview, he tends progressively to define his role as that of a forerunner which often evokes an understandable sense of pride« (S. 173 in Merton u. a. 1956). Es gehört einige soziologische Borniertheit dazu zu übersehen, daß diese Selbsteinschätzung der Befragten ihre Reaktionen auch inhaltlich verändert.

24 Kern/Schumann 1970, Teil II, Fragebogen-Muster.

Gesellschaft. Eine Trennung der motivationalen Handlungen in positive und negative Wirkungsgruppen ist also problematisch – sie kann an der von Cannell/Kahn selber vorgeschlagenen Klassifikation widerlegt werden.
Zusätzlich enthält die Doppelrolle des Befragers – Kommunikation und Messung zugleich – einen grundlegenden Widerspruch. Cicourel hat die soziale Beziehung zwischen Befrager und Befragten mit der zwischen einem Autoverkäufer und prospektiven Käufer oder zwischen einem Hausierer und einer Hausfrau verglichen.[25] Auf seiten des Interviewers ist sie durch eine doppelbödige Struktur gekennzeichnet – Freundlichkeit, Hilfsbereitschaft und soziale Spontaneität, die der Befrager zur Förderung und Aufrechterhaltung der Antwortbereitschaft bei den Befragten manifestieren muß, dienen allein dem Zweck der Informationsgewinnung und dürfen nur so weit dosiert werden, wie sie diesem Zweck dienlich sind. Damit erhält das Verhalten des Befragers einen gestellten, wenn nicht heuchlerischen Grundzug, den Befragte von minimaler sozialer Sensibilität zumindest unbewußt registrieren und der mit hoher Wahrscheinlichkeit ihre Reaktionen in ergebnisverzerrender Weise bestimmt. Warum sollten die Befragten unverstellt reagieren, wenn sie am Befrager-Verhalten Verstellungen bemerken?

Das Dilemma der Interviewer-Rolle verdeutlicht ungewollt eine soziologische Studie über Befragerverhalten.[26] Anknüpfend an Erhebungen zur Rassenintegration, zum wirtschaftlichen Protektionismus und zum McCarthyismus – also brisanten politischen Themen – stellt der Soziologe Dexter fest, daß die akademische Stellung der Befrager bei den Befragten bestimmte Erwartungen darüber erzeugt, wie diese zum untersuchten Thema eingestellt sind. Soweit die erwartete Einstellung zur Auffassung der Befragten konträr steht, verstärken sie deren Zurückhaltung und können sogar zum Abbruch des Interviews führen. Die Reserve der Befragten löst sich auch nicht, wenn sich die Interviewer gegenüber dem Gesprächsthema betont als Neutrale verhalten. Diese Neu-

25 Cicourel 1970, S. 113/4.
26 Dexter 1956.

tralität nahmen ihnen die Befragten nicht ab, sie verstanden sie in manchen Fällen sogar als Brüskierung ihrer engagierten Position. So wiesen Bergarbeiter Interviewer, die sich in der Frage des Freihandels als unparteiliche Interessierte vorstellten, mit der Bemerkung ab: »We don't want any neutrals here«. Dexter schlägt als Lösung des Rollenkonflikts vor, die gespielte Neutralität durch Übernahme parteilicher sprachlicher Wendungen der Befragten abzuschwächen. Z. B. spricht man beim Thema »Rassenintegration« von »Niggern«, wenn man Weiße aus den Südstaaten befragt, dagegen von »Negern«, die man mit »Mr.« und »Mrs.« tituliert, wenn man Schwarzen gegenübersteht.
Diese verbale Kumpanei führt den Interviewer aber nur in einen Verhaltenskonflikt zwischen Neutralität und Parteilichkeit. Wenn der Befragte die Diktion des Befragers ernst nimmt, wird er ein weiterreichendes inhaltliches Engagement im Gespräch erwarten. Der Befrager müßte dann die Rolle des unbeteiligten Beobachters zugunsten der des engagierten Teilnehmers aufgeben, der positivistische Objektivitätsanspruch des »research interviews« wäre eindeutig verletzt. Steckt der Befrager dagegen mit seinem verbal angedeuteten Engagement zurück, um die »Objektivität« zu retten, wird seine gespielte Neutralität noch unglaubwürdiger. Die Schwierigkeiten, die Dexters Vorschlag zu beheben versuchte, verschärfen sich nur. Der Interviewer wird nun neben seiner akademischen Zugehörigkeit noch als unzuverlässiger Kandidat eingeschätzt. Nur in Einzelfällen mag der Balanceakt von Neutralität und verbaler Kumpanei glücken: Wenn die Befragten nicht durchschauen, daß die anbiedernde Sprache die Scheinneutralität der aufgrund ihrer akademischen Stellung dennoch parteilichen Befrager verschleiert. Soweit Klassendifferenzen und Einstellungsunterschiede zwischen Frager und Befragten hoch sind, basiert also das erfolgreiche Interview auf erfolgreicher Verstellung, es kalkuliert mit mangelnder sozialer Sensibilität der Befragten.
Eine Abschwächung des Rollenkonflikts zugunsten eines Übergewichts entweder der »kommunikativen Beziehung« oder der »distanzierten Beobachtung« (»weiches« oder »hartes« Interview) beseitigt also nicht die Einflüsse aus der besonderen Situation der Befragung, sondern trägt eher zu deren

Verstärkung bei. Das Überwiegen kommunikativer Beziehungen bindet die Beobachterrolle noch enger an die Interaktion mit den Befragten und löst damit den Anspruch objektiver Datenermittlung weitgehend auf; die Reduzierung dieser Beziehungen zugunsten einer mechanischen Technik des Abfragens und Messens verstärkt, soweit sie nicht die Durchführung des Interviews überhaupt gefährdet, unter den Befragten die Tendenz, »mit geschlossenen Gardinen« zu antworten.

Der Rollenkonflikt zwischen Beobachtungs- und Kommunikationsfunktion muß am Selbstverständnis der Befrager wenigstens in Ansätzen aufweisbar sein. Einige Angaben dazu macht die Studie von Hymans et al.[27] Da aber das Interview eine zeitlich begrenzte und durch nur geringes »involvement« ausgezeichnete Sozialbeziehung darstellt, das sich relativ leicht der Ebene unverbindlicher, wenngleich normierter Alltagsgespräche angleichen läßt, ist er hier in der Regel weniger ausgeprägt. Eine höhere Intensität erhält er in Untersuchungsmethoden der »teilnehmenden Beobachtung«, die eine mehr engagierte Sozialbeziehung mit den Untersuchten erforderlich machen. Hier stellen Friedrich/Lüdtke, orientiert an Forschungen in Jugendfreizeitheimen, eine Häufung sozialer Spannungen bei den Beobachtern fest, die aus ihrer doppelten Orientierung an den Normen kontrollierter Beobachtung sowie an der Solidarität und den Interessen der Jugendgruppen resultieren.[28] Die Verfasser schlagen vor, diese Spannungen durch zusätzliches Training der Beobachter oder notfalls durch ihre Ausschaltung aus dem Untersuchungsprojekt zu verringern. Eine Solidarisierung der Beobachter mit den Untersuchten bekämpfen sie nicht nur auf forschungspraktischer, sondern auch auf wissenschaftstheoretischer Ebene, wenn sie den Ansatz einer »beteiligten Beobachtung« als Suspension des wissenschaftlichen Objektivitätsanspruchs denunzieren.[29] Dabei bemerken sie nicht, daß gerade ihr Programm einer »Verwissenschaftlichung« der teilnehmenden Beobachtung durch Standardisierung eine

27 Hymans et al., S. 52-68.
28 Friedrichs/Lüdtke 1971, S. 172 ff.
29 Friedrichs/Lüdtke a.a.O.

erhebliche Einschränkung in Anwendungsbereich und Reichweite dieser Untersuchungsform bedingt.[30]
Der Rollenkonflikt wirkt sich also in jeder Hinsicht negativ auf den Untersuchungsprozeß aus: Entweder wird er zugunsten einer solidarischen Interaktion mit den Untersuchten gelöst – damit aber fällt der Objektivitätsanspruch der positivistischen Sozialforschung in sich zusammen – oder die Interaktion wird der Zielsetzung methodisch kontrollierter Beobachtung untergeordnet – damit verliert die Forschung ebenfalls an Objektivitätsgehalt und kann ihr Prestige nur durch intensivierte wissenschaftstheoretische Legitimationsbemühungen retten.
Diesen Widerspruch zwischen dem Anspruch auf Objektivität und der Forderung nach wissenschaftlicher Intersubjektivität (Präzision, Standardisierung, Zuverlässigkeit und Meßbarkeit) einer Untersuchung hat Cicourel an der Interaktionsbeziehung in der teilnehmenden Beobachtung analysiert.[31] Er konstatiert, daß der Versuch, durch Intensivierung der Sozialbeziehungen tiefer in den Lebenszusammenhang der Untersuchten einzudringen, die Gefahr einer »Verkafferung« der Sozialforscher erhöht – so identifizierten sich viele ethnologische Feldforscher so sehr mit dem Lebenskreis der untersuchten Gemeinwesen, daß sie eine Publikation ihrer Ergebnisse auf dem Markt »wissenschaftlicher Öffentlichkeit« verweigerten. Andererseits bedingt die Begrenzung der Sozialbeziehungen durch die Rolle des an methodischen Normen orientierten Beobachters, daß die Untersuchungsergebnisse an Reichhaltigkeit, Tiefe und Validität verlieren. Cicourel hält allerdings am positivistischen Objektivitätsbegriff fest, wenn er Validität nur durch Befolgung normierter Datenermittlung für erreichbar und Zugangsweisen zu sozialer Realität, die den normativen Rahmen sprengen, für zwar halbwegs

30 Vgl. Berger 1972, S. 106 ff.
31 Cicourel, 1970, Kap. II. Auch Hyman et al. stellen für das Interview einen Konflikt zwischen der Forderung nach Zuverlässigkeit fest, die durch möglichst präzise und vorgeplante Regeln der Befragung erreicht wird, und dem Anspruch auf Validität, der eine hohe Flexibilität, also eine geringe Standardisierung des Interviewer-Verhaltens, erforderlich macht (S. 30-33). Doch ziehen die Autoren daraus keine methodischen Konsequenzen; sie halten den Konflikt für auflösbar, nämlich durch »careful planning of the procedure and the pretesting of the questionnaire« – wie das gehen soll, sagen sie nicht.

»erfolgreicher«[32], aber dennoch für eine Form der Verkafferung hält. Das ist die Grenze einer Kritik empirischer Sozialforschung, die die Möglichkeit von Alternativen mit emanzipatorischer Zielsetzung nicht ernsthaft in Betracht zieht.

3. Strukturelle Merkmale der Interview-Situation

Der positivistische Objektivitätsanspruch der empirischen Sozialforschung wurde bisher am Interaktionsprozeß der Befragung so weit kritisiert, wie er sich am Anspruch einer Kontrolle der Untersuchungssituation und an der Ignorierung des Rollenkonflikts im Interviewer-Verhalten festmacht. Diese Kritik soll durch den Nachweis ergänzt werden, daß die angewandte Methodologie insgesamt eine verkürzte Auffassung von der Interaktionsbeziehung im Interview hat und insbesondere gesellschaftliche Bedingungszusammenhänge der Befragung ignoriert, die ihre möglichen Ergebnisse präformieren. Die Methodologie betrachtet, im Sinne einer restriktiven Gruppensoziologie, die Untersuchungssituation eines Interviews als freischwebende Interaktionsbeziehung und übersieht, daß Grundregeln der Interaktion durch übergreifende gesellschaftliche Verhältnisse bestimmt und institutionalisiert sind. Im Gegensatz zum wissenschaftstheoretischen Selbstverständnis der empirischen Sozialforschung haben die Interview-Resultate nicht nur relativ zur Untersuchungssituation, sondern auch relativ zu bestimmten gesellschaftlichen Verhältnissen und dadurch bedingtem Verhalten der Befragten Gültigkeit.
An der Analyse des Befragungsprozesses durch Kahn/Cannell wie an den methodologischen Texten insgesamt[33] fällt auf, daß die Autoren zwar eingehend psychologische Einfluß-

32 Cicourel, S. 115.

33 Gordon 1969, Kap. 3, klassifiziert je 8 sozialpsychologische Einflußgrößen, die den Informationsfluß im Interview entweder fördern oder behindern (z. B. »competing demands for time« »ego threat«, »etiquette«). Auf die Struktur der Sozialbeziehung »Interview« und ihre Beziehung zu umfassenderen Regeln des gesellschaftl. Verkehrs aber geht er nicht ein.
Scheuch 1967 betont wenigstens noch, daß das Interview eine »soziale Beziehung besonderer Art« sei (S. 136 ff.) Doch auf die Analyse dieser Besonderheit verzichtet er vollständig.

größen (Motivationsstrukturen, Perzeptionsformen und Persönlichkeitsmerkmale) untersuchen, dagegen verhaltensbestimmende Auswirkungen, die sich aus der Struktur der Sozialbeziehung selbst ergeben, kaum thematisieren. Dabei machen sie bereits mit ihrer Definition des »research-interview« strukturelle Kennzeichen der Sozialbeziehung »Interviewen« deutlich. Sie definieren das Forschungsinterview, in Übereinstimmung mit den meisten Methodologen, als eine »two-person conversation, initiated by the interviewer for the specific purpose of obtaining research-relevant information, and focused by him on content specified by research objectives of systematic description, prediction or explanation.«[34]

Damit sind mindestens zwei strukturelle Merkmale genannt, die für die soziale Situation des Interviews von entscheidender Bedeutung sind:

Erstens handelt es sich beim Interview um eine duale Beziehung zwischen nur zwei Individuen – ausgeschlossen ist ein Gruppengespräch sowie, wenigstens als Ideal, die Anwesenheit weiterer nicht direkt beteiligter Personen; zum zweiten enthält diese Beziehung eine inhaltliche Ungleichheit in dem Sinne, daß eine der beteiligten Personen – der Befrager – eindeutig die Gesprächsführung bestimmt, deren Thematik und Abfolge festlegt, gezielt Diskussionspunkte abbricht, auf neue Fragen überleitet und entscheidet, ob ein Problem ausreichend erörtert worden ist oder nicht. So wird in standardisierten Interviews »dem Befrager eine ausgefeilte Interaktionsstrategie mitgegeben, und es wird angestrebt, den Befragten unvorbereitet in die Situation zu bringen, so daß er keine eigene Strategie entwickelt und in seinen Reaktionen lediglich von den Fragen des Forschers bestimmt ist«[35].

Im Normalfall einer soziologischen Erhebung ist die Autoritätsstellung des Befragers zwar nicht durch formelle Sanktionsgewalt abgesichert – doch fällt das öffentliche Prestige der Institution, die als Auftraggeber der Erhebung fungiert, ins Gewicht; außerdem ist nicht einzusehen, warum man keine eigenständige Dynamik der nicht-egalitären Sozialbeziehung quasi als Rollenspiel annehmen sollte, wenn anderer-

34 Kahn/Canell, S. 527; auch Caplow, S. 165, H. Roede, S. 10; A. Schrader, S. 96; Maccoby/Maccoby, S. 37.

35 H. Kreutz, S. 99.

seits die Methodologie in der Frage der Motivationssteigerung gezielt auf die Eigendynamik des Interaktionsprozesses setzt.[36] Für den Ansatz von Kahn/Cannell kommt hinzu, daß sie als Anwendungsfälle ihrer Interview-Technik die Beziehung Arzt-Patient, Befragungen von Arbeitern und Angestellten durch das Management und von Klienten durch Sozialarbeiter propagieren[37] – also Interaktionen, die auch unabhängig vom reinen Interview-Ablauf durch soziale Herrschaft gekennzeichnet sind.

Soweit mir bekannt, analysiert kein methodologischer Text die Struktur der Einzelbefragung und der Autoritätsbeziehung[38] im Interview sowie insbesondere ihre Konsequenzen

36 Z. B. Kahn/Cannell 1957, Kap. 3.

37 Kahn/Cannell, Teil II.

38 Zur Frage der Autoritätsbeziehung stellt das – immanent ausgezeichnete – Buch von H. Kreutz 1972, eine bedingte Ausnahme dar. K. stellt fest, daß der Interviewer über »cue control« verfügt: Aufgrund fachlicher Vorkenntnisse und des Einsatzes vorgeplanter Gesprächsstrategien kann er das Verhalten der Befragten indirekt kontrollieren und steuern. K. bemerkt, daß zwischen dieser Form indirekter Herrschaft und dem Einsatz der Forschungsergebnisse zur indirekten Steuerung des Verhaltens der Beherrschten in Sozialplanungen strukturelle Analogien bestehen. Seine politische Beschränktheit zeigt sich allerdings, wenn er Machtausübung durch soziale Kontrolle als »Demokratisierung« interpretiert: »In dem Maße, in dem Herrschaft durch unverhüllte Anwendung von Machtmitteln schwieriger wird und nicht mehr ausgeübt werden kann, in dem Maße wird sie sich der Mittel der ›cue control‹ bedienen müssen. Das bedeutet aber, daß die Herrschenden nicht mehr im Vertrauen auf die ihnen zur Verfügung stehenden Machtmittel die Verhaltensweisen der Beherrschten übergehen können, sondern gerade im Gegenteil sich intensiv mit diesen beschäftigen müssen, wenn sie die Herrschaft aufrechterhalten wollen. Falls diese Überlegungen richtig sind, so sollte man einen positiven Zusammenhang zwischen Ausmaß der Demokratisierung und Anwendung von Meinungsforschung beobachten können«. (Kreutz, S. 97).
Der Befrager praktiziert also im Interview die Herrschaftstechnik der »social control«, zu deren Verbesserung die kapitalistische Sozialwissenschaft, vor allem die Sozialpsychologie, entwickelt wurde! (vgl. dazu I. Stauble, 1972).
Indirekt deutlich wird die direktive Gewalt des Interviewers an Gordons (1969) Konzeption der Interview-Führung, die »Strategien« und »Taktiken« der Befragung entwickelt. Entlarvend ist die Terminologie von Kahn/Cannell, die die Gesprächsführung als militärischen Feuerüberfall darstellen: »In short, the closed question represents a kind of efficient small-bore ammunition. If the objective is clearly in sight and not complex, and if the interviewer is confident of his marksmanship, all is well. For more ambitious game or in less well-defined situations, the greater range, spread and fire power of the open question is indicated.« (Kahn/Cannell, S. 143).

für die Beobachtungsergebnisse. Außerdem existiert keine empirische Untersuchung zu beiden Themenkomplexen. Dabei handelt es sich um wesentliche Merkmale der sozialen Situation »Interview«, die nur bei weitgehender Verlagerung der Ziele empirischer Sozialforschung aufgehoben werden können. Der Anspruch der Sozialforschung, statistisch auswertbare Erhebungen durchzuführen, ist nämlich nur dann einlösbar, wenn man die Umfragen als Einzelinterviews und mit direktiver Gewalt der Befrager organisiert. Das Verfahren der Gruppendiskussion bzw. des Gruppeninterviews hat relativ zu dieser Zielsetzung den Nachteil, daß es kaum einen statistisch durchführbaren Vergleich zwischen den verschiedenen Interviews ermöglicht und damit den Weg des Hypothesentests über Korrelationsbildungen versperrt.[39] Ähnlich gestattet eine freie, d. h. nicht durch vorgefertigten Fragebogen und Aktivität des Interviewers vorherbestimmte Gesprächsform quantifizierbare Vergleiche zwischen den Einzelinterviews entweder überhaupt nicht oder sie ist belastet durch erhebliche Unsicherheitsfaktoren. Wenn nicht garantiert ist, daß die verschiedenen Interviews dieselben Themen möglichst mit äquivalenten Fragestellen und Antwortmustern verhandeln, können die Ergebnisse auch nicht auf einer gemeinsamen Matrix eingetragen werden: die Möglichkeit der statistischen Auswertung entfällt.

Die Methodologie spricht daher sowohl der Einzelbefragung als auch ihrer halb oder ganz standardisierten Form, die eine direktive Gewalt des Befragers impliziert, den Vorrang zu[40], jedenfalls soweit eine Untersuchung zur systematischen Erhebung bzw. zum gezielten Hypothesentest Verwendung findet. Freie und unstandardisierte Interviewformen sowie das Gruppengespräch beschränkt sie auf die explorative Phase eines Forschungsprojekts, in dem eine vorläufige Orientierung über das Untersuchungsfeld erreicht werden soll.[41] In der Terminologie Atteslanders: Freie Interviews und Grup-

39 Mangold, 1967.

40 Mit diesem Argument hat vor allem Lazarsfeld das standardisierte Interview verteidigt (L., 1944). Sein zweites Argument ist, daß intensive Interviews nur in einem begrenzten Personenkreis durchführbar und deshalb nicht statistisch verallgemeinerbar sind.

41 Atteslander, S. 82; Gordon, S. 42 ff.; Maccoby/Macobby, S. 40 ff.

pengespräche sind in der formativen Phase einer Untersuchung, standardisierte Einzelbefragungen in ihrer informativen Phase zu bevorzugen. Implizit wird damit ein Informationsbegriff propagiert, der sich auf statistisch auswertbare Daten beschränkt. Man kann also folgern, daß systematische Veränderungen der Beobachtungsergebnisse, die aus den strukturellen Merkmalen der Vereinzelung der Befragten und des Autoritätsverhältnisses der Befrager in der Untersuchungssituation resultieren, für die an statistisch auswertbaren Erhebungen orientierte Sozialforschung zwangsläufig sind.

a) Die Vereinzelung der Befragten

Die Methode der Einzelbefragung hat vor allem bei Erhebungen in vorindustriellen Gesellschaften, insbesondere in ländlichen Dorfgemeinden, zu offensichtlichen Schwierigkeiten geführt.[42] Sofern die Befragten aus kollektivistischen Lebensformen stammen – sei es durch Familie, Dependenzgruppe, die Dorfgemeinschaft oder einen überlokalen Stamm bestimmt – sind sie ausgesprochen renitent gegen den Anspruch individueller Meinungsäußerung. Sie zeigen, sofern sie keine Repräsentativfunktion im Gemeinwesen – Dorfälteste und Häuptlinge – ausüben, große Reserven, überhaupt ein Privatgespräch mit den Sozialforschern zu akzeptieren. Soweit sie derartige Gespräche dennoch führen, läßt sich eine überproportional hohe Angleichung an die Auffassungen feststellen, die die Befragten bei den Interviewern auf Grund ihrer sozialen Merkmale vermuten.[43] Lerner nahm die Resistenz von Bewohnern vorindustrieller Gemeinwesen zum Anlaß, individuelle Meinungslosigkeit bzw. Antwortverweigerung auf Einzelbefragungen überhaupt als Index für die Modernisierungstendenz der Untersuchten, d. h. ihre Anpassungsbereitschaft an die Lebensformen der »Industriegesellschaft«, zu wählen.[44] Dieser Vorschlag kann aber nur als Rationalisierung der Ohnmacht von Untersuchungsmethoden

42 Rudolph/Rudolph; Marsh, Comparative Sociology, S. 283 ff.; Galtung, S. 150 ff.
43 Maquet, 1964.
44 Lerner 1958.

bewertet werden, soweit sie außerhalb des Bereichs spätkapitalistischer Gesellschaften Anwendung finden.[45]

Die Schwierigkeiten von Interviews in vorindustriellen Gesellschaften lassen zunächst den Schluß zu, daß die Untersuchungstechnik spezifisch zugeschnitten ist auf Gesellschaften, in denen eine Ablösung der Personen von unmittelbar gesellschaftlichen Bindungen wie Primärgruppe und Dorfgemeinschaft weit genug fortgeschritten ist, um mit einer stärkeren Ausbildung von Individualbewußtsein die Kundgabe persönlicher Auffassungen als Normalfall zu ermöglichen. Die generelle Durchsetzung des Warenverkehrs in kapitalistischen Gesellschaften hat nicht nur auf die Sozialbeziehungen der Personen, sondern auch auf ihr Bewußtsein bestimmende Auswirkungen. Der Vorrang privater Eigentumsbeziehungen determiniert ein individuelles Eigentümerbewußtsein sowohl an Waren wie an Denkweisen und Denkinhalten. Wie die Gefühle, Empfindungen und unmittelbare Erfahrungen als seelische Prädikate erscheinen, die eine Person als unteilbaren Besitz »hat«[46], so verfügt auch jede Person in einer entwikkelten Warengesellschaft über individuelle Meinungen und Einstellungen. Sie tritt als »Besitzer« bestimmter Bewußtseinsinhalte auf. Diese Bewußtseinsinhalte sind nicht einzigartig, sondern austauschbar gegen andere Inhalte – eine Person kann unter veränderten Umständen neue Einstellungen

45 Lerner und seine Mitarbeiter nahmen als entscheidendes Persönlichkeitsmerkmal für Modernisierungsbereitschaft »empathy« an. Darunter verstanden sie die Fähigkeit zu imaginativer Rollenausübung in ungewohnten und gleichfalls imaginativen Situationen. Zur Messung von »empathy« verwendeten sie 9 Fragen, die sich alle auf Handeln in fiktiv vorgestellten Situationen beziehen. Von ihnen beziehen sich 6 eindeutig auf »modernisierte Lebensformen« – nämlich Zeitung, Kinos, Radioprogramme, Wahl eines Regierungschefs, Wahl eines neuen Heimatlandes. In Wirklichkeit also messen Lerner u. a. mit ihrem Fragebogen direkt die Anpassung an und Kenntnis von modernisierten Lebensformen, nicht etwa eine allgemeinere Variable »empathy«. Ihre Hypothese zur Modernisierungsbereitschaft folgt also per definitionem.
Wie sollen nun anatolische Bergbauern und kurdische Viehhirten auf die Frage reagieren, wie sie als Redakteure eine Zeitung gestalten würden? Wenn sie bei Verstand bleiben, werden sie nicht antworten. Diese Antwortverweigerung erheben die Vf. zum Index ihrer zirkulär operationalisierten Variablen »Modernisierungsbereitschaft«. In Wirklichkeit belegt sie nur die völlige Absurdität der Meinungsumfrage in »traditionalen Gesellschaften«.

46 Zur Analyse der systematischen Irreführung durch die Grammatik unserer Sprache über seelische Ereignisse vgl. Wittgenstein, 1967; Giegel 1969.

»annehmen« –, durch ihre Austauschbarkeit erhalten Bewußtseinsinhalte eine allgemeine Existenz. Sie sind bei verschiedenen Personen zu finden und miteinander vergleichbar.[47]
Diese idealtypische Struktur gesellschaftlichen Bewußtseins kommt dem Anspruch der Interview-Technik entgegen: Befragungen haben die Funktion, allgemeine Einstellungen, die Personen jeweils als individuierte Prädikate zukommen, zu ermitteln. Soweit sich die zunächst das ökonomische Verhalten prägende Warenbeziehung auch im gesellschaftlichen Bewußtsein der Unterdrückten verinnerlicht hat, ist also die Einzelbefragung eine durchaus angemessene Forschungstechnik. Hinzu kommt, daß sich die Schwierigkeiten mit der

47 Die Idee, daß der Begriff des Individualbewußtseins, der für das Forschungsinterview leitend ist, an Strukturen menschlicher Subjektivität in entwickelten Warengesellschaften anknüpft, kann ausführlich begründet werden. Wir beziehen uns dabei auf die angedeutete gegensätzliche Parallelität von unteilbarer Individualität und Austauschbarkeit von Meinungen, die ein statistischer Vergleich von Interviews unterstellen muß. Diese gegensätzliche Parallelität hat für das Problem der »unmittelbaren Erfahrungen« oder »Empfindungen« besonders prägnant die empiristische Erkenntnistheorie entwickelt, als sie mit dem »argument of analogy« die Existenz des Fremdpsychischen zu beweisen versuchte:
Aus Selbsterfahrung und aus gleichartigen Verhaltensweisen bei anderen Menschen bin ich berechtigt anzunehmen, daß die anderen Menschen ebensolche Empfindungen und Gefühle wie ich haben. Diesem Argument liegt eindeutig die Idee der Übertragbarkeit von seelischen Ereignissen zugrunde. Das Dilemma des »argument of analogy« ist nun, daß es gerade von einer einzigartigen Individualität von Empfindungen ausgeht, die in den imaginativen Übertragungsprozeß von Empfindungen auf andere Menschen nicht eingehen kann (vgl. Wittgenstein 1967, § 350-352; Giegel 1969). Die streng subjektive Bindung von Empfindungen widerspricht also der Forderung nach imaginativer Transaktion – und umgekehrt. Andrerseits setzt sie notwendig voraus, daß andere Menschen Empfindungen haben, da nur über einen Akt der Abgrenzung die ausgezeichnete Subjektivität von Empfindungen einsichtig wird. Die Idee schließlich, daß man von Empfindungen anderer Menschen erst durch eine auf Analogieverhalten basierende Schlußfolgerung Kenntnis erhält, hat gerade die ausgezeichnete und unteilbare Subjektivität der eigenen Empfindungen zur Voraussetzung. Diese innere Widersprüchlichkeit eines Denkens über Empfindungen, das die Oberflächengrammatik unserer Sprache nahelegt, hat deutliche Analogien zur gegenseitigen und gegensätzlichen Beziehung von Privatarbeit und Privateigentum zur gesellschaftlichen Produktion in Warengesellschaften, wie sie von Marx eingehender entfaltet wurde. Die Ware ist zunächst ausschließlicher Besitz ihres Produzenten und Ergebnis seiner privaten Arbeit. Verbleibt sie in der alleinigen Verfügungsgewalt des Herstellers, so verliert sie aber ihre Eigenschaft, Ware zu sein, sie dient nur der privaten Subsistenz oder verkommt als

sozialen Situation der Untersuchung nicht mehr in der entwikkelten (vgl. 1.; 2.) Schärfe stellen: Wenn die Annahme berechtigt ist, daß Personen über bestimmte Einstellungen als individuelle Prädikate verfügen, müssen diese im Bewußtsein abgelagerten Einstellungen, sofern sich der oder die Befragte nicht verstellt, auch abrufbar sein. Soziale Einflüsse der Untersuchungssituation erscheinen dann tatsächlich als Störfaktoren. Unter Bedingungen vollständiger Isolierung müßte eine Person ihre Meinung richtig und unverzerrt bekanntgeben können.

Die Analogie des Begriffs individueller Einstellungen zum idealtypischen Bewußtseinsbegriffs in kapitalistischen Warengesellschaften läßt aber nicht die Folgerung zu, daß die Einzelbefragung tatsächlich eine angemessene Untersuchungsmethode in solchen Gesellschaften ist. Diese Annahme widerspricht zunächst dem Stand der sprachanalytischen Diskussion, die gezeigt hat, daß die Idee eines nur durch individuelle Selbstbezogenheit definierten Bewußtseins unsinnig ist.

nutzloser Gegenstand. Als Ware muß sie in einen gesellschaftlichen Zusammenhang treten – den Austausch. Damit verliert sie aber ihre Auszeichnung, ausschließlicher Besitz einer Person zu sein. Anders ausgedrückt: Auch und gerade das System der unabhängigen Privatarbeiten ist gesellschaftlich bestimmt. Waren wechseln sehr viel öfter den Besitzer als Produkte einer Subsistenzwirtschaft, die kein ausgebildetes Privateigentum kennt. Andererseits hat die gesellschaftliche Beziehung der Ware in der Austauschbarkeit eine Form, die den privaten Besitzanspruch an Waren gerade bestätigt. Privatbesitz und gesellschaftlicher Zusammenhang schließen einander in der Warenproduktion aus und bedingen sich gleichzeitig wechselseitig. Dieselbe »dialektische« Struktur ließ sich am »argument of analogy« für den bürgerlichen Bewußtseinsbegriff entfalten.

Diese Analogie verweist auf einen genetischen Zusammenhang. Marx selber hat die historisch relative Geltung des bürgerlichen Bewußtseinsbegriffs verschiedentlich angedeutet, und er hat die verkehrte Struktur der Warenbeziehung zugleich in ihren allgemeinen Folgen für das gesellschaftliche Bewußtsein der Warentreibenden skizziert. Eine ausführliche Darstellung dieser Zusammenhänge fehlt bisher. Man kann aber davon ausgehen, daß sich menschliches Bewußtsein und Empfindungsverhalten in der kindlichen Sozialisation vorbildet. Diese Sozialisation ist wiederum durch gesellschaftliche Lebensbedingungen bestimmt. Es ist also berechtigt, die strukturelle Analogie zwischen subjektivistischem Bewußtseinsbegriff und Privateigentum in Warengesellschaften als funktionale Beziehung zu deuten.

Bezüge zu Strukturen des Warenverkehrs werden wir später noch für die Wertabstraktion im Bewußtseinsbegriff der empirischen Sozialforschung feststellen: Teil III. und IV.

Ursprüngliche Sozialbeziehungen zu anderen Menschen sind definierendes Kriterium dafür, daß eine Person sich in bestimmten Bewußtseinszuständen befindet. »Bewußtsein« impliziert eine reflexive Selbstbeziehung der fraglichen Person, und diese Selbstbeziehung setzt konstitutiv sozialen Verkehr mit anderen Personen voraus. Ein Mensch, der in vollständiger Isolierung aufgewachsen ist, verfügt daher nicht über »Meinungen« oder »Einstellungen« – solche Einstellungen sind Resultat sozialer Interaktion, sie enthalten trotz aller Individualisierung notwendig ein kollektivistisches Substrat.

Der streng individualistische Einstellungsbegriff steht auch im Widerspruch zur marxistischen Gesellschaftstheorie, durch die er oben plausibel gemacht wurde. Die marxistische Lehre der kapitalistischen Warenbeziehung stellt keine Realanalyse wirklicher Gesellschaften dar, sondern bezieht sich zunächst auf die ökonomische Struktur einer methodisch idealisierten Gesellschafts*form*. Zwar vertritt Marx die empirisch nachweisbare These, daß sich der Warenverkehr als beherrschendes Element der kapitalistischen Gesellschaft durchsetzt, das bedeutet aber nicht, daß er auch zum einzig konstitutiven Strukturmerkmal menschlicher Sozialbeziehungen und Bewußtseinsformen wird. In einem solchen Fall wäre die Marxsche Theorie keine Revolutionstheorie mehr, die zugleich systemsprengende Elemente in der Klassenstruktur des Kapitalismus aufzeigt. Eine vollständige Verinnerlichung des Warenverkehrs im Bewußtsein und Verhalten der Unterdrückten würde die Entstehung einer kollektivistischen Sozialbewegung, die mehr ist als eine Addition individueller Einzelinteressen, unmöglich machen: die arbeitende Klasse wäre nicht einmal potentiell der Totengräber des Kapitalismus.

Der Idealfall individueller Meinungen und Einstellungen, von dem das Verfahren der Einzelbefragung ausgeht, ist also in seiner Striktheit auch für die kapitalistische Gesellschaft unhaltbar. Selbst wenn ein Befragter die individuelle Bezogenheit seiner Einstellungen besonders hervorhebt (»meiner Meinung nach«), wird man sein Verhalten in der Regel als Abgrenzung vom Konformitätszwang (etwa der »öffentlichen« oder bestimmter Gruppen-Meinungen) und als Angleichung an andere Referenzgruppen interpretieren müssen, an denen er sich entweder in seinem Sozialverhalten orientiert, oder mit denen er in einem ständigen Interaktions- und Kommunikationszusammenhang steht.[48] Die Individualität der Meinung gilt also nicht absolut, sondern nur relativ zu erwarteten Auffassungen innerhalb spezifischer sozialer Situationen. Dagegen verabsolutiert die Einzelbefragung ihr Modell eines isolierten Meinungsträgers und ignoriert, daß gesellschaftliches Bewußtsein nur relativ zu bestimmten sozialen Interaktionszusammenhängen Geltung hat.[49]

Soweit allerdings in der kapitalistischen Gesellschaft Ausmaß und Intensität informeller Sozialbeziehungen abnehmen und damit die Grundlage zu einer scheinbaren Verselbständigung individueller Meinungen, deren kommunikativer Entstehungszusammenhang verdrängt wird, gelegt ist, nähert sich das Modell der Einzelbefragung realen gesellschaftlichen Tendenzen an. Vor allem gilt diese Annäherung für die Auffassung von Themen gesamtgesellschaftlicher Relevanz. Im Spätkapitalismus hat sich die Diskussion solcher Themen aus unmittelbaren Interaktionsbeziehungen auf die Ebene sozialer Institutionen und der bürgerlichen Öffentlichkeit

48 Taietz, 1962, hat die Abhängigkeit der im Interview geäußerten Auffassungen von jeweils anwesenden Bezugspersonen untersucht. Anläßlich einer Umfrage im ländlichen Ostholland, die Einstellungen zur »extended family« betraf, stellte er fest, daß die Antworten, je nach Anwesenheit des Ehepartners, der Kinder oder nur des Befragers, erheblich anders ausfielen. Taietz betrachtet die Anwesenheit Dritter nicht als Störfaktor, den es zu eliminieren gilt, sondern folgert, daß Einstellungen und Meinungen immer relativ zu bestimmten sozialen Situationen gelten.

49 Die Stabilität dieses Vorurteils wird etwa an Mertons u. a. Erörterung der Vorzüge von Gruppeninterviews deutlich (Merton/Kendall/Fiske 1956). Sie betonen vor allem, daß Gruppeninterviews Sperren in der Mitteilung *individueller* Erfahrungen und Meinungen abbauen helfen: »In groups it is likely that one or more will be considerably less inhibited than the rest. Since these are more willing than the other to speak of personal experiences and responses, they tend to be among the first to take active part in the discussion. As one ventilates his experiences, this encourages others to ventilate theirs.« (S. 142) Die Gruppe ist nur ein guter Ventilator zur Anregung von Selbstdarstellungen einzelner Individuen. Zweifellos werden durch bürgerliche Erziehung und privatisierte Lebensverhältnisse Fähigkeiten kollektiver Sozialbeziehung zugunsten narzißtischer Selbstbezogenheit verdrängt. Merton u. a. orientieren sich aber ausschließlich an diesem Trend und ignorieren völlig, daß kommunikative und kollektive Gruppenbeziehungen Erfahrungen und Auffassungen der Individuen erst strukturieren können.

verlagert, wo sie, mit Herrschaftslegitimationen eng verknüpft, in einem begrifflichen und perspektivischen Rahmen geführt wird, der mit dem Denk- und Erfahrungshorizont der breiten Massen nicht mehr vermittelbar ist. Zur Organisation und Interpretation gesellschaftlicher Erfahrungen unfähig, erstarrt diese Diskussion zur Kombination auswechselbarer Stereotype. Als Stereotype werden sie durch die Medien bürgerlicher Öffentlichkeit nicht über informelle soziale Kommunikationsbeziehungen, sondern direkt an die privatisierenden Individuen vermittelt.[50] Prototyp dafür sind die Rezeption des Fernsehprogramms durch isolierte Vereinzelte und – in bürgerlichen Schichten weit verbreitet – der narzißtische Genuß vereinzelter Zeitungslektüre. Die Sozialforschung erfaßt dann durch Umfragen das Resultat dieses Prozesses, indem sie die statistische Verteilung der stereotypen Abziehbilder unter »der Bevölkerung« oder innerhalb bestimmter sozialer Schichten mißt. Damit wird aber nur ihre politische Parteilichkeit deutlich – sie akzeptiert den im Spätkapitalismus vorgegebenen Rahmen politischer Bewußtseinsbildung und trägt durch die öffentliche Verbreitung ihrer Ergebnisse zu seiner weiteren Stabilisierung bei.

Die gesellschaftspolitische Bewußtseinsbildung im Spätkapitalismus bewegt sich, soweit sie systemintegrative Funktionen hat, im Wechselfeld von Stereotypie öffentlicher Meinung, deren Allgemeinheit nicht durch kollektive Kommunikation – »volonté generale« – hergestellt wurde[51], und isolierter Rezeption der Stereotype als »individueller Meinung«.[52] Als Gegenbild dazu soll die Kommunikationsstruktur in der anar-

50 Zur Analyse der Organisationsstrukturen bürgerlicher Öffentlichkeit vgl. Negt/Kluge 1972.

51 Zum Begriff »individuelle« und »öffentliche« Meinung siehe Pollock, *Gruppenexperiment*, S. 17 ff.

52 Daß radikale Auffassungen sich gerade in einem Kommunikationszusammenhang bilden, der unabhängig vom herrschenden Mediensystem ist, während sie in mehr von den herrschenden Medien durchdrungenen Gebieten weniger oft vorkommen, hat eine Studie zur ländlichen Sozialbewegung Nordost-Brasiliens bestätigt (Lane 1969). Die Studie bezieht sich auf die Zeit der bürgerlichliberalen Goulart-Regierung. Die Militärdiktatur hat auf diese Beziehung von autonomen Kommunikationssystemen und politischer Radikalität auf ihre Weise reagiert: Zerschlagung der vorwiegend durch Landarbeitergewerkschaften gebildeten überlokalen Kommunikationsstrukturen und verstärkte Verbreitung der Mediensysteme Radio und TV.

chistischen Sozialbewegung Andalusiens geschildert werden.[53] Die Schilderung stammt von einem Sympathisanten aus der bürgerlichen Klasse. Die Sichtweise ist daher nicht klassenneutral, was etwa in ihrem Interpretationsmuster der »religiösen Erleuchtung« deutlich wird. Entscheidend für unsere Analyse sind allein die spezifischen Kommunikationsbeziehungen. Dabei ist auf den besonderen Status der anarchistischen Zeitschriften in Andalusien zu achten. Im Gegensatz zur bürgerlichen Presse wurden ihre Artikel weitgehend von Handwerkern, Arbeitern und Bauern verfaßt und an die Redaktionsstuben geschickt. Die Artikel entspringen also einem direkten und kollektiven Kommunikationszusammenhang in den pueblos; sie sind ein Schritt zur Verallgemeinerung dieses Zusammenhanges.

»Auf seinen Reisen in die Hauptstadt (Cordoba) oder in einem bereits bekehrten Ort nahm der Bauer aus der Ebene Kontakt auf zu Kollegen aus dem Handwerk, neugewonnenen Anhängern der anarchistischen Bewegung oder mit Veteranen der früheren Bewegungen. Von ihnen hörte er leidenschaftliche Darstellungen der neuen Lehre und nahm Exemplare der libertären Presse in Empfang. Nach Rückkehr in sein Dorf las der Gereiste die Zeitschrift seinen nächsten Freunden vor, die sofort bekehrt wurden und mit großem Engagement den neuen Glauben weiterverbreiteten. Nach ein paar Wochen bestand der ursprüngliche Kern der Eingeweihten schon aus 200; nach ein paar Monaten propagierte praktisch die ganze arbeitende Bevölkerung, von glühendem Bekehrungseifer ergriffen, ekstatisch dieses flammende Ideal. Die wenigen Abseitsbleibenden, sei es aus Furcht, sei es aus Friedlichkeit, sei es, weil sie eine gute Anstellung zu verlieren fürchteten, wurden von Gruppen Überzeugter belagert: am Arbeitsplatz, auf dem Feld, in den Gehöften, in der Taverne, auf den Straßen und Plätzen. Sie wurden so lange mit Argumenten, Rufen, Verachtung und Ironie bombardiert, bis sie sich entschieden: Widerstand war unmöglich. Nachdem das Dorf einmal bekehrt war, breitete sich die Agitation auf die benachbarten Ortschaften aus. Dazu genügte, daß Arbeiter mit Kame-

53 Juan Diaz del Moral, S. 189/190. Vgl. auch Hobsbawm, S. 115/116, an dem sich die Übersetzung z. T. orientiert.

raden aus dem anderen Dorf sprachen. Das konnte jeder beliebige der Bekehrten sein, mehr oder weniger war jeder ein Agitator. So breitete sich das Feuer schnell über alle ›entflammbaren‹ Orte aus – d. h. auf alle, die in der Cordobesischen Ebene liegen. Die Arbeit des Agitators war im übrigen leicht. Er brauchte seinen Hörern nur einen Titel aus ›Tierra y Libertad‹ oder dem ›El Productor‹ vorzulesen, um ihnen das Gefühl plötzlicher Erleuchtung durch den neuen Glauben zu geben.

Wir, die wir Augenzeugen dieser Ereignisse (1903) und der von 1918-1919 waren, werden nie das erstaunliche Schauspiel vergessen. In den Feldern, Gasthäusern und Gehöften, wo immer sich Bauern zu Gesprächen trafen, gab es nur ein Thema, das ernsthaft und leidenschaftlich diskutiert wurde: die soziale Frage. Während der Arbeitspausen oder abends nach dem Essen las der Gebildetste unter ihnen Flugblätter und Zeitungen laut vor, während die übrigen mit großer Aufmerksamkeit zuhörten. Dann folgten Reden, die das Gelesene bekräftigten, und Lobsprüche in endloser Folge. Sie verstanden nicht alles. Manche Worte kannten sie nicht. Einige Deutungen waren kindisch, andere bösartig, je nach Persönlichkeit des Sprechers, aber im Prinzip waren alle einer Meinung. Wie auch! War doch alles die reine Wahrheit, die sie ihr ganzes Leben gefühlt hatten, obwohl sie sie nie auszudrücken vermocht hatten! Sie lasen immer, Neugier und Wissensdurst waren unersättlich. Selbst unterwegs auf Reittieren lasen die Bauern und ließen Zügel und Halfter schleifen. Mit dem Frühstück steckten sie immer ein Flugblatt in die Satteltasche. Zahllos war die Menge der Zeitschriftenexemplare: jeder wollte sein eigenes haben. Zwar gab es 70 oder 80% Analphabeten, aber das war kein unüberwindliches Hindernis. Der enthusiastische Analphabet kaufte seine Zeitung, gab sie einem Genossen zum Vorlesen und ließ sich von diesem den Artikel anstreichen, der ihm am besten gefallen hatte. Später bat er einen anderen Gefährten, er solle den Artikel noch einmal vorlesen. Nachdem er ihn ein paar Mal gehört hatte, kannte er ihn auswendig und wiederholte ihn denen, die ihn noch nicht kannten. Es gibt nur ein Wort, das zu beschreiben: Ekstase!«

Wenn behauptet wurde, daß das Befragungsmodell der empirischen Sozialforschung und ihr Begriff der »individuellen Einstellung« sich deformierten Prozessen der Bewußtseinsbildung im Spätkapitalismus angleicht, so bedarf diese These der Differenzierung. Soweit sich in Gesellschaftsklassen das Wechselverhältnis von Individualisierung und Stereotypie nicht durchgesetzt hat, ist der Befragungsansatz der Sozialforschung inadäquat. Er eignet sich nur zur Erfassung systemintegrativer Teilbereiche gesellschaftlichen Bewußtseins, erweist sich aber als unzureichend, wenn es um die Ermittlung mehr kollektivistischer Denkweisen geht. Die Einzelbefragung setzt die Untersuchten unter den normativen Zwang, auch dann individuelle Meinungen kundzutun, wenn sich ihre Auffassungen in sozialen Gruppenbeziehungen gebildet haben und als Resultat kommunikativer Klärungsprozesse der Gruppe, sozusagen als »group mind«, vertreten werden. Da sie im Interview von diesen sozialen Bezügen abgeschnitten sind und da die Fragen deutlich auf Individualmeinungen zielen, ist zu vermuten, daß ihre Antworten, verglichen mit ihrem »alltäglichen« sozialen Bewußtsein, systematisch verzerrt sind.

Dieses Problem stellt sich insbesondere bei der Befragung von Industriearbeitern, die im Spätkapitalismus noch am ausgeprägtesten über kollektivistische Denk- und Verhaltensweisen verfügen.[54] Die privatisierte Situation des Interviews zwingt sie zu Reaktionen, die ähnlich privatisierten Situationen in der gesellschaftlichen Realität entsprechen, z. B. der einzelfamiliären Abschließung vor allem in »sanierten« Wohnvierteln oder der je individuellen Konfrontation mit dem Kapital durch das System privater Arbeitsverträge. Gerade diese Situation veranlaßt den auf sich gestellten Arbeiter aber zu mehr systemintegrativem Verhalten – die Agitation des betrieblichen Managements benutzt die Privatisierung denn auch systematisch, um kollektive Widerstandsaktionen der

54 Das bestätigen soziolinguistische Untersuchungen: Typisch für Kommunikationsstrategien in den »lower classes« sind kollektiv definierte Gesprächssituationen sowie eine geringe Entfaltung individueller Situationsdeutungen und Redewendungen. Allerdings schätzt die Soziolinguistik diese Kommunikationsformen, was die Artikulation begrifflicher und abstrahierender Erkenntnis betrifft, als defizient ein. Zur Kritik dieser Defizienzhypothese vgl. Teil IV, 2.

Arbeiter zu brechen, etwa durch individuelle Drohungen, exemplarische Einzelentlassungen und, während Streiks, durch Wochenendbriefe an die privaten Familienkreise. Die empirische Sozialforschung nimmt indirekt Partei für solche Privatisierungstendenzen und arbeitet der Klassenkampfstrategie des Kapitals durch ihre Ergebnisse sogar in die Hände, wenn sie das Modell der Einzelbefragung zur verbindlichen Untersuchungsmethode erhebt. Sie kann nicht für emanzipatorische Ansätze Verwendung finden, die an kollektivistische Elemente der Bewußtseinsbildung anzuknüpfen und zu deren Verstärkung beizutragen hätten.

An der RKW-Studie über *Industriearbeit und Arbeiterbewußtsein* soll diese Argumentation beispielhaft verdeutlicht werden.[55]

In Abgrenzung von der Untersuchung durch Popitz u. a. kommen die Autoren der Studie zu dem Ergebnis, daß Industriearbeiter in der BRD gegenwärtig nicht mehr über ein einheitliches Gesellschaftsbewußtsein verfügen. Empirische Grundlage dafür ist eine Umfrage mit halbstandardisiertem Fragebogen, die unter fast 1000 Industriearbeitern durchgeführt wurde. Der Bogen enthält u. a. Fragen zur Arbeits- und Lohnzufriedenheit, über Einstellungen zum technischen Fortschritt, zu Gewerkschaften allgemein und zum Betriebsrat speziell. In der Auswertung der Studie korrelieren die Autoren die ermittelten Einstellungsmuster nach ihrem Wertigkeitsgrad mit bestimmten Kategorien von Industriearbeitern – wie repetitive Teilarbeiter, Meßwarte, Automatenkontrolleure –, die im ersten Teil der Studie durch sorgfältige Arbeitsplatzbeobachtungen gewonnen wurden. Die Korrelationen ergeben, daß sich die verschiedenen Arbeiterschichten teilweise in ihren Einstellungsmustern signifikant unterscheiden. Z. B. haben die Automatenkontrolleure durchschnittlich eine stark negative Einstellung zum technischen Fortschritt und zu ihrer Arbeitstätigkeit, während – deutlich unterschieden – die Meßwarte überwiegend positive Antworten geben. Aus diesen Feststellungen ziehen die Autoren den Schluß auf eine Differenzierung des ehemals einheitlichen Arbeiterbewußtseins.

55 Kern/Schumann 1970.

Sehen wir uns nun die empirische Grundlage dieser Folgerung näher an. Zunächst ist festzuhalten, daß Kern/Schumann – einem anerkannten Prinzip empirischer Sozialforschung folgend – kollektive Bewußtseinselemente als statistisches Mittel aus voneinander unabhängig gewonnenen Daten über Individualbewußtsein zusammensetzen. Damit übernehmen sie das im Spätkapitalismus vorherrschende Modell gesellschaftlicher Bewußtseinsbildung (Wechselverhältnis von Individualisierung und allgemeiner Stereotypie) in ihren Untersuchungsansatz. Mit diesem Ansatz sind sie außerstande zu erfassen, ob – und in welcher Form – die ermittelten Einstellungen das Resultat eines kollektiven Kommunikationsprozesses unter Arbeitergruppen sind. Zum Glück sind die Medien bürgerlicher Bewußtseinsindustrie nicht so effektiv, daß sie für jede, nach Art der Arbeitstätigkeit gegliederte, Arbeiterschicht differenzierte Orientierungsmuster, etwa über Arbeitssituation oder technischen Fortschritt, anzubieten hätten. Will man daher nicht ein Modell monadischer Bewußtseinsbildung zugrunde legen, die jeder Arbeiter individuell nach seiner Lebenssituation und ihrer perspektivischen Darstellung für sich vollzieht, und die sich additiv zu verschiedenen Einstellungstypen – Bild des technischen Fortschritts bei Automatenkontrolleuren, bei Meßwarten – zusammenfassen läßt, muß man annehmen, daß die differenzierten Sichtweisen der Arbeitssituation durch verschiedene Arbeiterschichten, die Gültigkeit der Untersuchung einmal vorausgesetzt, das Resultat eines kollektiven Kommunikationsprozesses jeweils in gesonderten Gruppen der verschiedenen Arbeiterschichten sind.

Die Möglichkeit einer nach Gruppen differenzierten Bewußtseinsbildung unter Industriearbeitern kann natürlich nicht per Schreibtischdekret bestritten werden – nur ist zweierlei festzuhalten: 1. eine empirische Überprüfung dieser Hypothese kann durch die Technik der Einzelbefragung, die Kern/Schumann wählen, überhaupt nicht geleistet werden; 2. eine mindestens ebenso große Wahrscheinlichkeit hat die Hypothese, daß die Differenzierung des Arbeiterbewußtseins, die die Studie zu registrieren meint, auf systematische Einflüsse der spezifischen Untersuchungssituation zurückgeht. Die Arbeiter werden in einer privatisierten Situation nach Problemen in einer Allgemeinheit befragt, auf die sie, es sei denn sie verfügen über griffbereite Stereotype, unmittelbar keine Antwort geben können. Z. B. werden die Fragen gestellt: »Sind Sie mit Ihrer gegenwärtigen Arbeit im großen und ganzen zufrieden oder nicht zufrieden?«, »Wie wird es mit der Belastung der Arbeit? Wird die Arbeit für den Arbeiter durch technischen Fortschritt eher leichter oder eher schwerer?«.[56] Sie müssen die Fragen in ein bestimmtes Bezugssystem einordnen – dazu eignet sich in einer Situation der Einzelbefragung noch am besten der Rückgriff auf bestimmte individuelle Arbeitserfahrungen oder ein Relativurteil der gegenwärtigen verglichen mit einer früher von ihnen ausgeübten Tätigkeit (oder verglichen mit anderen Arbeiten, die von Kollegen im Betrieb durchgeführt werden). Kern/Schumann stellen selber fest, daß die Vergleichserfahrung mit früher ausgeübten Tätigkeiten die Beurteilung der aktuellen Arbeit beeinflußt. Auf eine generelle Arbeitseinstellung kann man mit diesem Untersuchungsansatz jedoch nicht schließen. Da die individuellen Arbeitserfahrungen in einer Tätigkeitsgruppe – z. B. Meßwarte – eher untereinander Ähnlichkeiten aufweisen als zu individuellen Erfahrungen in anderen Tätigkeitsgruppen – z. B. Automatenkontrolle –, ist es nicht überraschend, wenn Arbeiter verschiedener Tätigkeitsbereiche auf Fragen zu ihrer Arbeitssituation unterschiedliche Antworten geben. Die Auflösung kollektiver Arbeitshaltungen zugunsten individuell variierender Urteile gilt aber möglicherweise nur relativ zur vereinzelnden Befragungssituation und ergibt sich näher aus der Wahl der individuellen Arbeitssituation als Bezugsrahmen der Antworten, um den sehr allgemeinen Fragen überhaupt einen greifbaren Sinn zu geben.

Damit müssen die Ergebnisse der RKW-Studie nicht einfach falsch sein – diese Konsequenz stellt sich nur, wenn man von der Idee genereller und situationsunabhängiger Einstellungsmuster bei den befragten Industriearbeitern ausgeht. Auf individualisierte und vom Lebenszusammenhang getrennte Situationen, in denen der Arbeiter quasi »arm-chair«-Überlegungen über technischen Fortschritt, Arbeitsverhältnisse und Gewerkschaften anstellt, mögen die Ergebnisse zutreffen, da

56 Vgl. das Muster des Fragebogens in: Kern/Schumann 1970, Teil II.

sie analog der Befragungssituation strukturiert sind. Es ist aber wahrscheinlich, daß gerade in solchen Situationen systemintegrative Ideologien eine besonders hohe Wirkung auf das Arbeiterbewußtsein haben. Umgekehrt dürften die Aussagen der Studie nicht auf Klassenkampfsituationen zutreffen, die durch kollektives Handeln und Denken der Arbeiter gekennzeichnet sind. Systemsprengende Bewußtseinselemente lassen sich durch den Befragungsansatz der RKW-Studie nicht erfassen – er ist daher für eine emanzipatorische Sozialforschung ungeeignet.

b) Herrschaft in der Befragung

Soviel zum strukturellen Merkmal der Individualisierung im Interview-Prozeß. Als weiteres Merkmal, das sich notwendig aus dem Anspruch statistischer Erhebung ergibt, hatten wir die Autoritätsbeziehung zwischen Befrager und Befragten angeführt. Allgemein kann vermutet werden, daß die Ungleichheit der Beziehung beider Interaktionspartner und die direktive Gewalt des Befragers die Reaktionen der Befragten tendenziell mehr an die erwarteten Auffassungen der Befrager sowie der durch sie repräsentierten Institutionen angleichen. Eine Reihe empirischer Untersuchungen hat diesen Anpassungseffekt im Interviewverhalten bei Angehörigen der Arbeiterklasse und den kastenmäßig diskriminierten Negern in den USA eindeutig festgestellt.[57]

57 Klassisches Beispiel ist die Studie von Katz (1942): Interviewern aus der middle class gaben Arbeiter auf gesellschaftspolitisch relevante Themen deutlich weniger radikale Antworten als Befragern aus der eigenen Klasse.
Daß die relative Klassenposition von Befragern und Befragten das Verhalten letzterer beeinflußt (warum wurde eigentlich nie die umgekehrte Einflußrichtung untersucht?) bestätigte die Studie von Lenski/Leggett. In ein Interview längerer Dauer bauten die Forscher zwei einander widersprechende Fragen ein und maßen pro Schichtzugehörigkeit der Befragten den relativen Anteil positiver Antworten auf beide Fragen. Durchgeführt wurden die Interviews von Angehörigen privilegierter Schichten. Ergebnis war eine deutliche Zunahme der durchweg positiven Antworten, also des Anpassungsverhaltens, mit der sozialen Distanz zwischen Befrager und Befragten. Die Autoren ziehen daraus weitreichende Schlüsse auf die Gültigkeit der berühmten A-(Autoritarismus) und F-(Faschismus) Skala. Bezogen auf unterprivilegierte Klassen messe sie weitgehend die »Ehrerbietung« (deference) gegenüber Privilegierten, weniger die untersuchte Einstellung selber. Vgl. dazu auch die Kritik von Jackson/Missick 1957; Chapman/Bock 1958.

Die methodische Anlage dieser Untersuchungen ermöglicht allerdings nur eine begrenzte Einschätzung ergebnisverzerrender Auswirkungen, die durch die strukturelle Autoritätsbeziehung im Interviewablauf bedingt sind. Die Studien vergleichen entweder nur die Reaktionen von Befragten auf Interviewer verschiedener Klassenzugehörigkeit oder die Reaktionen von Befragten verschiedner Klassenzugehörigkeit auf denselben Fragebogen. Das auf Relativurteile basierte Verfahren ist konsequent: durch Befragungen kann der Einfluß struktureller Merkmale der Interview-Situation selbst nicht ermittelt werden. Dazu wären die Interviewdaten mit Ergebnissen zu vergleichen, die auf andere Weise, z. B. in teilnehmender Beobachtung, gewonnen werden.[58]
Über den üblichen Ansatz einer Soziologie des Interviews geht auch der Versuch hinaus, Sozialbeziehungen in der Befragung durch gemeinsame Diskussion mit den Befragten über das praktizierte Sprachspiel herzustellen. Das verlangt allerdings Fähigkeiten zu egalitärem und solidarischem Verhalten, die den auf die Rolle des Dirigenten eingespielten Sozialforschern selten mehr zugänglich sind. Daraus erklärt sich wohl der Verzicht auf diese Form der Methoden-Analyse. Dagegen kam eine Gruppe aus dem Frankfurter Häuserkampf, die Sprachkurse für ausländische Arbeiter durchführte, mit den Emigranten zu folgendem Urteil über die Technik der Befragung:
»[die Arbeiter] bemerkten die Tatsache, daß derjenige, der die Fragen stellt, in Wirklichkeit seine eigene Problematik zur Sprache bringt: er führt die Diskussion in dem Sinn und in der Richtung, die er wünscht. Von dort her entlarvten sie die ganze Zweideutigkeit des sokratischen ›Dialogkonzepts‹ [...].
Das Ergebnis der Diskussion war die Erkenntnis, daß ›derjeni-

58 Beispiel: Eine Studie über gesellschaftspolitische Einstellungen in der Bevölkerung Südspaniens (1968/9) ergab einen ausgeprägten Autoritarismus vor allem unter Arbeitern. 89% der befragten Arbeiter stimmten folgender Meinung zu: »Man sollte alles der öffentlichen Ruhe und Ordnung opfern«. Hier war offensichtlich die Anpassung an die normativen Erwartungen der herrschenden Klasse Spaniens ausschlaggebendes Antwortmotiv. Man vergleiche das Ergebnis mit der großen Streikbewegung in Granada 1971 oder mit den Kämpfen der Bauarbeiter in Barcelona, die zum großen Teil aus Südspanien stammen.

ge, der die Fragen stellt, der Herr der Lage ist‹. An Beweisen, die diese These stützten, war kein Mangel. Es genügt, zu betrachten, was die Polizei beispielsweise macht: Fragen und Verhöre; sodann, was Formulare von Behörden sind: unendliche Reihen von Fragen; und dann noch, was die Bosse im Betrieb bei der Einstellung, die Hausbesitzer beim Vermieten machen: noch mehr Fragen; die ›Meister‹ schließlich in der Fabrik, wenn man nicht spurt oder die Maschine gerade defekt ist: Fragen über Fragen und immer nur Fragen.«[59]

Die Befragung wird also eindeutig in Analogie zu Herrschaftsbeziehungen gesehen, denen die Arbeiter in ihrem Leben ständig unterworfen sind. Aufgrund dieses Urteils kehrte die Sprachlerngruppe das Verhältnis Lehrer–Schüler um und sprach vorwiegend den Schülern das Recht zu, die Fragen zu stellen.

Daß die eigentlich Befragten die Initiative im Frage-Spiel ergreifen, können auch Sozialforscher feststellen, die in nichtinstitutionalisierten Situationen Untersuchungen vornehmen, also etwa während einer Feldforschung. Soweit hier die Befragung nicht durch formelle Ankündigungen oder die »Hilfe« offizieller Stellen vorbereitet wurde und so die Leute hinreichend eingeschüchtert sind, reagieren sie auf Fragen der Forscher über ihre Lebenssituation mit mindestens ebensovielen Rückfragen zur Lebenssituation des informellen Befragers. So liefen Erkundigungen einer Studentengruppe über die ländlichen Produktionsverhältnisse im Mittelmeerraum stets so ab, daß man ein wechselseitiges Informationsgespräch über die deutsche und die einheimische Landarbeit und Landwirtschaft führte. Einseitige Fragen des Ausländers wurden nur dann akzeptiert und ausführlich beantwortet, wenn sie nach dem Urteil der anderen Gesprächsteilnehmer zu seiner unmittelbaren lebenspraktischen Orientierung im Ort notwendig waren oder doch von dabei auftretenden Problemen ausgingen. So erfuhr man über nichtmedizinische Heilpraktiken erst durch eigene Erkrankung oder wenn das Krankheitsverhalten von Ortsbewohnern in berechtigtes Erstaunen versetzte. Auf Fragen, denen diese lebenspraktische Legitimation fehlte, wurde entweder geschwiegen oder der vermuteten Erwartungshaltung des Fragers entsprechend geantwortet.

59 *Autonomie der Arbeiterklasse*, 1973.

Als Beleg der These zum Verhältnis Interview–Herrschaft soll eine Studie des Instituts für Sozialforschung, Saarbrücken, analysiert werden. Leitende Annahme ist dabei: Vor allem Befragte aus unterdrückten Klassen passen sich im Interview an die normativen Erwartungen gesellschaftlicher Herrschaftssysteme an; den Hebel dazu bildet die Interview-Situation selbst, die von den Befragten auf ihre konkrete Lebenssituation zu beziehen ist und so als eine Form der indirekten Kontrolle und Überwachung verstanden werden kann. Die verbale Legitimation des Interviews vor den Befragten, sie sei ein Beitrag zur Sozialpolitik »im Interesse aller«, bleibt demgegenüber abstrakt und wirkungslos.

Die Studie *Der ostafrikanische Industriearbeiter zwischen Shamba und Maschine*[60] untersucht Lebensweise und Bewußtsein von Industriearbeitern in Kenia und Uganda, die aus dörflichen Gemeinwesen – der »Shambawelt« – stammen und die noch enge familiäre Bindungen an ihr Herkunftsgebiet haben. Viele von ihnen sind »Wanderarbeiter«, die nur vorübergehend eine industrielle Beschäftigung aufgenommen haben. Ein zentraler Untersuchungsteil beschäftigt sich mit der Einstellung der Industriearbeiter zu ihrer Arbeitssituation.[61] Es soll der Grad der äußeren Anpassung an den industriellen Produktionsprozeß »europäischen Musters« und ihrer Integration, d. h. der Verinnerlichung der zur Lohnarbeit geforderten Verhaltensweisen und Normen, festgestellt werden. Empirische Basis ist ein standardisiertes Interview, dem Zufallsstichproben von Arbeitern aus den Mittel- und Großbetrieben Kenias und Ugandas unterzogen wurden.

Die Ergebnisse der Untersuchung kommen den Legitimationsbedürfnissen des imperialistischen Kapitals sehr entgegen: die Motivation zur Industriearbeit weist eine deutliche Anziehungskraft technisierter und durch Tauschwirtschaft bestimmter Lebensformen auf, da als Grund für die Arbeitsaufnahme in der Industrie vorwiegend »Gelderwerb«, »Interesse an technischen Apparaturen« und »Karrieremöglichkeiten« in Industriebetrieben angegeben wird. Nahezu $4/5$ der Befragten geben eine uneingeschränkte Zufriedenheit mit ihrer industriellen Tätigkeit an, wobei ein relevanter Teil

60 Neuloh 1969.
61 Neuloh 1969, S. 135-225.

»Freude an der Arbeit« kundtut oder positives Interesse am Erwerb technischer Fertigkeiten für die Industriearbeit. Fast die Hälfte zieht ihre gegenwärtige Tätigkeit im Betrieb ihrer früheren Arbeit auf dem Lande vor, der Rest kompensiert seine Unzufriedenheit durch innerbetriebliche Aufstiegsorientierung und ist wenigstens an der Bedienung von Maschinen interessiert (⅔ äußern Gefallen an Maschinenarbeit). Nur 5 % der Befragten sind bereit, ihre Lohnabhängigkeit zugunsten selbständiger Bauern-, Händler- oder Handwerker-Existenz aufzugeben. Auch das Verhältnis zum Vorgesetzten läßt nur laut einem Fünftel der Befragten zu wünschen übrig; in ihrer »rassischen Präferenzstruktur« legt die Mehrheit eine »bemerkenswerte Sachlichkeit« an den Tag, indem sie keine Abneigung gegen europäische oder asiatische Aufseher zu erkennen gibt. Ein schlagender Beleg für die fortgeschrittene Integration ist die Angabe eines Drittels der Befragten, sie würden sich außerhalb der Dienstzeit durch Bücherstudium, Fernkurse oder Abendschulen weiterbilden.

Getrübt werden diese glanzvollen Ergebnisse nur durch die verbreitete Unzufriedenheit mit den Lohnhöhen – für das internationale Kapital sind Kenia und Uganda »Billigländer« – sowie den weitverbreiteten Egalitarismus unter den Arbeitern, der sich in starken Reserven, selbst Aufseherfunktionen zu übernehmen, ausdrückt. Auffallend sind schließlich der hohe Prozentsatz an Gewerkschaftsmitgliedern (86%) und die deutliche Bereitschaft (61 %), Streik als Mittel der innerbetrieblichen Auseinandersetzung zu akzeptieren.

Dennoch stützen die Ergebnisse ziemlich eindeutig die Kernthese der Studie, daß sich die überwiegende Mehrheit der ostafrikanischen Industriearbeiter in der Phase »aktiver Anpassung« und »Verinnerlichung« des »innerbetrieblichen Wertsystems« befindet und sich zunehmend vom Wert- und Normensystem der traditionalen Dorfgemeinschaft abgrenzt.[62] Da allerdings die bleibende Bindung an die Shamba-Welt die Arbeiter einer permanenten »Streß-Situation« (!) aussetzt, schlagen die Autoren eine endgültige Ablösung der Industriearbeiter von ihren ländlichen Bindungen, also die volle Proletarisierung, als sozialtechnische Maßnahme

62 Neuloh, S. 220 ff.

vor.[63] Damit konstruieren sie eine Interessenharmonie zwischen integrationsbereiten Industriearbeitern und der Strategie des imperialistischen Kapitals.
Die massive ideologische Funktion der Studie soll nicht näher verfolgt werden – von methodischem Interesse ist hier die soziale Untersuchungssituation, der sie ihre Ergebnisse verdankt. Die ländlichen Regionen Kenias und Ugandas kennzeichnet eine fortschreitende Proletarisierung der Landbevölkerung – sie wird in erster Linie durch Kopfsteuer auf die weitgehend in Subsistenzwirtschaft lebenden Bauern vorangetrieben. Zur Sicherung des familiären Lebensunterhalts müssen viele Dorfbewohner eine lohnabhängige Tätigkeit in den Städten suchen. Da wegen der großen Abwanderungsquote die Arbeitslosigkeit sehr hoch liegt, befinden sich Industriearbeiter in einer ständig von Entlassung und Lohnsenkung bedrohten Stellung. In dieser Situation wurden sie einer Befragung unterzogen, deren angeblich »wissenschaftliche Funktion« ihnen unverständlich sein mußte. Es kann daher vermutet werden, daß sie das Interview als ein Prüfungsgespräch interpretierten, das dem Management als Entscheidungsgrundlage für mögliche Lohnsenkungen, Lohnerhöhungen, Beförderungen oder Entlassungen diente. In Randnotizen haben die Untersucher solche Deutungen auch festgestellt: »Einzelne hielten das Interview für eine Prüfung, so daß sie den Interviewer nach jeder Frage oder nach Abschluß des Interviews fragten, ob sie denn die richtigen Antworten gegeben hätten oder in einem Fall sogar, ob sie bestanden hätten« (S. 408). Die beteiligten Sozialforscher geben nicht an, ob und wie sie die Möglichkeit solcher Deutung gezielt kontrolliert haben – nicht alle Befragten sind schließlich in ihrer Reaktion so offen wie die »einzelnen Fälle«. Sie versuchten, den Anpassungsdruck des Interviews durch Übergabe eines Informationsschreibens auszuschalten, das die Ziele der Untersuchung erläuterte. Dieser hilflose Neutralisierungsversuch wird dadurch zur Groteske, daß die Forscher an die Analphabeten offensichtlich nicht gedacht haben.
Die Vergegenwärtigung der allgemeinen Lebenssituation ostafrikanischer Industriearbeiter und die Hinweise auf ihre

63 Neuloh, S. 223.

Deutung des Interviews legen nahe, die Ergebnisse der Studie als Auswirkungen struktureller Merkmale der Untersuchungssituation zu interpretieren. So stellt die Studie bei immerhin 28% der Befragten ein uneingeschränkt positives Verhältnis zur neuen Produktionsform fest und führt als typische Antworten an: »Ich bin sehr an Technik interessiert, und so war ich darauf aus, eine Arbeitsstelle in der Industrie zu bekommen«, oder: »Ich wollte eine Arbeit, mit welcher ich unsere Regierung unterstützen konnte, die Industrialisierung in unserem Lande voranzutreiben.« Angesichts der vorkapitalistisch-ländlichen Herkunft der Arbeiter sind derartige Antworten so überraschend, daß man ihren Wahrheitsgehalt zusätzlich hätte überprüfen müssen. Andernfalls ist die Annahme wahrscheinlicher, daß die Befragten eine positive Einstellung zur Industriearbeit bekundet haben, um so befürchtete Entlassungen zu vermeiden oder sich bessere Anstellungschancen an höher bezahlte Maschinentätigkeit zu verschaffen. Die Auswertung der Antworten als Index für gelungene Integration ist also höchst zweifelhaft. Ebenso muß das paradoxe Befragungsergebnis gewertet werden, daß 95% ihre lohnabhängige Stellung einer selbständigen Existenz vorziehen. Wer riskiert schon eine Entlassung, indem er seine wirklichen Präferenzen kundtut?

Analoges gilt für die von nahezu allen Arbeitern geäußerte Arbeitszufriedenheit. Allein eine zeitlich befristete Tätigkeit in einem der Industriebetriebe, die z. B. unter tropischen Bedingungen ohne Klimaanlage arbeiten, hätte den Verfassern die Echtheit folgender Antworten fragwürdig gemacht, die sie als typisch vorweisen: »Ich bin sehr zufrieden. Ich kenne mich jetzt hier aus und habe keinerlei Schwierigkeiten mehr. Meine Arbeit macht mir jetzt viel Spaß, und ich verrichte sie mit Interesse«; »Ich schätze meine Arbeit, weil ich durch sie mir eine Menge Maschinenkenntnisse aneignen kann.« Geradezu abenteuerlich ist die enorme Bildungsbeflissenheit der Arbeiter in ihrer »Freizeit« (35%). Sie übertrifft weit den Fortbildungseifer westeuropäischer Industriearbeiter. An der »bemerkenswerten Sachlichkeit« gegenüber Aufsehern anderer ethnischer Herkunft schließlich ist allein die Tatsache auffallend, daß die Untersuchung durch Europäer vorgenommen oder zumindest angeleitet wurde.

Ein Grund für die extremen Auswirkungen, die die expliziten und impliziten Autoritätsbeziehungen des Interviews auf die Reaktionen der befragten Industriearbeiter haben, ist die Tatsache, daß in Ostafrika die Praxis des Interviews keine institutionalisierte gesellschaftliche Erscheinung darstellt wie beispielsweise in den imperialistischen Kernländern. Mit dem Hinweis auf die Institutionalisierung des Interviews verteidigen daher Methodologen häufig die Durchführbarkeit gültiger Befragungen in Westeuropa und den USA.[64] Wenn das Interview ein anerkanntes »Sprachspiel« ist, entfallen die Barrieren und Verzerrungen, die daraus resultieren, daß die Befragten der Untersuchung bestimmte Funktionen zusprechen.

Diese Zuversicht ist jedoch unberechtigt. *Eine* notwendige Bedingung für die Durchführung erfolgreicher Interviews ist, daß die Befragten die angegebene Funktion der Untersuchung einsehen und akzeptieren, und daß Interessenidentität zwischen den Befragten und den Gruppen besteht, die die Interview-Resultate administrativ, sozialtechnisch und politisch verwerten. Im Ernst nehmen Methodologen an, daß die sozialtechnische Verwendung von Erhebungen die Befragten zu konstruktiver Teilnahme am Befragungsprozeß motiviert: »the prospect of ultimate benefit, public or personal, from the accumulation of knowledge is one mayor reason for the agreement of the respondent to participate in a research interview«[65].

Dieser Annahme widerspricht allerdings eine empirische Befragung von Untersuchungssubjekten, die auf ein vorgefertigtes Antwortschema Auskunft über die vermutete Funktion einer Untersuchung geben sollten. Nur 40% registrierten deren wirkliche Aufgabe – in geschöntem Jargon: »helps design products people want«, »helps businessmen reach decisions«; nur ein Fünftel stellte einen wissenschaftlichen Anspruch der Erhebungen fest, 45% bezeichneten sie unspezifisch als »important«, und 80% gaben ebenso unspezifisch an: »helps find out what people think«.[66] Die Mehrzahl hat also keine Vorstellungen über die Funktion der Erhebung. Klas-

64 Z. B. Mayntz u. a. 1969, S. 116.
65 Cannell/Kahn, S. 527.
66 Schwartz, 1964.

senspezifische Korrelationen würden dieses Ergebnis für die Arbeiterklasse und gesellschaftliche Randgruppen sicher noch deutlicher ausfallen lassen.

Eine Erkenntnis der wirklichen Funktion der Erhebungen ist außerdem nur dann motivationsfördernd, wenn den Befragten die Ideologien der »Wohlfahrtsgesellschaft« oder der »sozialen Marktwirtschaft« erfolgreich indoktriniert wurden. Man muß dann aber auch den Schluß ziehen, daß Interviews dann am erfolgreichsten sind, wenn sie ideologisch angepaßtes Gesellschaftsbewußtsein ermitteln sollen. Die Institutionalisierung des Interviews begünstigt eine Selektion unter den antwortbereiten Befragten, die sich nach dem Kriterium der Konformität an Legitimationsfiguren des Spätkapitalismus bestimmt. In Klassengesellschaften wird daher die Durchführung von Interviews unter Mitgliedern ausgebeuteter und unterdrückter Klassen auf besondere Barrieren stoßen. Die hohe Quote an Antwortverweigerungen und »Resistenz« bei Befragten der Arbeiterschaft und sogenannter marginaler Schichten ist denn auch wohlbekannt.[67] Scheuch hat sie sogar zu einer Faustregel generalisiert, die man bei einer Beurteilung der Validität von Interviewdaten beachten sollte: »Je marginaler die allgemeine soziale Position eines Befragten, um so geringer ist tendenziell die Gültigkeit der Antworten«.[68] Nur übersieht der unermüdliche Agitator gegen eine marxistische »Gesellschaftstheologie«, daß die reale Basis seines Invaliditätsprinzips die Klassengegensätze der kapitalistischen Gesellschaft sind.

Zudem folgt aus der Anerkennung des Interviews als Sprachspiel keineswegs, daß die Befragten »mit offenen Karten spielen«. Ungewollt gestehen Kahn/Cannell das in ihrer Analyse von Motivationsstrukturen der Befragten ein.[69] Sie unterscheiden hier zwischen einer extrinsischen und einer intrinsischen Motivation. Extrinsische Motivation liegt vor, wenn sich die Befragten an einer instrumentellen Nützlichkeit des Interviews für sie selbst orientieren – ein Beispiel dafür mag die Befragung eines Patienten durch einen Arzt sein: hier kann der Patient mit möglichst umfassender Information des Arztes

67 Z. B. L. N. Robins 1963; Labov 1969, Cazden 1970.
68 Scheuch, 1967, S. 179.
69 Kahn/Cannell, Kap. 3.

die Chancen seiner Heilung verbessern. Die intrinsische Motivation bezieht sich dagegen auf psychische Belohnungen, die der Befragte durch den Kommunikationsablauf des Interviews selbst erhält. Nach Kahn/Cannell ist die extrinsische Motivation nur für die Phase der Einleitung des Gesprächs von Bedeutung, wogegen während des Befragungsablaufs die Notwendigkeit einer intrinsischen Motivierung zunehmend Übergewicht erhält. Die Autoren propagieren daher die Technik der weichen Interview-Führung.[70]
Die Befriedigung, die Befragte durch die Gelegenheit erhalten, sich gegenüber einem aufmerksamen und sie ermutigenden Partner aussprechen zu können, muß aber nicht die Wahrscheinlichkeit wirklichkeitsnaher Antworten erhöhen. Sie kann die Befragten ebenso zu einem Verhalten veranlassen, das für ihre sonstigen Lebenssituationen ausgesprochen untypisch ist. Z. B. wird man in einer entspannten und permissiven Gesprächsatmosphäre dazu neigen, soziale Antagonismen und Aggressivität zugunsten einer scheinbar ausgewogeneren und weniger affektiven Stellungnahme zu verdrängen. Cannell/Axelrod haben in einer Erhebung zu nachträglichen Beurteilungen von Interviews durch die Befragten festgestellt, daß die meisten das Gespräch als eine Art psychischer Ersatztherapie und als Katharsis von den Miseren des Alltags auffaßten und sich wahrscheinlich gemäß dieser durchaus gesprächsmotivierenden Auffassung verhielten.[71] Leider haben die Autoren nicht untersucht, welche systematischen Verzerrungen die therapeutische Ersatzfunktion der Interviews auf das Verhalten der Befragten hatte.

c) *Zwischenergebnis*

Fassen wir die Analyse zur sozialen Situation des Interviews zusammen:
Als eine Form sozialen Verkehrs zwischen Menschen findet jede Befragung in einer spezifischen sozialen Situation statt. Diese Situation entspricht nicht annähernd den Bedingungen eines wissenschaftlichen Experiments: Sie ist nur begrenzt manipulierbar, vor allem aber lassen sich, wie in jeder alltägli-

70 A.a.O., S. 91.
71 Cannell/Axelrod 1959.

chen Sozialbeziehung, ihre bestimmenden Handlungsregeln nicht eindeutig festlegen. Damit wird jede Verallgemeinerung von Befragungsergebnissen über die besondere Untersuchungssituation hinaus fragwürdig. Es scheitert auch das Programm, die im Interview wirksamen Verhaltensfaktoren zu identifizieren und, soweit sie den Anspruch auf situationsunabhängige Geltung der Ergebnisse einschränken, zu neutralisieren. Die dazu erforderliche Theorie über Sozialverhalten im Interview ist eine ferne Utopie. Selbst vorliegende Teilstücke einer solchen Theorie sind für das Programm wertlos. Da sie über die in konkreten Befragungsprozessen relevanten Randbedingungen keine Aussage treffen können, lassen sie keine Prognosen über das zu erwartende Sozialverhalten in bestimmten Interviews zu. Auch eine partielle Angleichung an experimentelle Bedingungen durch Normierung des Befragerverhaltens löst das Dilemma streng objektiver Interviewtechnik nicht: Mit der Flexibilität des Befragers verringert sie zugleich dessen Spielraum, sich unvorhergesehenen Reaktionen und Einstellungen der Befragten anzupassen; andererseits führt auch die weiche Interviewführung zu Ergebnisverfälschungen.

Am Rollenkonflikt des Befragers zwischen engagierter Sozialbeziehung und distanziert-neutraler Beobachtung wurde das Dilemma des positivistischen Objektivitätsanspruchs abschließend verdeutlicht. Konsequente Beobachterdistanz macht zwar das Befragerverhalten »objektiver«, gibt aber den Einstellungserwartungen des Befragten an den Befrager freien Spielraum und begrenzt so die situationsunabhängige Geltung der Ergebnisse. Auf die Spitze getrieben, macht die Befragerdistanz das Interview überhaupt undurchführbar. Engagiertes Befragerverhalten verspricht dagegen ein erfolgreiches Interview und löst verfestigte Einstellungserwartungen der Befragten auf, greift aber in den Prozeß der Bewußtseinsbildung der Befragten ein und widerspricht daher explizit dem positivistischen Objektivitätsanspruch. Neutralität widerspricht der Situationsindependenz, Engagement dem nicht-involvierten Forschungsanspruch der Befragung: In diesem Dilemma bewegt sich die Gesprächsführung des Interviewers.

Zusätzlich zur inneren Widersprüchlichkeit streng objektiver

Forschungsinterviews konnten systematische Auswirkungen auf die Befrager-Reaktionen verdeutlicht werden, die aus Strukturmerkmalen der sozialen Untersuchungssituation resultieren: Analysiert wurden das individualistische Modell der Befragung, ihre implizite Autoritätsstruktur und das Problem der Institutionalisierung von Befragungstechniken. Systematischer Einfluß der strukturellen Merkmale heißt: Sie bedingen eine verstärkte Selektion solcher Daten, die integrativen Bewußtseinsformen in Klassengesellschaften angeglichen sind. Am deutlichsten wird das am individualistischen Modell, das objektiven Tendenzen der Einstellungs- und Meinungsbildung im Spätkapitalismus entgegenkommt. Sieht man einmal von den zufälligen Störfaktoren der sozialen Untersuchungssituation ab, so kann der systematische Einfluß struktureller Merkmale durchaus zu adäquaten Ergebnissen führen: wenn nämlich die ermittelten Einstellungen tatsächlich im Gesellschaftsbild der Befragten vorherrschen. Er kann aber auch die Verhaltensweisen der Befragten in Richtung auf integrative und ideologische Anpassung überziehen – die Befragten gleichen ihre Antworten den strukturellen Merkmalen der Interview-Situation an, ohne damit für ihre gesellschaftlichen Lebenszusammenhänge typische Einstellungen zu manifestieren.

Im zuerst genannten Fall sind Interviews durch Herrschaftsträger sozialtechnisch verwertbar – ein Beispiel dafür sind Umfragen zum Wählerverhalten, die sich in Anweisungen für eine effektive Wahlpropaganda umsetzen lassen. Im zweiten Fall hat die Erhebung primär die Funktion, Planungsstrategien der Herrschaftsträger ideologisch zu legitimieren – ein Beispiel ist die Studie zum Industriearbeiter in Kenia und Uganda, die vortäuscht, daß die vom Imperialismus abhängige industrielle Entwicklung den Interessen und Bedürfnissen der Untersuchten entgegenkommt. Die Grenze des Forschungsinterviews ist in beiden Fällen eindeutig: Es ist ungeeignet zur Ermittlung gesellschaftlichen Bewußtseins, das latent oder aktuell im Gegensatz zu etablierten Herrschaftsverhältnissen und ihrer Ideologie steht.

Das Dilemma des Forschungsinterviews stellt die Stichhaltigkeit des Objektivitätsbegriffs sozialwissenschaftlicher Beobachtung in Frage. An der Interaktionsbeziehung zwischen

Befrager und Befragten wurde gezeigt, daß der Anspruch situationsindependenter Ergebnisse nicht aufrechterhalten werden kann. Damit findet der explizite Verzicht emanzipatorischer Sozialforschung auf den positivistischen Objektivitätsbegriff eine Rechtfertigung ex negativo.

Besondere Aufmerksamkeit verdient dabei das strukturelle Merkmal der asymmetrischen Beziehung zwischen Befrager und Befragten, das unter dem Stichwort »direktive Gewalt des Interviewers« analysiert wurde. Es stellt die forschungspraktische Konkretion des Prinzips dar, daß wissenschaftliche Beobachtung mit Sachverhalten oder Beziehungen zwischen Objekten zu tun hat. Auch wenn die Sozialforschung das Verhalten von Menschen untersucht, betrachtet sie es im Beobachtungsprozeß als Gegenstandsbereich und nicht, um die Terminologie von Habermas zu übernehmen[72], als Bereich von Gegen*spielern* der Sozialforschung. Die Untersuchten dürfen im Forschungsinterview nur so weit aktiv sein, wie es der Forschungsplan vorsieht, sie gestalten nicht aktiv den Forschungsablauf selber mit. Soweit sie das über den Rahmen des Forschungsplans hinaus tun, ist ihr Verhalten irrelevant für die gezielt durchgeführte wissenschaftliche Beobachtung.

Die Ironie dieses Prinzips wissenschaftlicher Beobachtung liegt nun darin, daß es eingesetzt wird zur Sicherung objektiver, d. h. von Einflüssen der Sozialbeziehungen im Untersuchungsprozeß unabhängiger Ergebnisse, in der praktischen Anwendung jedoch das Verhalten der Befragten systematisch verändert. Die Forderung nach strenger Objektivität der Datenermittlung in der Sozialforschung ist nicht nur undurchführbar, sondern auch selbstwidersprüchlich. Ein Ausdruck dieser Selbstwidersprüchlichkeit sind die Rollenkonflikte der Befrager. Damit wird aber negativ ein Prinzip emanzipatorischer Sozialforschung begründet: daß die untersuchten Subjekte als gleichwertige Interaktionspartner einer Untersuchung zu gelten haben und folglich gleichwertig den Forschungsablauf bestimmen müssen.

Es sei darauf verwiesen, daß die kritische Analyse der sozialen Befragungssituation für das standardisierte Interview in

72 Habermas 1967, S. 99.

besonderer Schärfe zutrifft. Der Versuch, den gesamten Befragungsablauf zu standardisieren, scheitert an der Unbestimmtheit dieser Situation; die Normierung wenigstens des Interviewer-Verhaltens macht konkrete Situationseinflüsse erst recht unkontrollierbar; der Rollenkonflikt zwischen motivierender und messender Funktion spitzt sich samt seinen Auswirkungen weiter zu; ebenso erhält die direktive Gewalt des Befragers eine deutlichere Ausprägung; schließlich gelingt eine standardisierte Interviewtechnik nur in der Einzelbefragung. Das Dilemma eines *standardisierten* Interviews soll nun an Problemen des Sprachverstehens und der Vorfixierung von Fragebögen im Interview näher beleuchtet werden.

4. Sprachverhalten im Interview

Das Interview ist eine Form verbaler Interaktion. Seine Verwendung unterstellt, daß die Befragten ihre Auffassung zu bestimmten Themen vorwiegend verbal darstellen können und daß Informationen über soziales Bewußtsein allein aus verbalen Angaben zu gewinnen sind. Eine grundsätzliche Kritik des Forschungsinterviews als Informationsquelle hätte gerade die Eingrenzung informativer Verständigung anzugreifen, die in diesen Annahmen steckt. Als Vorarbeit dazu beschränken wir uns darauf, das Dilemma angemessener Befragungen *innerhalb* des Bereichs verbaler Informationsgewinnung darzulegen.[73]

Für die Fragen des Interviewers wie auch für die Antworten des Befragten gilt, daß sie vom anderen Interaktionspartner nicht mißverstanden werden dürfen. Da man die Bedeutung

73 Untersuchungen zum Problem des Sprachverstehens in Interviews sind selten. Eine Ausnahme ist die Studie von Schatzmann/Strauss 1955. Anhand von Protokollen aus freien Interviews, die alle Erzählungen über eine Tornado-Katastrophe zum Thema hatten, stellte sie aufschlußreiche Differenzen in klassenspezifischen Kommunikationsformen fest. Sie betrafen auch die Rolle, die verbaler im Verhältnis zu nicht-verbaler Kommunikation zukommt.
Welche Bedeutung nicht-verbale Informationskanäle in Verständigungsprozessen haben, hat neuerdings Cicourel eindrucksvoll dargelegt (1973, v. a. Kap. 4, 5). Seine Untersuchungen stellen direkt das stillschweigende Prinzip vor allem soziolinguistischer Untersuchungen in Frage, die Verbalsprache als Basisdatum sprachlicher Verständigung zu nehmen.

sprachlicher Ausdrücke nur in ihrem lebenspraktischen Gebrauchszusammenhang adäquat erfassen kann[74], die Situation der Befragung aber von unmittelbarer Lebenspraxis abgetrennt ist, ergeben sich für ein angemessenes Sprachverstehen im Interview grundlegende Schwierigkeiten. Wenn der Interviewer mit dem Lebenszusammenhang der Untersuchten, in dem ihre verbalen Äußerungen eine bestimmte Bedeutung gewinnen, nur ungenügend vertraut ist, bleibt seine Verständnisfähigkeit im Interviewablauf beschränkt. Bekker/Geer haben deshalb die Interviewtechnik als unzureichend für jedes Untersuchungsprojekt erklärt, das mehr als Oberflächeninformationen über Sozialverhalten und gesellschaftliches Bewußtsein gewinnen will und ihre Ergänzung durch intensive teilnehmende Beobachtung gefordert:
»In interviewing members of groups other than our own [...] we are in somewhat the same position as the anthropologist who must learn a primitive language, with the important difference that [...] we often do not understand that we do not understand and are then likely to make errors in interpreting what is said to us.«[75]
Wenn die Sprache der untersuchten Gruppe erst durch Teilnahme am Lebenszusammenhang der Gruppe erlernt werden kann, wird eine vor grundlegenden Mißverständnissen gesicherte Befragung abhängig von informellen Vorkenntnissen des Sozialforschers, die dieser nicht durch Befolgung derselben methodischen Normen erreichen kann, die er für seine endgültige wissenschaftliche Untersuchung postuliert. Für das Erlernen gruppen- oder schichtspezifischen Sprachverhaltens gibt es keine standardisierbaren Regeln – solche standardisierbaren Sprachkurse werden bisher nur für allgemeine Verkehrssprachen wie »das Arabische«, »das Französische« konzipiert, von deren semantischer, syntaktischer und pragmatischer Struktur wirkliches Sprachverhalten erheblich abweicht. Diese lebenspraktische Abhängigkeit von Sprache und Sprachverstehen im Interview ist ein konkreter Beleg für das in der wissenschaftstheoretischen Diskussion vorgebrachte Argument, daß sozialwissenschaftliche Beobachtung notwen-

74 Wittgenstein 1967. Zur systematischen Darstellung von Wittgensteins Argumentation: H. Berger 1972, Teil D.
75 Becker/Geer, S. 324.

dig auf ein soziales Vorverständnis rekurrieren muß, welches nicht an den postulierten methodologischen Regeln orientiert ist.

Der notwendige Rekurs auf sinnverstehende Beobachtung muß allerdings dahingehend präzisiert werden, daß die Sozialforscher den lebenspraktischen Kontext von Verhaltensregeln und Sprache durch Partizipation an der Lebenspraxis der Untersuchten erfassen müssen. Eine Sozialforschung, die sich als institutionalisierte Kopfarbeit von der Lebenspraxis der handarbeitenden Klassen abgetrennt hat und die soziale Vorgänge, Verhaltensregeln und Bewußtsein in Distanz von dieser Lebenspraxis zu erfassen versucht, kann das Postulat sinnverstehender Beobachtung dagegen nur begrenzt einlösen: In der Regel beschränken sich daher Erhebungen durch Interviews auf Oberflächenuntersuchungen, die eine Kommunikation in der allgemeinen Verkehrssprache scheinbar konsistent erlauben.

Vorausgehende teilnehmende Beobachtung des Lebenszusammenhanges und des Sprachverhaltens der Untersuchten löst zudem das Problem des Sprachverstehens in Forschungsinterviews nicht. Eindeutig gilt das für die standardisierten und halbstandardisierten Formen der Befragung. Da hier die Formulierung der Fragen und der Antwortvorgaben mindestens teilweise einheitlich für jedes Einzelinterview erfolgt, muß zur Vergleichbarkeit der Ergebnisse garantiert sein, daß alle Befragten die Sprachsymbole einheitlich interpretieren. Diese Annahme ist aber fragwürdig – sie kollidiert ersichtlich mit den soziokulturellen Differenzen im Sprachverhalten verschiedener sozialer Gruppen und Schichten.

Zunächst plausibel erscheint daher der Vorschlag von Cannell/Kahn, die Sprache des Interviews auf Ausdrücke zu beschränken, die sowohl von den Befragten wie auch den Befragern einheitlich interpretiert werden.[76] Der Vorschlag begrenzt allerdings den durch Befragung erfaßbaren Untersuchungsbereich einschneidend. Alle Sprachfiguren und damit Sichtweisen sozialer Umwelt, die nicht innerhalb der befragten Gruppen sowie von den Befragern einheitlich interpretiert werden, sind aus dem Fragebogen verbannt. Das Interview-

76 Cannell/Kahn, S. 543 ff., S. 553 ff.; Kahn/Cannell, S. 10/11, Kap. 5.

Gespräch beschränkt sich auf die gemeinsamen Überschneidungen im Sprachverhalten aller möglichen Interaktionspartner einer Erhebung. In der Regel kann empirische Sozialforschung somit nur gesellschaftliches Bewußtsein erfassen, das innerhalb der allgemeinen Verkehrssprache einer Gesellschaft artikuliert und artikulierbar ist.

Eine Alternative zum Vorschlag der Sprachbegrenzung ist die Bevorzugung einer Interview-Technik, die zwar die Frageinhalte, nicht jedoch die Frageform standardisiert.[77] Der Befrager ist in dieser Technik angewiesen, die Fragen dem jeweiligen Sprachverständnis der Untersuchten anzupassen. Er legt etwa weiblichen Personen der »Oberschicht« die Frage vor: »Wie oft sind Sie pro Woche mit einem Mann intim?« und der »Unterschicht« die Frage: »Wie oft ficken Sie durchschnittlich in einer Woche?« Eine solche flexiblere Frageformulierung setzt voraus, daß die verschiedenen sprachlichen Ausdrücke zueinander bedeutungsäquivalent sind.

Bereits eine einfache sprachtheoretische Überlegung weist aber die Fragwürdigkeit der Voraussetzung auf: Strikte Bedeutungsgleichheit von Worten läßt sich nur bei eindeutig denotativem Bezug der Worte herstellen – d. h. streng genommen nur für Namen –, eine Übersetzung des connotativen Gehalts (des Wortsinns) erfordert dagegen eine Äquivalenz der Verwendungsregeln der Worte. Da die Befragten ihre Verwendungsregeln im eigenen Sprachgebrauch erläutern werden, müssen gleichzeitig die Worte der Sprachregeln bedeutungsäquivalent sein – das Problem der Umsetzung verschiedener Frageformen in einen Frageinhalt potenziert sich also. Außerdem kann der connotative Gehalt aufgrund der inhärenten Vagheit umgangssprachlicher Verständigung nicht in präzise Verwendungsregeln umgesetzt werden – der Anspruch äquivalenter Übersetzungen ist also in seiner Striktheit unhaltbar. Und schließlich muß die Aufklärung der Bedeutung sprachlicher Ausdrücke auf ihren lebenspraktischen Gebrauch im Handeln der Befragten Bezug nehmen – soweit dieser Handlungszusammenhang bei den verschiedenen Gruppen von Befragten nicht identisch ist, wird eine äquivalente Übersetzung überhaupt unmöglich.

77 Diese Technik des »nonschedule standardized interview« schlagen Richardson/Dohrenwend/Klein 1965, S. 45 ff. vor.

Selbst an dem Fragebeispiel mit recht eindeutigem denotativem Bezug können diese Schwierigkeiten leicht verdeutlicht werden. Die Klärung der Verwendungsregel für »Intimsein« und »Ficken« kann nicht unabhängig von den schichtspezifischen Sprachformen über Sexualverhalten erfolgen; sie lassen sich nicht in präzise Verwendungsregeln umsetzen (der Spielraum für Intimität ist sehr groß); und schließlich entspricht ihnen ein schichtspezifisch differierendes Geschlechtsverhalten, das in der Eindeutigkeit des Geschlechtsakts überhaupt nicht homogen abgebildet werden kann.

Wenn aber die äquivalente Übersetzung verschiedener Frageformen nicht gelingt, gefährdet die Verwendung sprachlich flexibler Fragebögen den statistischen Vergleich der Daten, die bei verschiedenen Befragten erhoben wurden. Der Vorzug, durch standardisierte Interviews vergleichbare Resultate zu erzielen, hebt sich mit der vorgeschlagenen Maßnahme zur Umgehung der Sprachdifferenzen wieder auf. One cannot have the cake and eat it. Statistisch vergleichbare Erhebungen lassen sich, ohne Gefährdung der Validität, entweder nur in Gruppen mit homogenem Sprachverständnis oder durch Selektion eines homogen verstandenen Vokabulars durchführen.

Die Probleme des Sprachverstehens bedingen also für die Interview-Technik einen Verlust an Objektivität in dem Sinn, daß nur begrenzte Ausschnitte gesellschaftlichen Bewußtseins durch sie erfaßbar werden. Sie haben aber auch einen Objektivitätsverlust im Sinn ideologischer Verzerrungen der Beobachtungsergebnisse zur Konsequenz. In Cannell/Kahns Analyse wird diese Konsequenz allerdings verdeckt.[78] Beide Methodologen reduzieren das Problem des Sprachverstehens auf eine Frage des gemeinsamen oder unterschiedlichen sprachlichen Vokabulars. Sie orientieren sich dabei an einem obsoleten empiristischen Sprachmodell[79]: Bedeutung erhält ein Vokabular durch individuelle Erfahrungen, auf die es sich

78 Überhaupt spielt die Methodologie Probleme des Sprachverstehens herunter zur Frage des angemessenen Vokabulars. Z. B. Gordon, S. 61 ff.; Richardson/Dohrenwend/Klein, S. 224/5; Scheuch, S. 140 ff. Dieses vornehme Understatement widerspricht klar den Ergebnissen der oben (Anm. 73) zitierten Studie von Schatzmann/Strauss, die eigentlich jeder Methodologe des Interviews kennen sollte.

79 Cannell/Kahn, S. 553; Kahn/Cannell, S. 113.

bezieht; intersubjektive Verständigung kommt durch Gemeinsamkeit des Erfahrungsbezuges bei den verschiedenen Dialogpartnern zustande. Das gemeinsame Vokabular eines Interviews bezieht sich also auf die gemeinsamen Erfahrungsbereiche von Befrager und Befragtem[80] – in Begrenzung auf sie kann das Interview zu angemessenen Ergebnissen führen.

Die Konsequenz von Cannell/Kahn erledigt sich aber mit ihrer Bedeutungstheorie. Nicht der Bezug auf Erfahrungen, sondern der Gebrauch von Sprachzeichen in einer gemeinsamen Lebenspraxis sichert ihre einheitliche Interpretation durch verschiedene Dialogpartner. Auf welche Lebenspraxis können sich aber Befrager und Befragte beziehen, wenn – wie etwa in Studien über Arbeiter und Randgruppen die Regel – beide verschiedenen Klassen angehören? Und mit welchen Begriffen sollen die Befragten, soweit sie einer Klasse angehören, ihre gemeinsame oder ähnliche gesellschaftliche Situation erfassen, wenn weder ein direkter noch über autonome Organisationsformen der Klasse vermittelter Kommunikationszusammenhang zwischen ihnen existiert? In solchen Fällen muß sich die Einheitssprache des Interviews auf einen über die Klassengrenzen hinausreichenden Sprachgebrauch beschränken. Soweit sie dabei auf eine überwiegend klassenunspezifische Lebenspraxis – wie Einkaufen, Krankheiten, Benutzung von Verkehrsmitteln, Konsumgewohnheiten – bezogen ist, kann sie sich innerhalb eingespielter umgangssprachlicher Verständigungsformen bewegen. Soweit sie aber Situationen mit klassenspezifischer Lebenspraxis und Erfahrung thematisiert, muß die Befragung Begriffe und Redeweisen wählen, die, vermittelt über die herrschenden Medien der Bewußtseinsbildung, in die allgemeine Verkehrssprache einer Gesellschaft eingegangen sind.

Die Verständigungsformen der Öffentlichkeit sind aber von Ideologien der herrschenden Klasse einer Gesellschaft abhängig. Eine Befragung, die z. B. die Begriffe »Demokratie«, »Kommunismus« und »Fortschritt« verwendet, ist keineswegs ideologieneutral. Sie setzt bestimmte Interpretationsmuster dieser Begriffe voraus, die z. B. durch schulische Sozialisation und die Medien der Bewußtseinsindustrie eingeübt werden.

80 Kahn/Cannell, S. 130.

Die Befragung erfaßt dann primär die »depositären« Bewußtseinselemente der Befragten, nicht aber soziale Orientierungen, die Resultat einer autonomen Auseinandersetzung mit der gesellschaftlichen Situation sind.[81] Z. B. wird mit dem Begriff »Demokratie« das institutionalisierte staatliche Ordnungssystem in bürgerlich-liberalen Gesellschaften als Interpretationsschema übernommen, »Kommunismus« als zentralisiertes, durch Terror und Enteignung auch der Produzenten gekennzeichnetes Herrschaftssystem verstanden – wie die bürgerlichen Medien permanent Kommunismus deuten –, der Begriff »Fortschritt« wird als verselbständigte und an »Rentabilität« orientierte Innovation von Produktionsmitteln interpretiert.
Die Wahl eines gemeinsamen Vokabulars in Interviews hat also, sofern die Befragung unter Bedingungen gesellschaftlicher Ausbeutung und Herrschaft erfolgt und relevante gesellschaftliche Probleme thematisiert, eine Angleichung der Sprache an die massenwirksamen ideologischen Orientierungsmuster der herrschenden Klasse zur Folge. In diesem Sinn führt die Lösung des Problems »Sprachverstehen« in Interviews zur Einschränkung von deren Objektivitätsgehalt. Mit Hilfe von auf Standardisierung und statistische Vergleichbarkeit abzielenden Interviews können Einstellungen und Denkweisen, die der herrschenden Verkehrssprache nicht angemessen sind und die zu ihrer Artikulation andere Begriffe und Redeweisen benötigen, nicht oder nur in verzerrter Form erfaßt werden.

Zur Erläuterung der These zum Sprachverstehen in Interviews beziehe ich mich wieder auf den Fragebogen der RKW-Studie *Industriearbeit und Arbeiterbewußtsein*[82]. Obwohl zum Nachweis ideologischer Prägung der Interview-Sprache die Fragebögen der offiziellen Umfrage- und der direkten Auftragsforschung noch besser geeignet sind, wird diese Studie gewählt, da sie von Autoren mit durchaus sozialistischer Orientierung verfaßt wurde. Es ist also nicht möglich, die Frageformulierung einer politischen Konformität und Borniertheit der verantwortlichen Sozialforscher anzukreiden,

81 Zum Begriff »depositäres Bewußtsein« und dem Gegenbegriff der »Reflexion generativer Themen« vgl. Freire 1970.
82 Kern/Schumann 1970.

vielmehr kann ihr ideologischer Gehalt nur aus einem realen Anpassungszwang der standardisierten Befragung selbst erklärt werden.
Zur Messung der Lohnzufriedenheit wählen die Autoren folgende Fragen: 16. »Werden Sie an Ihrem Arbeitsplatz Ihrer Leistung entsprechend bezahlt?«; 17. »Wenn Sie Ihren Lohn mit dem an anderen Arbeitsplätzen vergleichen, glauben Sie da, daß Sie gerecht bezahlt werden?«, 17a. »Glauben Sie, daß der Betrieb Ihnen mehr bezahlen könnte als bisher, ohne daß deswegen die Zukunft des Betriebes gefährdet wird?« Ergänzt werden sie durch eine Auswahlfrage über die beste Lohnform, die verschiedene Möglichkeiten der Entlohnung als Antwortalternativen vorgibt (18.). Die zuletzt genannte Frage (17a.) wird um das Thema »Arbeitsplatzsicherheit« erweitert: 20. »Befürchten Sie, Ihren Arbeitsplatz zu verlieren, wenn Ihr Betrieb wegen wirtschaftlicher Schwierigkeiten Entlassungen vornehmen müßte?«, sowie um eine Frage zur Einstellung gegenüber dem Betriebsrat: 20a. »Haben Sie den Eindruck, daß der Betriebsrat die Interessen der Belegschaft nachdrücklich genug vertritt, oder ist das nicht der Fall?«.
Diese Fragen implizieren verschiedene inhaltliche Annahmen über die Situation des Lohnarbeiters, die als Legitimationsideologie von den Massenmedien einhellig verbreitet werden. Nr. 16 unterstellt die Idee eines leistungsgerechten Lohns, die zur Apologie ungleichen Einkommens propagiert wird; Nr. 17 suggeriert, allerdings durch den relativierenden Vergleich abgeschwächt, daß es eine gerechte Bezahlung in der kapitalistischen Wirtschaft geben kann, und versperrt damit die Möglichkeit, die wenigstens latente Existenz eines Ausbeutungsbewußtseins unter den Arbeitern zu ermitteln; Nr. 18 beschränkt die Entlohnung von vornherein auf die Formen kapitalistischer Lohnarbeit – eine Negation des Systems der Lohnarbeit überhaupt ist mit ihr nicht feststellbar; Nr. 17a konstruiert einen Kausalzusammenhang zwischen Lohnhöhe und Zukunftsgefährdung des Betriebes, wie er durch die Unternehmeragitation in Tarifauseinandersetzungen geläufig ist; wie Nr. 20 (»wirtschaftliche Schwierigkeiten als Ursache von Betriebsschließung«) unterschlägt sie die im Kapitalismus entscheidende Zielgröße der Produktion: die Steigerung des Profits; Nr. 20a schließlich macht die Annahme, daß Betriebs-

räte eine konsequente Interessenvertretung der Arbeiter sein können, und akzeptiert damit die im Betriebsverfassungsgesetz für Betriebsräte gesteckten Handlungsgrenzen (z. B. die Verpflichtung, den Betriebsfrieden zu wahren).

Würde die Befragung von Kern/Schumann nicht an gängigen Redeweisen und Begriffen und ihren spezifischen inhaltlichen Vorentscheidungen orientiert sein, wäre der Interview-Ablauf weitgehend durch Verständigungsbarrieren blockiert. Damit etwa Frage 16 nicht implizit für die herrschende Ideologie Partei nimmt, muß sie mit einer Erläuterung zur verschleiernden Funktion des »Leistungs«-Begriffes verbunden werden – die aber wird der Mehrheit der befragten Arbeiter zunächst nicht einsichtig erscheinen. Frage 17 umgeht die Denkfigur des gerechten Lohns etwa mit der Formulierung: »Werden Sie vom Unternehmen besonders stark ausgebeutet?« Diese Frage ist nur für Arbeiter akzeptabel, die den Lohnarbeitsvertrag generell als ungleiches Tauschverhältnis auffassen, während ein beträchtlicher Teil der Befragten den Begriff »Ausbeutung« nur für krasse Fälle eines niedrigen Lohnniveaus verwendet. Frage 18 müßte als Antwortalternativen die Negation von Lohnarbeit insgesamt und neue Ideen zur Entlohnung in befreiten Gesellschaften enthalten – für die Arbeiter bleibt das jedoch abstrakt und unvollständig, solange sie nicht in einem organisierten Kommunikationsprozeß eine prinzipielle Kritik von Lohnarbeit und Vorstellungen über eine andere Regelung der Subsistenzsicherung entwickelt haben. Die Fragen 17a und 20 sind durch Erläuterungen über die Gründe von abnehmender Investitionsbereitschaft und Betriebsschließungen im Kapitalismus zu ergänzen – auch hier dürften erhebliche Verständnisschwierigkeiten auftreten. Die Fragen zur Interessenvertretung der Arbeiterschaft schließlich lassen, sofern sie nicht als gegenwärtig institutionalisierte Form von Betriebsräten und gewerkschaftlicher Organisation interpretiert sind, einen Spielraum konträrer Deutungen zu, je nach gesellschaftspolitischer Orientierung der Arbeiter. Ein statistischer Vergleich der Einzelbefragungen wird damit hinfällig.

Beispielhaft macht die Analyse des Fragebogens der RKW-Studie deutlich: Eine Interview-Sprache, die nicht den vorherrschenden Redeweisen und Begriffen der allgemeinen Verkehrssprache angepaßt ist, verstärkt die Verständigungsbarrieren zwischen Befragern und Befragten und macht dadurch ein herkömmliches Forschungsinterview undurchführbar. Weder können Fragen, die zur herrschenden Ideologie konträr stehen, in standardisierter Fassung gestellt werden, noch lassen sie eine Technik des Abfragens vorhandener Auffassungen und Einstellungen zu. Ein Interview in emanzipatorischer Absicht muß als offenes und intensives Gespräch geführt werden. Im Gespräch strukturieren sich erst die Auffassungen der Befragten, unabhängig von den vorgestanzten Denkmustern der bürgerlichen Öffentlichkeit. Es soll mögliche Richtungen eines langfristigen Lernprozesses sichtbar machen, in dem sich das Bewußtsein der Befragten von den herrschenden Ideologien ablöst. Diese Form des Interviews verabschiedet sich von der – selbst illusionären – Idee positivistischer Objektivität: daß der Untersuchungsprozeß die Auffassungen und sprachlichen Orientierungsmuster der Befragten nicht beeinflussen und verändern darf.

5. Der normative Zwang vorfixierter Fragebögen

Ein voll standardisierter Fragebogen gibt bestimmte Antwortalternativen vor, zwischen denen die Befragten auswählen oder die Interviewer deren noch unstrukturierte Reaktionen einordnen können. Die Vorfixierung der Antworten hat für die Auswertung eines Forschungsinterviews Vorteile: Da die Kategorisierung der erfragten Einstellung bereits im Befragungsprozeß geleistet wird, reduzieren sich Ermessungsspielraum und damit Fehlerquellen, die aus einer nachträglichen Klassifikation der vorliegenden Daten entspringen können. Außerdem garantiert sie eher eine statistische Vergleichbarkeit verschiedener Einzelinterviews.[83]
Doch imponiert die Vorgabe festgelegter Antwortkategorien dem Untersuchungsbereich ein bestimmtes Ordnungssystem, das nur durch ein Scheitern der Befragung falsifiziert werden kann.[84] Nun sind aber im Interaktionsprozeß der Befragung

83 Die klassische Begründung der Vorteile standardisierter Interviews gab Lazarsfeld 1944; auch Maccoby, S. 50/1; Galtung S. 120.
84 Cicourel 1970, Kap. 4.

soziale Zwänge wirksam, die eine Falsifikation unangemessener Klassifikationssysteme erschweren. Zunächst neigen die Befrager dazu, Reaktionssperren auf ein defizientes Verhalten der Untersuchten zurückzuführen, nicht aber auf die Unangemessenheit des Fragebogens selbst. Soweit die Befragung von den Sozialforschern selbst durchgeführt wird und diese sich in Orientierung an administrativen Aufträgen oder an den methodischen Normen wissenschaftlicher Datenermittlung für ein standardisiertes Interview entschieden haben, kollidiert die Unangemessenheit vorfixierter Frage- und Antwort-Muster mit der Selbstlegitimation der Untersucher. Die Sozialforscher werden allenfalls einen revidierten Fragebogen entwickeln, kaum aber die standardisierte Erhebungsmethode überhaupt aufgeben. Soweit dagegen eigens angestellte Interviewer die Befragung durchführen, gefährdet eine Unangemessenheit vorfixierter Fragebögen die erfolgreiche Durchführung der Arbeit. Mißerfolge in der Befragung werden – so die offizielle Umfrageforschung – durch finanzielle Sanktionen bedroht, mindestens sofern die Interviewer per Stücklohn bezahlt werden. Es ist daher verständlich, wenn sie die Befragerreaktion im Sinne ihres Klassifikationssystems »modellieren«, statt dieses System selber als unangemessen zu markieren.

Zum anderen übt die Vorgabe vorfixierter Antwortkategorien einen normativen Zwang auf die Befragten aus.[85] Antwortverweigerung kann als Zeichen von intellektueller Defizienz und Desorientierung gelten und das soziale Image des Befragten gegenüber dem des mit wissenschaftlicher Autorität ausgestatteten Interviewers beeinträchtigen. Sie enttäuscht außerdem die Erwartungen des Befragers, mit dem der Befragte möglicherweise eine sympathisierende Sozialbeziehung eingegangen ist oder gegenüber dem er sich einfach hilfsbereit zeigen möchte. Das gilt vor allem für ein Interview, das sich durch eine »warme« und permissive Atmosphäre auszeichnet oder das durch stark altruistische Motivation bei den Befragten gekennzeichnet ist.[86] Wenn die vorgegebenen Antwortalternativen die eigene Auffassung nicht richtig

85 Pollock, Gruppenexperiment, S. 19; Webb u. a., S. 18.
86 Cannell/Kahn, S. 576; Richardson u. a. 1965, S. 62.

erfassen, werden die Befragten aus Anpassungszwang häufig nicht mit Antwortverweigerung reagieren.
Relevanz und ergebnisverzerrende Auswirkungen der angedeuteten normativen Zwänge in standardisierten Befragungen können empirisch nur durch exemplarische Studien der Forschungspraxis, und zwar nicht der Ergebnisse, sondern des aktuellen Ablaufs von Befragungen, eingeschätzt werden. Hier ist entscheidend, daß die methodologische Literatur die normativen Zwänge allenfalls am Rande erwähnt – und dann auch nur als zufällige Störfaktoren.[87] Nicht registriert wird ihre strukturelle Bedingtheit durch die methodischen Normen und Verwertungszwänge empirischer Sozialforschung einerseits und die Sozialbeziehung zwischen Befrager und Befragtem andererseits. Schwierigkeiten in der Durchführung standardisierter Interviews werden eher als Defizienz der Befrager-Reaktionen denn als Defizienz der Untersuchungsmethoden selbst erklärt.[88]

87 So erwägt Scheuch 1967 nur kurz, daß geschlossene Fragen bevorzugt die konventionellste Antwort als Echo haben können (S. 146). Dieser Lichtblick erleuchtet jedoch nicht einmal seine Interpretation der Ergebnisse einer unveröffentlichten Studie des Kölner Instituts, nach der in »unteren Bevölkerungsschichten« der Widerstand gegen Alternativfragen am geringsten ist (S. 145). Scheuch schließt, daß Alternativfragen für Untersuchungen in diesen Schichten besonders zu empfehlen sind. Angesichts der Studien über das Verhalten unterprivilegierter Klassen in Interviews (z. B. Anm. 57) liegt es aber nahe, dieses Ergebnis aus dem Anpassungsdruck der Befragungssituation zu erklären.
88 Die Verschiebung von Defizienzen der Befragungsmethode auf ein defizientes Bewußtsein der Befragten betreiben in der empirischen Forschung vor allem Untersuchungen zu Verhalten und Einstellungen unterdrückter Klassen. Schon erwähnt (Anm. 67) wurde Labov, der zeigte, daß die soziolinguistischen Theorien zum geringen Entwicklungsgrad des Sprachverhaltens »unterer Schichten« großenteils die Barrieren der sozialen Untersuchungssituation rationalisieren. Ein herausragendes Beispiel der bundesdeutschen Szenerie ist die Studie *Junge Arbeiterinnen* von W. Jaide. Diese Untersuchung, deren Ergebnisse von Medien der bürgerlichen Öffentlichkeit wie *Der Spiegel* mit Eifer verbreitet werden, stellt zunächst einen ausgesprochen renitenten und unbestimmten Antwortstil der Befragten fest (S. 26 ff.). So nimmt die Hälfte der befragten Arbeiterinnen nicht Stellung zur Frage »Wie denken sie über die Staatsform bei uns in der Bundesrepublik?«; fast 40% machen keine oder unklare Angaben über ihre Einstellung zu Hitler. Überhaupt sind die Arbeiterinnen mit der Urteilbildung über »große historische Persönlichkeiten« sehr enthaltsam. Eine Skala zur Messung liberaler vs. konservativer Einstellungen, die aus sehr globalen Fragen zusammengesetzt ist (S. 93), wird zum großen Teil nicht beantwortet. Zu Fragen über die Erinnerungen der Arbeiterinnen an ihre Volksschulzeit muß

So explizieren Cannell/Kahn Bedingungen für ein erfolgreiches Interview, soweit sie Motivation und intellektuelle Fähigkeiten der Befragten betreffen, sie erwägen nicht, daß eine standardisierte Befragung den sozialen Orientierungen der Untersuchten überhaupt unangemessen sein kann.[89] Als Bedingungen von »successful interviewing« führen sie an: erstens die Zugänglichkeit (»accessibility«) der erfragten Themen und Probleme für die Befragten, d. h. sie müssen über die gewünschte Information verfügen. Diese Verfügbarkeit ist von verschiedenen Faktoren abhängig – die Autoren nennen hier: Der Befragte kann die gewünschte Information vergessen haben; das Problem mag eine unbedeutende Rolle in seinem Leben spielen und daher kaum reflektiert sein; die Information kann dem Befragten bedrohlich erscheinen, so daß er dazu neigt, sie zu verdrängen; er mag überhaupt nicht fähig sein, das erfragte Problem aufzufassen und zu verstehen. Verwendet man diese Typisierung zur Erklärung von Mißerfolgen in Befragungen, ist vorentschieden, daß die Gründe des Scheiterns in mangelnden Fähigkeiten der Befragten – Gedächtnislücken, geringe Intelligenz, Ängstlichkeit – liegen, nicht aber in einer Insuffizienz des Fragebogens selbst und seiner Voranannahmen über die Struktur der untersuchten Auffassungen.

Ebenso ist die zweite Bedingung erfolgreicher Interviews nach Cannell/Kahn einzuschätzen, nämlich »cognition«. Darunter

Jaide »erschüttert« feststellen, »wie dürftig sich solche Mädchen über eine 9jährige Volksschulzeit äußern« (S. 19).
Angesichts des unentschiedenen und unklaren Antwortstils hätte es zunächst nahegelegen, den methodischen Ansatz der standardisierten Befragung und die Art der Fragen als unangemessen zu verwerfen. Oder will Jaide im Ernst behaupten, daß junge Arbeiterinnen nicht mehr Erinnerungen an ihre Schuljahre haben als etwa diese: »Die Volksschule muß ja sein, man lernt fürs ganze Leben: Rechnen, Schreiben und Lesen« (S. 19)? Meint er wirklich, daß Fragen wie: »Beunruhigt Sie die allgemeine Weltlage?«, »Über den Rundfunk sollten viel mehr Streitgespräche und politische Diskussionen gesendet werden«, die gesellschaftspolitischen Erfahrungsbereiche der Arbeiterinnen überhaupt berühren? Offensichtlich – denn er schließt von den Antwortmustern der Arbeiterinnen auf ein generelles Persönlichkeitsmerkmal des Intelligenzmangels, der »geistigen Kontaktarmut« (S. 27), des Desinteresses, insgesamt also ein Lebensmilieu der »Subnormalität« (v. a. S. 96 ff.). So verbindet sich die Apologie der Untersuchungsmethoden mit schlimmsten Klassenvorurteilen bürgerlicher Soziologen.

89 Cannell/Kahn, S. 535 ff., S. 541 ff.

verstehen sie die Fähigkeit des Befragten, Rollenerwartungen, die der Befragungsablauf an ihn stellt, zu begreifen und zu erfüllen. So muß er die von einer Frage vorgegebene Antwortrichtung sowie die Vollständigkeit seiner Antworten beurteilen können. Cannell/Kahn übersehen, daß eine irrelevant erscheinende Antwort auch ein Beleg für die Irrelevanz oder Unangemessenheit der Fragen sein kann.
Die dritte Bedingung erfolgreichen Befragens ist die Motivation der Befragten, d. h. ihre Bereitschaft, die Fragen überhaupt zu beantworten. Auch hier übersehen Cannell/Kahn, daß Antwortsperren nicht nur ein motivationales Problem darstellen, sondern ebensogut ein fehlendes Einverständnis mit der Art der Fragestellung und dem Raster der vorfixierten Antworten anzeigen können.
Warum kann ein standardisierter Fragebogen, der entweder explizit oder implizit bestimmte Antwortkategorien vorgibt, zur Gliederung der erfragten Auffassungen konträr stehen? In der Regel werden die Fragen situationsunspezifisch gestellt, und die Antwortkategorien sehen allgemeine, d. h. ebenso situationsungebundene Reaktionen vor. Damit unterstellt ein standardisiertes Interview festliegende und gegenüber verschiedenen Lebenssituationen invariante Einstellungen zum erfragten Problem. Alle Einstellungen, die diese Bedingung nicht erfüllen, sind entweder durch den Fragebogen nicht erfaßbar oder werden aufgrund der dargestellten normativen Zwänge gemäß dem vorgefertigten Schema umgedeutet.
Davon betroffen sind zunächst soziale Orientierungen situationsgebundener und flexibler Art. So unterstellt ein Fragebogen zur »Arbeitszufriedenheit«, daß die Untersuchten über eine generelle Arbeitseinstellung verfügen, er schließt aus, daß sie je nach wechselnden Umständen und Bereichen der Arbeitstätigkeit (wie: Verhältnis zu den Kollegen, zu den Aufsehern, zum Lohnsystem, zur technischen Anlage, zur Schichtarbeit) ihre Arbeit anders auffassen. Zwar erscheint die Relativierung der Einstellung nach verschiedenen Bereichen durch Differenzierung des Fragebogens erfaßbar – doch auch dann setzt das standardisierte Interview situationsunabhängige und unflexible Einstellungen voraus. Auch das Verhältnis zu den Arbeitskollegen kann je nach sozialen Umständen anders ausfallen (usw.).

Nehmen wir als Beispiel das Verhältnis von deutschen und ausländischen Arbeitern in der Autoindustrie. Wenn die durch Lohnsystem und Kooperationsformen am Arbeitsplatz gesteuerte Konkurrenz das Verhalten der Arbeiter überwiegend bestimmt, würde eine Untersuchung wahrscheinlich eine gegensätzliche und abgrenzende Beziehung der beiden Arbeiterschichten feststellen – verschiedene empirische Erhebungen kamen zu diesem Ergebnis. Unter anderen Umständen, z. B. bei gemeinsamen Aktionen gegen das Produktionssystem, kann sich aber das genau umgekehrte Resultat, nämlich Solidarität der beiden Arbeiterschichten, ergeben – auch diese Annahme wurde bei Streiks und Betriebsbesetzungen (z. B. im französischen Mai 68) bestätigt. Ein standardisierter Fragebogen, der situationsunabhängige Einstellungen mißt, würde dagegen in beiden Fällen unzulässige Generalisierungen vornehmen. In Wirklichkeit ist aber weder die konkurrierende noch die solidarische Beziehung zwischen einheimischen und ausländischen Arbeitern ein generelles Verhaltensmuster, vielmehr zeigt beides nur mögliche Richtungen gegenseitigen Verhaltens an, deren jeweils dominante oder periphere Rolle vom Stand der Klassenauseinandersetzungen abhängt.

Unangemessenheit standardisierter Frage- und Antwort-Schemata liegt ferner für soziale Orientierungen vor, die durch Ambivalenz oder innere Widersprüchlichkeit gekennzeichnet sind. In einem solchen Fall kann der Befragte, soweit er sich nicht dem normativen Zwang der Untersuchungssituation fügt, überhaupt keine eindeutige Entscheidung für eine bestimmte Antwortkategorie treffen. Das Interview sieht zwar in der Regel die Antwortwahl »unentschieden«, »neutral« oder »keine Meinung« vor – doch kann ein Fragebogen dadurch eine ambivalente oder widersprüchliche Auffassung nicht identifizieren. Diese stellt nicht einen Zustand der Meinungslosigkeit dar, erst recht nicht ist sie als Neutralität zu kennzeichnen; die Kategorie »unentschieden« schließlich erfaßt, von ihrer harmonisierenden Tendenz ganz abgesehen, überhaupt keine inhaltliche Ausprägung der fraglichen sozialen Orientierung. Angemessen für die Erfassung ambivalenter und widersprüchlicher Orientierungen ist allein ein intensives Gespräch, das dem Befragten Gelegenheit zur Entfaltung und Differenzierung seiner Auffassung zu bestimmten Themen

gibt. Damit wird aber erstens der standardisierte Befragungsansatz hinfällig, zweitens erfordert die differenzierte Klärung der Ambivalenz oder Widersprüchlichkeit von sozialen Orientierungen eine Gesprächssituation, in der sich die betreffende Orientierung neu strukturiert und also auch verändert. Das Prinzip situationsunabhängiger Beobachtung wird damit aufgegeben.[90]
Zur Erfassung ambivalenter und widersprüchlicher Einstellungen läßt das standardisierte Interview nur einen Weg offen, der jedoch im Sande verläuft: Man kann den Befragten freistellen, mehrere Antwortmöglichkeiten gleichzeitig zu wählen. Diese Wahlfreiheit läßt aber einmal die gegenseitige Beziehung der unterschiedlichen Antwortmuster ungeklärt; zum anderen führt sie nach den Regeln formaler Logik in vielen Fällen zu inhaltsleeren Aussagen. Wenn etwa ein Arbeiter auf die Frage »Finden Sie, daß Akkordlohn eine gute Sache ist?« mit »Ja« *und* »Nein« reagieren kann, ist für die Auswertung des Interviews nur der Schluß zwingend, daß die Frage keine Aufschlüsse über die Einstellung des Befragten zum Akkordlohn zuläßt. Weil die Frage unangemessen gestellt wurde, fällt die Antwort nichtssagend aus – nur der Verzicht auf das standardisierte zugunsten eines intensiven Interviews kann diese Misere beheben.

Das Scheitern einer standardisierten Erfassung ambivalenter oder widersprüchlicher Orientierungen soll wieder an der RKW-Studie *Industriearbeit und Arbeiterbewußtsein* verdeutlicht werden, und zwar an deren Untersuchung der Einstellung von Industriearbeitern zu »technischem Wandel« bzw. »technischem Fortschritt«. Vorweg sei vermerkt, daß sich der dazu entwickelte Interview-Teil durch immanent geschickte Gliederung auszeichnet. Eine Einleitungsfrage zur »technischen Ausrüstung« des »eigenen« Betriebes und deren Beurteilung führt in eine Frage zum Verständnis des Begriffs »Automation« über. Ihr schließt sich die Aufforderung zur generellen Beurteilung des technischen Fortschritts und seiner allgemeinen Auswirkungen auf die Lage der Arbeiterschaft

90 Cicourel zieht eine ähnliche Konsequenz, allerdings ohne sie als Prinzip einer neuen empirischen Sozialforschung weiter zu vertreten: S. 166.

an. Diese Frage wird dann weiter differenziert, etwa zur Entwicklung der Qualifikationsstruktur, der Veränderung der Arbeitszeit, intellektueller Arbeitsanforderungen durch den technischen Fortschritt. Abschließend werden den Befragten alternative opinion-statements über das Verhältnis Mensch-Technik vorgelegt.

Der Anspruch von Kern/Schumann, durch eine solche Interview-Gliederung einen Lernprozeß der Arbeiter über ihre Arbeitssituation einzuleiten[91], ist jedoch ungerechtfertigt: Die Möglichkeit einer freien Entfaltung des Verständnisses vom technischen Wandel – durch die Frage nach »Automation« – reduziert sich bei fast 100 Fragen und einer Interview-Dauer von 1½ Std. auf vielleicht eine Minute, ihre Auswertung wird auf vier Merkmalsdimensionen beschränkt. Nicht berücksichtigt wird das Problem der Abhängigkeit der scheinbar »effizienten« Produktionsmethoden und technischen Neuerungen vom Interesse der über die Produktionsmittel Verfügenden.

Insgesamt unterstellt das Interview mit festgelegten Frage- und Antwortkategorien ebenso feste Auffassungen der Arbeiter über technischen Wandel. So ist das auffälligste Resultat der Befragung nur konsequent: Daß ein großer Teil der Antworten in den Kategorien »teils-teils« und (weniger) »weiß nicht« liegt. Daraus, sowie aus vielfacher Inkonsinstenz in den Antworten auf verschiedene Fragen, schließen die Autoren, daß sich die Einstellung der Arbeiter zu technischem Wandel durch Ambivalenz, Inkohärenz, Unstrukturiertheit und Unsicherheit auszeichnet. Sie zeigen sich außerstande, dieses Ergebnis näher zu analysieren, und neigen in ihrer Auswertung dazu, Ambivalenz und Widersprüchlichkeit der allgemeinen gesellschaftspolitischen Auffassungen als festes Merkmal des Arbeiterbewußtseins anzusehen. Die Reaktion der Arbeiter wird defizitär gedeutet – als ihr Unvermögen, die Struktur der Produktionstechniken und ihrer Veränderungstendenzen zu erfassen.

Diese Folgerung ist aber zunächst nur eine Rationalisierung des Unvermögens der Sozialforscher, durch einen standardisierten Fragebogen das genaue Muster der Ambivalenz zu ermitteln. Angesichts der inneren Widersprüchlichkeit des

91 Kern/Schumann 1970, II, S. 47.

technischen Wandels im Kapitalismus selbst hätte es nahegelegen zu überprüfen, ob die Auffassungen der Arbeiter Ansätze eines Bewußtseins von dieser Widersprüchlichkeit – zwischen den Zielgrößen Profitmaximierung und Akkumulation und den emanzipatorischen Möglichkeiten neuer Produktionsmethoden – anzeigen. Die nähere Ermittlung solcher noch unartikulierter Bewußtseinselemente würde aber den Rahmen einer halb oder ganz standardisierten Interviewtechnik sprengen. Das Interview wäre in Form eines intensiven Gesprächs zu führen, eine Strukturierung – also auch: Veränderung – des Arbeiterbewußtseins im Untersuchungsprozeß müßte einkalkuliert werden.[92]

92 Kern/Schumann haben kürzlich (1973) Untersuchungsansatz und Methode der RKW-Studie selber der Kritik unterzogen. Sie stellen drei grundlegende Mängel fest: 1. Der Studie gelingt nicht die Feststellung von Konfliktzonen im Arbeiterbewußtsein. 2. Sie erfaßt Arbeiterbewußtsein nicht im Prozeß sozioökonomischer Veränderungen. Die soziale Situation der Befragten verleitet die Befragten zu »quietistischen Verhaltenssequenzen« – daher kann sie Konfliktpotential und mögliche Aktions- und Denkformen in Konflikten nicht erfassen.
Diese Selbstkritik bleibt jedoch begrenzt, obwohl Punkt 3 einen grundlegenden Mangel des Forschungsinterviews andeutet. Auf Probleme des individualistischen Befragungsmodells, der ideologischen Interview-Sprache und der standardisierten Untersuchungsform, die wir alle an der RKW-Studie verdeutlicht haben, geht die Selbstkritik nicht ein.

III. Grenzen der Objektivität von Einstellungsmessungen

1. Zum Problem der Messung in der Sozialforschung

Die Auswertung von Erhebungen mit Interviews macht statistische Vergleiche der in Einzelbefragungen gewonnenen Daten erforderlich. Vergleichbare Daten erhält man einerseits durch Standardisierung der Untersuchung, andererseits durch Verwendung eines einheitlichen Sprachschemas in der Klassifikation der Resultate. Die sprachliche Ordnung der Ergebnisse erfolgt in einheitlich vorgegebenen Merkmalsdimensionen mit ebenfalls festgelegten Merkmalsausprägungen.[1] Lassen sich Beobachtungen einer Merkmalsausprägung in einer bestimmten Dimension zuordnen, stellen sie äquivalente Daten dar; fallen sie in verschiedene Merkmalsausprägungen, sind sie diskrete Daten. Die statistische Auswertung von Interviews erfordert aber nicht nur die eindeutige Umsetzung der Beobachtungen in Daten, sondern dazu eine vergleichende Einschätzung ihrer Unterschiede: Die disparaten Merkmalsausprägungen müssen zueinander geordnet werden. Diese Forderung wird durch vertikale Gliederung der verschiedenen Merkmalsausprägungen erfüllt: Die Beobachtungen können so als größere oder geringere Ausprägung innerhalb einer Merkmalsdimension verglichen werden.
Diese Gliederung in ein vertikal geordnetes Merkmalssystem bezeichnet man als Umsetzung von Beobachtungen zu Meßdaten. Als Bedingung allgemeiner Vergleichbarkeit von Beobachtungen stellt sie eine grundlegende Norm sozialwissenschaftlicher Datenermittlung dar, die von der analytischen Wissenschaftstheorie propagiert wird (vgl. Teil I) und die im »survey research« breite Anwendung findet. Allgemein definiert man Messung als regelorientierte Zuweisung numerischer Werte an Beobachtungen. So bestimmten Cannell/Kahn Messung als »the process of assigning numbers to some population of objects or events, in accordance with some set of rules«[2],

1 Begriffe aus Mayntz u. a. 1969.
2 Cannell/Kahn, S. 530.

und nach Galtung ist »measurement the mapping of the values (= Daten) on a set of numbers«[3]. Wir wollen untersuchen, welche theoretischen Vorentscheidungen in der Messung von Befragungsdaten getroffen sind, die sich auf gesellschaftliches Bewußtsein beziehen, welche Bereiche gesellschaftlichen Bewußtseins aus der Messung herausfallen und in welchem Ausmaß die Verwendung von Meßsystemen die Untersuchung gesellschaftlichen Bewußtseins verfälscht.

Die Methodologie gesteht in der Regel ein, daß Meßsysteme nicht aus den beobachteten Sachverhalten selbst ableitbar sind, sondern den Beobachtungen nachträglich aufgesetzt werden. Meßsysteme haben eine »transzendentale« Stellung im Beobachtungsprozeß; als der Beobachtung vorausgehende geistige Produkte der Wissenschaftler sollen sie der Datenermittlung erst volle Objektivität sichern. Ihre »transzendentale Stellung« ist der Punkt, an dem eine prinzipielle Kritik von Meßsystemen in der Sozialforschung einzusetzen hat. Die Frage ist, ob die Umsetzung von Beobachtungen zu Meßdaten nicht Vorentscheidungen trifft, die zur Ausschaltung ganzer Untersuchungsbereiche oder zu deren verfälschender Umdeutung im Sinne des Meßsystems führen.

Daß Meßkriterien dem Untersuchungsfeld unangemessen sein können, hat zuerst Clyde Coombs erwogen.[4] Da das Meßsystem eine bestimmte Ordnung aufsetzt, trifft es Entscheidungen über die erfaßbare Struktur des Untersuchungsfeldes und markiert so alle der aufgesetzten Ordnung nicht subsumierbaren Beobachtungen als Fehler bzw. Irrtümer. Anderseits mögen aber die scheinbaren Beobachtungsfehler gerade die Unangemessenheit des Meßsystems anzeigen. Wenn man auf einer Einstellungsskala zu »technischem Fortschritt« miteinander unvereinbare oder doch sehr gestreute Werte erhält, schließen die Sozialforscher vielfach auf ein falsches Verständnis der Fragen durch die Untersuchten oder auf Einstellungslosigkeit gegenüber dem erfragten Problem. Die Differenz zur meßbaren Ordnung gilt als Index für Beobachtungsfehler – während ebensogut die Meßskala zur Erfassung der Einstellung zum »technischen Fortschritt« ungeeignet sein kann.

3 Galtung, S. 73.
4 Coombs 1953.

Doch Coombs stellt die Verwendung von Meßsystemen in der Sozialforschung keineswegs in Frage. Offenbar meint er, die durch ein Meßsystem unberechtigt als Fehler markierten Beobachtungen stellten entweder nur eine Randerscheinung dar oder machten, sofern gehäuft auftretend, die Inadäquatheit des Meßsystems erkennbar. So sehen auch Skalierungen à la »Thurstone« und »Guttman« bei gehäufter Irregularität eine Revision des Meßsystems vor.

Eine radikalere Kritik an Meßverfahren in der Soziologie trägt Cicourel vor.[5] Da diese Wissenschaft Gegenstandsbereiche untersucht, die durch Sprache und Sichtweise handelnder Subjekte bereits vorinterpretiert sind, entgeht sie der Gefahr willkürlicher Messung nur dann, wenn sie ihre Meßkategorien den Gliederungsprinzipien angleicht, nach denen die Untersuchten selbst ihre gesellschaftliche Umwelt deuten. Tatsächlich nehmen Skalierungsverfahren solche Angleichungen ständig vor. So bildet man eine Differentialskala, indem man in Vortests eine Stichprobe aus der zu untersuchenden Population nach ihrer wertmäßigen Gliederung bestimmter Statements befragt. Cicourel konstatiert nun, daß die Bindung soziologischer Meßsysteme an das »alltägliche Verständnis« der Untersuchten in der Aufstellung und Verwendung von Skalen nicht genügend beachtet wird. Die gegenwärtige Praxis der Sozialforschung sei weitgehend durch »measurement by fiat« beherrscht. Die Meßkategorien werden nicht aus intensiver Analyse der »alltäglichen« begrifflichen Gliederungen der Untersuchten gewonnen, sie sind entweder soziolegalen Ordnungssystemen bürokratischer Verwaltungen entnommen oder stellen eine Verallgemeinerung der standortspezifischen Sozialorientierungen der Wissenschaftler und ihrer begrifflichen Gliederung dar.

Eine bis zu diesem Punkt vorangetriebene Kritik macht bereits das Kriterium der Meßbarkeit als Norm sozialwissenschaftlicher Datenermittlung fragwürdig. Seine Anwendung verstärkt die Gefahr von Verzerrungen, mindert also den Realitätsgehalt der Erkenntnis. Cicourels Kritik trifft aber nur die scheinbar zufälligen Mängel gegenwärtiger Sozialforschung, sie schließt eine angemessene Verwendung von Meßsystemen nicht grundsätzlich aus.

5 Cicourel 1970, Kap. I.

Doch hat Cicourel auch Vorarbeiten für weiterreichende Angriffe auf die Norm »Meßbarkeit« in Untersuchungen über gesellschaftliches Bewußtsein geleistet. Er expliziert Axiome jedes Meßsystems – wie die Postulate der Identifizierbarkeit, Unzweideutigkeit und Diskretheit der Daten – und zeigt Differenzen zwischen diesen Axiomen und der begrifflichen Struktur eines Idealtyps von »alltäglichem Sozialverständnis« auf. So setzen Meßsysteme voraus, daß man Daten über Einstellungen unabhängig von der Situation ihrer Äußerung einordnen kann, und daß sich die Einstellungen nicht bei jedem Anlaß verändern (vgl. näher Teil IV).

Wenn z. B. Arbeitseinstellungen skaliert werden, liegt dem die Annahme zugrunde, daß die gemessene Einstellung einheitlich für die gesamte Arbeitssituation gilt, also nicht je nach Kontext wie Lohnsystem, Arbeitskollegen usw. variiert, und daß sie nicht täglich wechselt, sondern über einen längeren Zeitraum stabil bleibt. Für alle situationsgebundenen und temporär geltenden Sozialorientierungen sind diese Annahmen aber bestreitbar.

Ein weiteres Merkmal alltäglicher Sozialorientierungen, das zu einem Axiom der Messung im Widerspruch steht, ist ihre Unbestimmtheit und Flexibilität. Im sozialen Verkehr gibt es nur in Ausnahmefällen Regeln, nach denen bestimmte Verhaltensweisen, einschließlich verbaler Reaktionen, eindeutig und allgemein als Index bestimmter Einstellungen interpretiert werden können. So sind weder innerhalb einer Gesellschaft, einer Klasse noch in stabilen Primärgruppen festgelegte und immer geltende Muster aggressiven Verhaltens anzutreffen – Aggressivität äußert sich in einer Menge vielfältiger und variierender Handlungen, die nicht durch einen klar eingegrenzten Regelkodex fixierbar sind, es sei denn, die Anwendungsbedingungen des Regelkodex lassen wieder einen Spielraum an Variationen und Abweichungen für konkretes soziales Handeln offen. Dieser Spielraum schlägt sich in der Vagheit begrifflicher Regeln alltäglicher Sozialverständigung nieder.[6] Die Vagheit der Sprachregeln über sozialen Verkehr steht aber im Gegensatz zur Axiomatik eines Meßsystems, das u. a. die logische Regel des ausgeschlossenen Drit-

6 Wittgenstein 1967, §§ 65-88; Garfinkel 1967.

ten enthält: Jedes Ergebniselement muß unzweideutig auf einem bestimmten Wert der Merkmalsdimension plazierbar sein. Aus den Antworten eines Befragten auf die Statements einer Skala muß eindeutig folgen, ob er einen bestimmten Wert auf der untersuchten Merkmalsdimension hat oder nicht hat. Die Unbestimmtheit alltäglicher Sozialorientierungen schließt derart eindeutige Entscheidungen aber vielfach aus: Meßsystemen liegt also eine axiomatische Struktur zugrunde, die der wirklichen Gliederung der untersuchten Sozialorientierung nicht immer adäquat ist.

Die grundsätzliche Kritik der Messung gesellschaftlichen Bewußtseins ist jedoch bei Cicourel durch zwei Tendenzen eingeschränkt. Einmal wird sie nur als sprachtheoretische Betrachtung und Analyse der Axiome von Meßsystemen vorgetragen, nicht aber an der Praxis der Sozialforschung konkretisiert.[7] Zum anderen ist sie durch Cicourels Interesse überlagert, die vorherrschenden empirischen Methoden mit einer Art phänomenologischer Analyse sozialer Lebenswelten zu verbinden und zu ergänzen. Seine Hauptthese ist, daß man erst nach gründlicher »lebensweltlicher Analyse« empirische Methoden wie teilnehmende Beobachtung, Interview, Meßsysteme ohne Ergebnisverfälschungen und ohne Verkürzungen anwenden kann: »Strenge Messung (kann) bei unserem augenblicklichen Wissensstand in der Soziologie für alle Eigenschaften des sozialen Prozesses nicht erzielt werden [...]. Die präzise Messung des sozialen Prozesses erfordert zunächst das Studium des Problems der Bedeutung im alltäglichen Leben.«[8]

Cicourel führt also die Mängel sozialwissenschaftlicher Meßsysteme auf eine behebbare Unzulänglichkeit unseres Wissens

7 In Westdeutschland wurden Cicourels Untersuchungen denn auch im Zuge einer philosophischen Verständigung über die Sozialforschung aufgegriffen, vgl. Habermas 1967. Habermas Kritik an Meßsystemen in der Soziologie fällt aber hinter Cicourels Ansatz, an dem sie sich orientiert, zurück. Sie macht lediglich auf den transzendentalen Vorgriff von Meßkategorien sowie auf die Unterschiede zur Messung in den Naturwiss. aufmerksam. Habermas bestreitet in keiner Weise die Durchführbarkeit von Messung in der Sozialforschung und zieht systematische Ergebnisverzerrungen und -verfälschungen nicht in Betracht. Seine Kritik zielt ausschließlich auf wissenschaftstheoretische Begründungsmodelle, nicht auf die Forschungspraxis selbst.

8 Cicourel 1970, S. 28.

über die sprachliche Struktur sozialer Verständigung zurück. Eine nicht näher erläuterte Analyse sozialer Lebenswelten soll die Bedingungen der Anwendung von Meßsystemen erst vorbereiten. Dieses Programm steht freilich explizit im Widerspruch zur weiterreichenden These, daß die Strukturen alltäglicher Interaktion und ihrer Sprache den Axiomen der Messung zuwiderlaufen. Diese These schließt eine Verbesserung von Meßsystemen durch lebensweltliche Analysen in jedem Fall aus.
Ich greife Cicourels prinzipielle Kritik von Meßsystemen in der Soziologie auf und konkretisiere sie an einigen Verfahren der Skalierung von Einstellungen.

2. Die Skalierung sozialen Bewußtseins

Standardisierte Fragebögen werden durch »Skalierung« ihrer Ergebnisse ausgewertet. Eine Skala regelt die Zuweisung numerischer Werte an Beobachtungen – sie formt die Ergebnisse einer Befragung in meßbare Daten um. In der neueren Sozialforschung finden Differentialskalen (»Thurstone«), die Summenskalen (»Likert«) und die kumulativen Skalen (»Guttman«) zur Einstellungsmessung am häufigsten Verwendung. Doch führt ihre Anwendung zu erheblichen Einschränkungen und Verfälschungen des durch sie erfaßbaren Untersuchungsbereichs. Das soll für jeden Skalen-Typ gesondert verdeutlicht werden.

a) Thurstone-Skala

Die Thurstone-Skala unterscheidet Einstellungen nach dem Grad der in ihnen enthaltenen Bewertung des Einstellungsobjekts. Die Unterscheidung von Einstellungen nach Wertungsgraden erlaubt ihre Einordnung in ein vertikal geordnetes Meßsystem. Die Thurstone-Skala versucht, anhand der Zustimmung von Untersuchten zu bestimmten Aussagen über ein Objekt x ihre Einstellung zu x zu erfassen, indem sie die in der akzeptierten Aussage enthaltene Wertung als Index wählt. Um den evaluativen Gehalt der im Fragebogen verwendeten Aussagen festzustellen und sie danach zu ordnen, wird eine größere Menge von statements (etwa 100) einer »Experten-Gruppe« vorgelegt, die in ihrer Zusammensetzung die »Zielgruppe« der geplanten Untersuchung möglichst stichprobenartig repräsentieren soll. Die Experten entscheiden über den Wertgehalt der statements, in der Regel differenziert nach 12 Graden. *Die* statements, in deren Kategorisierung die verschiedenen Experten am meisten übereinstimmen, werden in die endgültige Skala aufgenommen. Das arithmetische Mittel aus der Summe der Expertenurteile über ein statement ergibt dessen Wert auf der endgültigen Skala. Es ist nun möglich, aus der Zustimmung von Befragten zu einem statement (oder dem Mittel der Zustimmung zu verschiedenen), deren Einstellung mittels der Skala zu identifizieren.

Obwohl die Methodologie die Thurstone-Skala vielfach kritisierte, hat ihre Kritik das Prinzip der Einstellungsmessung durch evaluative Rangskalen selbst nie in Frage gestellt. Doch macht eine Verwendung der Thurstone-Skala mindestens zwei höchst problematische Vorentscheidungen, die aus eben diesem Prinzip sich ergeben.

Zunächst sind der Skala nur solche sozialen Orientierungen zugänglich, die überhaupt Wertungen implizieren. Alle Orientierungen, die keine Wertung enthalten, sind allesamt durch nur *ein* Kennzeichen der Skala lokalisiert: den neutralen Nullpunkt. Alle evaluativen Rangskalen setzen ein affektiv bestimmtes Umweltverhältnis handelnder Personen voraus, sie sind ungeeignet zur Differenzierung nicht affektiv besetzter Einstellungen. Ihr implizites Modell ist das konsumierende Individuum in kapitalistischen Warengesellschaften, das Zu- oder Abneigung gegenüber den Gegenständen und Institutionen seiner sozialen Umwelt entwickelt und entsprechend seiner Werthaltung in Aktion – z. B. den Warenkauf – tritt. Dem Objektivitätsanspruch der Skalierungsverfahren sind damit eindeutige Grenzen gesteckt, angesichts der normativen Zwänge der Befragungssituation erhöht ihre Verwendung außerdem die Wahrscheinlichkeit von Ergebnisverzerrungen, die den Verhaltensanforderungen im Warenverkehr mehr angeglichen sind.

Hinzu kommt, daß die Skalen eine Differenzierung der Einstellungen hinsichtlich ihres kognitiven Gehalts nicht zulassen. Dieser erhält gegenüber der evaluativen Komponente von Einstellungen nur sekundären Stellenwert. Ein Arbeiter, der sich aufgrund seiner gesellschaftlichen Lage ständig mit der Notwendigkeit und den Formen einer gewerkschaftlichen Organisierung gegen das Kapital auseinandergesetzt hat, kann auf einer Skala zu »Einstellung gegenüber Gewerkschaften« denselben Wert erhalten wie etwa ein Beamter, der von Gewerkschaftsproblemen allenfalls durch Nachrichtensendungen erfährt und vielleicht eine desinteressierte Sympathie für Gewerkschaften entwickelt hat. Die Skala bringt nicht zum Ausdruck, daß der kognitive Gehalt in der Sozialorientierung beider Personen sich grundsätzlich unterscheidet.

Eine zweite Voraussetzung von Einstellungsskalen, die zunächst an der Technik der Thurstone-Skala verdeutlicht werden soll, ist ein grundlegender Wertkonsensus der Untersuchten: Für die endgültige Skala sind nur statements zugelassen, über deren relativen Wertgehalt die Expertengruppe weitgehende Einigung erzielt hat. Nur dann ist aus der Wahl bestimmter statements durch die Befragten deren Einstufung auf der Skala meßbar. Wenn ein Teil der Experten das statement p der Kategorie 3 (»ziemlich negativ«) und ein zweiter Teil der Kategorie 10 (»sehr positiv«) zuordnet, können in der endgültigen Untersuchung aus den Reaktionen der Befragten keine Schlußfolgerungen über ihre Einstellung gezogen werden. Sie mag sowohl sehr positiv, wie ziemlich negativ ausfallen. Die Regel, nur durch Wertkonsensus ausgezeichnete statements zuzulassen, hat aber ebenso zwangsläufig eine einschneidende Begrenzung der überhaupt zur Skalierung verwendbaren statements zur Folge. Alle statements, in deren Beurteilung verschiedene Befragte etwa aufgrund verschiedener sozialer Stellung, gesellschaftlicher Konflikte oder wegen eines anderen Wahrnehmungsrasters vom erfragten Bereich sozialer Wirklichkeit differieren, können per definitionem nicht in eine Thurstone-Skala aufgenommen werden. Gesellschaftliches Bewußtsein ist ihr nur auf der Ebene homogener Wertungen zugänglich, unter Ausschaltung sozialer Orientierungen, die bis in das Wertsystem hineinreichende soziale Konflikte widerspiegeln. Nur soweit über ein soziales Problem, trotz unterschiedlicher Meinungen, die Wertmaßstäbe der Untersuchten harmonieren, bleibt die Thurstone-Skala anwendbar.

Je mehr nun ein Fragebogen Items enthält, die sich auf inhaltliche Aspekte des erfragten Problems beziehen, desto größer ist die Wahrscheinlichkeit, daß bereits in der kognitiven Erfassung dieser Fragen Wertdifferenzen enthalten sind. So wird eine »Expertengruppe« leicht Einigung über den evaluativen Gehalt des Satzes erzielen »Mir gefällt die Politik der SPD nicht«, während in der Bewertung des Satzes »Die Politik der SPD hat die Erhaltung der gegenwärtigen Wirtschaftsordnung als oberstes Ziel«, je nach politisch-sozialem Hintergrund der »Experten«, erhebliche Differenzen auftreten werden. Nur der zweite Satz betrifft aber ein inhaltliches Problem der SPD-Politik. Das durch die Thurstone-Skala erfaßbare Bewußtsein reduziert sich also auf ein Konglomerat von Affekten und Sentiments, inhaltliche und reflektierte Auffassungen über die soziale Realität bleiben unberücksichtigt. Damit ist die Ausschaltung kognitiver Orientierungen, die an der dimensionalen Gliederung der Skala festzustellen war, auch an der Auswahl zulässiger statements für eine skalierbare Befragung aufzeigbar.

Beispielhaft sei das an einer häufig verwendeten Skala zur Messung von »work satisfaction« verdeutlicht.[9] Ihre 18 statements strukturieren die Einstellung zur Arbeit nach Prädikaten wie »Enttäuschung«, »enjoyment«, »interesting«, »like-dislike«, »enthusiastic«, »dull«, »hobby«. Diese Qualifikationen der Arbeitssituation sind so nichtssagend, daß eine Einigung über ihre relative Bewertung leichtfällt. Mit einer bewußten und differenzierten Einschätzung der Arbeitssituation haben sie nichts zu tun.

Eine versuchsweise Einführung mehr inhaltlich formulierter statements macht deutlich, daß die Beschränkung der Skala auf Stimmungsberichte eine notwendige Konsequenz ihrer Methode ist. So würden folgende Aussagen zur Arbeitseinstellung eine inhaltliche Einschätzung angeben: »Die Tätigkeit von Angestellten ist besser bezahlt und weniger monoton als die Tätigkeit von Arbeitern« – hier wird nach dem für die Arbeitseinschätzung sicher wichtigen Verhältnis zweier

9 Shaw/Wright 1967.

Beschäftigtengruppen gefragt; »Pünktlichkeit, Schnelligkeit und Disziplin sind unentbehrlich für meine Arbeit« (– man kann die Aussage auch mehr differenzieren) – hier werden wichtige Normen kapitalistischer Produktion angedeutet; »während der Arbeit kann man sich nur wenig mit Kollegen unterhalten« – hier wird auf soziale Beziehungen am Arbeitsplatz angespielt. Solche inhaltlich auf die Arbeitstätigkeit bezogenen Aussagen sind wegen des höchst fraglichen Wertkonsensus in eine Thurstone-Skala nicht übernehmbar. So bewerten klassenbewußte Arbeiter die erste Aussage anders und gegensätzlich als Angestellte, die ihr soziales Selbstbild durch Abgrenzung nach unten sichern. Die zweite Feststellung schätzen Arbeiter positiv oder neutral ein, die Arbeits-, Zeitdisziplin und Befehlsstruktur der kapitalistischen Produktion weitgehend verinnerlicht haben, während sie für solche Arbeiter negative Aspekte ihrer Tätigkeit artikuliert, die sich gegen eine Durchsetzung dieser Arbeitsnormen wehren. Die Bewertung der dritten Aussage schließlich hängt von der Geselligkeit der Arbeiter ab.

Eine Untersuchung, die die Thurstone-Skala verwendet, kann also mit geringer Wahrscheinlichkeit Aussagen aufnehmen, die inhaltsbezogene und folglich in ihrer Bewertung eher kontroverse Situationsdeutungen enthalten. Damit erweist sie sich auch als ungeeignet, die unterschiedlichen Sozialorientierungen adäquat zu erfassen, die kontroversen Situationsdeutungen zugrundeliegen. So gelingt es der als Beispiel angeführten Skala nicht, die unterschiedliche Arbeitseinstellung von klassenbewußten zu aufstiegsorientierten Arbeitern, normativ integrierten und nicht integrierten, geselligen und ungeselligen Arbeitern auch nur in annähernder Differenzierung zu ermitteln. Das optimale Ergebnis einer auf ihr fundierten Untersuchung können nur Korrelationsaussagen sein, die etwa eine höhergradige Arbeitszufriedenheit – genauer: mehr positive Reaktionen auf Sätze wie »I find real enjoyment in my job«, »I feel fairly well satisfied with my job« – bei Angestellten, verglichen mit Arbeitern, feststellen. Jede auf alltägliche Beobachtung fußende Untersuchung ist an Differenzierung und Tiefe dem skalierbaren »attitude-research« weit überlegen.

Das geschilderte Dilemma – Skalierbarkeit der Ergebnisse ist nur durch Reduzierung des Objektivitätsgehalts einer Untersuchung erreichbar – trifft nicht speziell die Thurstone-Skala, sondern kennzeichnet die Verfahren der Einstellungsmessung allgemein. Eine vertikale Rangordnung von Beobachtungen auf Skalen setzt ein eindimensionales Kontinuum voraus, in dem die Beobachtungen verglichen und auf der Skala eingetragen werden können. Da die Sozialforschung über kein homogenes Meßkontinuum für alle ihre Gegenstände verfügt, wie etwa die Mechanik, muß sie Meßdimensionen für jeden Gegenstandsbereich neu entwickeln. Für den Bereich menschlicher Auffassungen zu Aspekten ihrer gesellschaftlichen Wirklichkeit wählt die vorherrschende Sozialforschung als Meßdimension die Bewertungsgrade, die sich mit den Auffassungen verbinden. Diese methodische Rahmenentscheidung setzt allerdings voraus, daß man überhaupt allgemeine Bewertungsgrade im Verhältnis von Menschen zu ihrer Umwelt unterscheiden kann. Nur soweit sich das Denken der Untersuchten in abstrakten Wertpräferenzen bewegt, erscheint daher eine Messung von Einstellungen nach ihrer evaluativen Abstufung möglich. Damit nimmt aber die Skalierungstechnik gesellschafts- und bereichsspezifische Merkmale von sozialem Verhalten – etwa bei Käuferentscheidungen im Warenverkehr – für allgemeine Eigenschaften sozialer Orientierungen insgesamt. Das Prinzip, Einstellungen über Bewertungsgrade zu messen, verzerrt so in systematischer Form das untersuchte soziale Bewußtsein. Die frisierten Fragen der Einstellungsskala zwingen die Befragten, über ihre Auffassung zu gesellschaftspolitischen Themen (etwa) so Auskunft zu geben, als ob sie zwischen verschiedenen Autofabrikaten zu wählen hätten.

Wir wollen die gesellschaftlichen Voraussetzungen dieser methodischen Rahmenentscheidung jedoch nicht näher untersuchen und seine ergebnisverzerrenden Konsequenzen nur insoweit aufzeigen, als die Anwendung von Rangskalen mit differentiellen Bewertungsgraden das Dilemma, das wir an der Thurstone-Skala speziell aufgezeigt haben, für Skalierungsverfahren insgesamt verallgemeinert. Zunächst ist, wie gezeigt, diese Meßmethode unfähig, kognitive Differenzierungen gesellschaftlicher Auffassungen zu erfassen, die sich nicht auf der Ebene von Wertpräferenzen abbilden lassen.

Wie steht es nun mit dem zweiten Problem, der Voraussetzung eines fundamentalen Wertkonsensus bei den Untersuchten?
Der Wertungsgrad von Einstellungen ist als Gliederungsprinzip für Skalen nur dann zweckmäßig, wenn man über relativ eindeutige Indizes zur Feststellung der Wertungsgrade verfügt. Sonst gäbe es keine Entscheidungskriterien zur Transformation von Beobachtungen in Meßdaten. Im »attitude research«, der sich überwiegend auf standardisierte Fragebögen stützt, gilt die Zustimmung oder Ablehnung zu ausgewählten Aussagen als Index für Wertungsgrade. Möglichst eindeutige Zuordnung der einzelnen statements des Fragebogens zu Wertungsgraden auf der Skala muß möglich sein. Die Zuordnung von statement und Skalenwert soll mit der ungefähren Bewertung des statements durch die Befragten weitgehend übereinstimmen. Da die evaluative Bewertung eines statements für alle Befragten einheitlich festgelegt werden muß – sonst wäre für jedes untersuchte Subjekt eine neue Skala zu entwickeln –, folgt: Jede Skalierung von Einstellungen setzt einen Konsensus in der Untersuchten-Gruppe über die Bewertung der vorgelegten statements voraus (jedoch natürlich nicht einen Konsensus in Zustimmung oder Ablehnung der statements). Wir können also die an der Thurstone-Skala aufgewiesene Begrenzung des Untersuchungsfeldes auf die Messung von Einstellungen in vertikalen Rangordnungen insgesamt verallgemeinern.

b) Likert-Skala

Der begrenzte Objektivitätsanspruch von Skalierungsverfahren sei jetzt an der Likert-Skala verdeutlicht. Diese Skala beschränkt sich auf statements, die eine entweder ausgeprägt positive oder negative Bewertung des Bezugsobjektes der Einstellung artikulieren. Sie läßt verschiedene Abstufungen in der Antwort zu, z. B. von »uneingeschränkt ja« über »eingeschränkt ja«, »neutral« bis »uneingeschränkt nein«. Sie differenziert also nicht wie die Thurstone-Skala in der Wertabstufung der statements, sondern in den möglichen Reaktionen auf extrem gehaltene statements. Die Summe der Einzelreaktionen auf die statements ergibt dann den Ort der Einstellung des Befragten auf der wertmäßigen Rangordnung der Skala. Auch die Likert-Methode muß einen Wertkonsensus der Befragten-Gruppe über die statements voraussetzen: Die Befragten müssen sich implizit darüber einig sein, daß die einzelnen statements eine entweder extrem positive oder negative Haltung zum erfragten Problem indizieren. So fanden in der »Internationalismus-Skala« von Murphy und Likert folgende zwei Fragen Verwendung, wobei »strong acceptance« als Index einer ausgeprägt internationalistischen Einstellung galt[10]:

»Im Interesse der Erhaltung des Friedens sollten wir gewillt sein, absolut alle Differenzen mit anderen Nationen, die nicht auf diplomatischem Wege ausgeräumt werden können, vor ein Schiedsgericht zu bringen.«

»Jemand, der seine Mitmenschen liebt, sollte sich weigern, in irgendeinem Krieg mitzumachen, gleich wie ernst die Folgen für sein Land sind.«

Beide Fragen versprechen nur dann gültige Ergebnisse, wenn die Befragten einheitlich die Zustimmung zu ihnen als positive Bewertung einer internationalistischen Haltung auffassen. Das ist durchaus nicht garantiert. So können Angehörige einer klassenbewußten Sozialbewegung die Instanz eines internationalen Schiedsgerichtes ablehnen, weil sie in ihm die internationale Allianz der herrschenden Klassen sehen, nicht aber eine Repräsentation der internationalen Arbeiterklasse. Die Ablehnung des statements ist dann kein Index für Nationalismus. Ebenso kann die Ablehnung der zweiten Frage durch die Meinung motiviert sein, daß Kriege weniger Konflikte zwischen Nationen, sondern vielmehr internationale Konflikte nationaler herrschender Klassen oder zwischen diesen und unterdrückten Klassen sind. Vertreter dieser Auffassung können das statement ablehnen und dennoch internationalistisch eingestellt sein. Sind vietnamesische Bauern deshalb nationalistisch, weil sie den Kampf der FNL gegen den Imperialismus und seine einheimischen Vertreter unterstützen, und sind sie internationalistisch, wenn sie die imperialistische Herrschaft den Risiken eines Befreiungskrieges vorziehen?

Auch die Likert-Skala läßt sich also nur dann ohne offensicht-

10 Shaw/Wright.

liche Verfälschungen verwenden, wenn die Befragten im Wertsystem, das statement und erfragte Einstellung verbindet, übereinstimmen. Soweit dieser Konsensus nicht besteht, scheitert eine Messung von Einstellungen durch die Likert-Skala. Indirekt kann das an der Praxis der Vortests verdeutlicht werden, die zur Aufstellung einer Likert-Skala durchzuführen sind. In den Vortests werden für die Gruppe der am meisten positiv und für die Gruppe der am meisten negativ Anwortenden die Gesamtresultate für die Einzelfragen jeweils gesondert mit der Gesamtsumme der Resultate aller übrigen Fragen korreliert. Alle Fragen, die keine oder nur geringe Korrelationen mit der Restsumme aufweisen, werden aus dem endgültigen Fragebogen eliminiert. Bei ihnen handelt es sich entweder um statements, die zum Einstellungsobjekt keine Beziehung haben, oder eben um statements, die von den Befragten nicht einheitlich auf die erfragte Einstellung bezogen werden.

Vor allem aber muß die Verwendung der Likert-Skala mit Antwortstreuungen rechnen, die eindeutige Plazierungen der Einstellungen auf der Skala nicht zulassen. Die Beobachtungsergebnisse werden auf dem eindimensionalen Wertkontinuum der Skala von »extrem positiver« bis »extrem negativer« Einstellung eingetragen. Problematisch ist dabei die Identifikation gemäßigter Einstellungen – gleiche Endresultate für einzelne Befragte können aus grundverschiedenen Einzelantworten resultieren. Nehmen wir einen Fragebogen mit 5 statements an, auf den 5 (»+ +«) bis 1 (»– –«) bewertete Antwortalternativen vorgesehen sind. Zwei Befragte A und B erzielen dasselbe Ergebnis: »18«, ihnen kann also gleichwertig eine gering positive Einstellung zum erfragten Problem zugesprochen werden. Aufgeschlüsselt nach den einzelnen Antwortreaktionen ergibt sich aber für A die Wertreihe »4, 4, 4, 3, 3« und für B »1, 5, 2, 5, 5«. Während also A konsistent leicht positive bis neutrale Antworten gibt, reagiert B wechselnd entweder extrem zustimmend oder extrem ablehnend. Bei derart grundlegenden Differenzen der Antwortmuster erscheint es kaum berechtigt, A und B, wie nach den Verwendungsregeln der Likert-Skala zwangsläufig, denselben Einstellungswert zuzusprechen.

Man kann dieses Dilemma zwar vermeiden, indem man in

Vortests nur solche Skalen auswählt, die eine durchgängige Einheitlichkeit der Antwortmuster garantieren; doch wird damit erstens die Zahl möglicher statements, folglich die Objektivität der Datenermittlung (Breite und Tiefe) eingeschränkt. Zweitens wird dann die Verwendung einer Fragen*batterie,* die für Skalierungsverfahren kennzeichnend ist, zunehmend sinnlos: Bei hinreichender Einheitlichkeit der Antworten auf verschiedene statements genügt die Beschränkung auf eine oder zwei Fragen vollauf. Die Likert-Skala arbeitet aber gerade mit *mehreren* statements, um verschiedene Aspekte der erfragten Einstellung zu erfassen. Ihr immanenter Widerspruch besteht darin, daß sie durch einfache Summierung der Einzelantworten die Differenzierung der Einstellung in Teilaspekte wieder übergeht. Entweder versucht sie, innere Differenzierungen zu ermitteln – dann muß sie auf das Additionsprinzip, folglich auf eindimensionale Skalierung, verzichten; oder sie orientiert sich konsequent an der eindimensionalen Skalierung, dann wird die Verwendung von Summenskalen tendenziell funktionslos und durch Einzelfragen ersetzbar.
In methodologischen Handbüchern wird die Schwierigkeit der Likert-Skala (und der Thurstone-Skala), daß ihr eindimensionales Kontinuum eine Unterscheidung differenten Antwortverhaltens häufig nicht zuläßt, meist heruntergespielt. So stellt sie nach Selltitz u. a. »nicht notwendig ein so großes Unglück dar, wie es zunächst aussehen mag«. Häufig könne man differente Antwortmuster auf Zufallschwankungen oder den Einfluß einstellungsfremder Faktoren zurückführen, d. h. insgesamt als Beobachtungsfehler behandeln, die eben durch eine Fragen-Batterie neutralisiert werden können. Erst im konkreten Untersuchungsfall lasse sich bestimmen, »wann die Tatsache, daß derselbe Punktwert auf verschiedenen Wegen erreicht wurde, Folgen für die Bedeutung der Wertung hat und wann nicht«. Als allgemeine Richtlinie geben die Verfasser an, es handle sich »letztlich« bei diesem Problem um »eine Frage der Validität« – offenbar der Validität der Skala. Und sie schließen mit der Selbstgewißheit von Praktikern: »Validitätsfragen enthalten immer Tatsachenfragen, die mit Schreibtischargumenten nicht zu lösen sind.«[11]

11 Selltitz u. a. 1972, II, S. 167/8.

Wie ist diese Argumentation zu beurteilen? Die Annahme, die Gleichzeitigkeit äquivalenter »scores« und differenter »response pattern« sei häufig durch »Zufallsschwankungen« und »fremde Gesichtspunkte« verursacht, erinnert an Coombs Bemerkung, daß Abweichungen von der aufgesetzten Ordnung der Skala meist als Beobachtungsfehler interpretiert werden statt als Unzulänglichkeit des Meßsystems selbst. Die defensive Funktion der Annahme ist schon aus ihrer Inkonsequenz ablesbar. Wenn die Differenz von Antwortmustern als Zufallsschwankung gedeutet wird, ist es erst recht Zufall, daß diese Schwankungen sich gegenseitig auspendeln und bei verschiedenen Personen im Endresultat zu demselben Ergebnis führen. Laut jeder einfachen Wahrscheinlichkeitsrechnung muß den ausgependelten Zufallsschwankungen ein Vielfaches an Schwankungen entsprechen, die gerade zu abweichenden Endergebnissen führen. Aus der Gültigkeit der Annahme folgt also eine vervielfacht auftretende Verfälschung derjenigen Ergebnisse durch Zufallschwankungen, die in der Auswertung der Fragebögen verschiedene Ergebnisse (Summen aus den Einzelantworten) darstellen. Damit wird aber die Zuverlässigkeit der Skala erst recht fragwürdig.
Die Zurückführung des Problems auf eine Frage der Validität schließlich löst überhaupt nichts. Zunächst sind Validitätsfragen keine Tatsachenfragen, die auf dem Wege empirischer Überprüfung lösbar sind. In die Entscheidung über die Gültigkeit einer Skala gehen ein normativ geprägtes Vorverständnis der Sozialforscher oder ebenso normative Urteile von »Experten« ein, mit einem Prozeß empirischer Bestätigung oder Widerlegung von Aussagen hat sie wenig zu tun. Angesichts des normativen Charakters von Validierungen und angesichts der Legitimationszwänge einer mit Meßskalen arbeitenden Datenermittlung ist damit zu rechnen, daß auftretende Antwortstreuungen als zufällige Beobachtungsfehler, kaum aber als Resultat einer ungültigen Skala gewertet wird. Dem Vorschlag einer praktizistischen Lösung ist außerdem entgegenzuhalten, daß zunächst nicht die Gültigkeit einzelner Skalen, sondern die Adäquatheit einer Einstellungsmessung mit der Likert-Methode überhaupt zur Debatte steht.
Die Kritik der Likert-Methode muß noch im Lichte der These beurteilt werden, daß das Postulat der Meßbarkeit den

Objektivitätsgehalt sozialer Beobachtungen einschränkt. Die Likert-Skala ist gezwungen, die Sozialorientierungen von Personen auf ein eindimensionales Wertkontinuum zu ordnen, selbst wenn das Ordnungsschema der Struktur der untersuchten Orientierungen nicht entspricht. Warum soll eine Einstellung zu einem Problem x nicht durch vielfältige Aspekte bestimmt sein, die sich in einem eindimensionalen Wertkontinuum nicht abbilden lassen? Warum sollen untersuchte Subjekte überhaupt eine einheitliche Haltung zu x einnehmen, statt entsprechend seinen verschiedenen Aspekten eine jeweils andere Haltung?

In der Skalierung von Einstellungen à la Likert stellen sich diese Fragen konkret, wenn Differenzen im Antwortmuster der Befragten von der eindimensionalen Rangordnung der Skala nicht diskriminiert werden. Die als gemäßigt oder neutral klassifizierten Einstellungen können eine ausgesprochen ambivalente oder widersprüchliche Haltung widerspiegeln, die sich eindeutiger Bewertung sperrt; sie können auf Desinteresse oder Gleichgültigkeit gegenüber dem erfragten Objekt basieren, also überhaupt nicht durch Bewertungsgrade erfaßbar sein; sie können eine ausgebildet heterogene und vieldimensionale Struktur haben, sich also der Plazierung auf eindimensionalen Rangordnungen entziehen; schließlich ist es möglich, daß sie einen bestimmten, weder ambivalenten noch heterogenen, noch durch Abwesenheit von Bewertung gekennzeichneten Einstellungsgrad anzeigen. Eine mit der Likert-Skala arbeitende Datenermittlung zieht nur die zuletzt genannte Alternative in Betracht; ambivalente, heterogene und wertneutrale Einstellungen kann sie nicht erfassen.

Verzerrungen und Beschränkungen der Untersuchung sozialen Bewußtseins sind also bei Verwendung der Thurstone- wie der Likert-Skala unvermeidbar. Diese Skalen eignen sich nur zur Einstellungsmessung bei Personen, die gelernt haben, ihre Haltung zu sozialen Problemen, Institutionen, Gruppen nach unilinearen Wertpräferenzen abzustufen. Die Gliederung der gesellschaftlichen Umwelt nach abstrakten, vom thematischen Inhalt gelösten Wertschätzungen ist aber sicher kein allgemeines Merkmal menschlicher Sozialorientierungen. Eher ist zu vermuten, daß sie erst in Warengesellschaften auftritt und hier vom Bereich des Warenverkehrs im engeren Sinn sekundär auf die Sichtweise gesellschaftlicher Probleme insgesamt übertragen wird. Die Verfahren der Einstellungsmessung passen sich diesem integrativen Trend sozialen Bewußtseins voll an; soweit aber soziale Erfahrungen und Deutungen der Regel der Wertabstraktion nicht unterliegen oder diese sogar explizit sprengen, sind diese Meßsysteme ungeeignet und, wo sie dennoch angewendet werden, zur verfälschenden Umdeutung sozialen Bewußtseins gezwungen.

Die Kritik der Skalierungsverfahren hat die evaluative Verkürzung sozialen Bewußtseins und den Verlust an kognitivem Gehalt durch die Messung herausgestellt. Um beides in Voraussetzungen und Konsequenzen besser zu beurteilen, ist es nützlich, die Einführung des Prinzips der Einstellungsmessung durch den Skalentechniker Thurstone zu durchleuchten. Thurstone hat in einer Vielzahl von Aufsätzen sein Skalierungsverfahren dargelegt, an Untersuchungsfällen angewendet und wissenschaftstheoretisch zu rechtfertigen gesucht.[12] Die jahrzehntelange Monotonie seiner Argumente ist übrigens ein Glanzstück positivistischer Einfallslosigkeit. Thurstone vertritt die These, daß Psychologie und Sozialwissenschaften erst durch Mathematisierung ihrer Untersuchungsmethoden die Stellung einer anerkannten Wissenschaft erreichen. Dabei müssen die mathematischen Kalküle als Denkorientierungen vom Psychologen verinnerlicht werden – »as the very language in which he thinks«[13]. Eine Bedingung dazu ist die konsequente Abstinenz der Psychologie – und Soziologie – von engagierten gesellschaftspolitischen Aktionen und Stellungnahmen, sonst können sie nicht auf professionelles Prestige (!) rechnen.[14]

Als hervorragende Verwirklichung dieser abstinenten Denkaskese durch mathematische Kalküle gelten die Verfahren zur Messung von Einstellungen. Thurstone sieht nun, im Gegensatz zu späteren Apologeten der Verfahren, daß ihre Verwendung den erfaßbaren Bereich an sozialem Bewußtsein erheblich begrenzt. Da Messung ein lineares Kontinuum erforderlich macht, kann die Meßtechnik Einstellungen nur hinsichtlich eines Merkmals vergleichen. Als dieses Merkmal legt

12 Thurstone 1959.
13 Thurstone, S. 10.
14 A.a.O., S. 194.

Thurstone die Intensität der affektiven Wertschätzung (affective appraisal) fest. Die damit zwangsläufige Restriktion mache aber die Meßverfahren keineswegs wertlos. Sie gilt nämlich für jede Form von Messung: So sind Tische und Menschen zwar komplexe Gegenstände, die Naturwissenschaft mißt sie dennoch erfolgreich in nur einer Merkmalsdimension. Tische und Menschen vergleicht man etwa hinsichtlich ihrer Größe oder ihres Gewichts (Menschen auch nach der Höhe ihres Blutdrucks). Die Auswahl des gemessenen Merkmals hänge vom Kontext ab – Thurstone meint wohl die wissenschaftliche Funktion der Datenermittlung.

Niemand würde trotz dieser Restriktionen bestreiten, daß die naturwissenschaftliche Datenermittlung wichtige Erkenntnisse vermittelt. Darum läßt sich auch die Anwendung von Meßtechniken in der Untersuchung von »attitudes« verteidigen. Sie könne sich im übrigen auf Merkmale alltäglicher Verständigung stützen, in der man auch bestimmte Personen als mehr oder weniger »pazifistisch« oder »nationalbewußt« einstuft. Die Einstellungsmessung verallgemeinert nur dieses Merkmal alltäglicher Sozialorientierung im Prinzip der eindimensionalen Skala.[15]

Diese Argumentation Thurstones ist ein Nest von Scheinrechtfertigungen, und sie legt gleichzeitig die Ärmlichkeit der Skalierungsverfahren ungewollt dar. Die Messung von Tischen ist höchstens für die Kriminologie, sicher nicht für die Physik interessant, aber man kann das Beispiel auch an Farben oder chemischen Stoffen durchspielen. Thurstone ignoriert dabei konsequent, daß eine Messung für bestimmte Forschungsfragen instruktiv sein muß. So lohnt sich die Messung eines unbekannten chemischen Stoffes, um sein spezifisches Gewicht zu bestimmen, und der Sozialforscher kann dementsprechend Einstellungen messen, um sie hinsichtlich ihres affektiven Grades zu vergleichen. Der entscheidende Unterschied ist aber, daß die Sozialforschung mit anspruchsvollen Skalierungstechniken wie der Thurstones *ausschließlich* affektive Abstufungen bestimmen kann. Thurstone legt diese selbst als Meßkontinuum fest. Die quantifizierende Sozialforschung wird also in endloser Eintönigkeit Zu- und

15 A.a.O., S. 219, 296.

Abneigung von Personen zu bestimmten Objekten oder Themen messen. Für den Verkauf von Waren oder die Feststellung der Attraktivität von Kandidaten für eine Wahl mag das noch instruktiv sein, gemessen am Anspruch einer detaillierten wissenschaftlichen Untersuchung sozialen Bewußtseins wird dieser Ansatz völlig inhaltsleer.

Daran ändert auch die Berufung auf alltägliche Sozialverständigung nichts, die Thurstone als Zusatzargument vorbringt. Zunächst ist auch ein alltäglicher Vergleich von Personen als mehr oder weniger »pazifistisch«, mehr oder weniger »nationalbewußt« wenig erhellend. Vor allem aber bleiben diese Vergleiche gebunden an eine selektive Deutung der komplexen Einstellungen »pazifistisch«, »nationalbewußt« durch die vergleichenden Personen. Es sind Vergleiche in bestimmter Hinsicht, die keine Verallgemeinerung zu Vergleichen beliebiger Personen zulassen. Wenn Walter Franz-Joseph als stärker nationalbewußt denn Willy einstuft, bezieht er sich auf ein besonderes Vergleichsmerkmal, z. B. die Gegnerschaft von Franz-Joseph zu internationaler Entspannungspolitik. Würde Walter die Haltung der beiden zu den internationalen Ölkonzernen vergleichen, wo Willy vielleicht die Enteignung der internationalen Zweigstellen der Konzerne fordert, müßte er Willy ein höheres Nationalbewußtsein zusprechen. Ebenso könnte er Willy für mehr nationalbewußt als Helmut, diesen für weniger nationalbewußt als Franz-Joseph und letzteren für mehr nationalbewußt als Willy bezeichnen, wenn er sich jeweils auf verschiedene Einstellungsmerkmale der drei bezieht.

Im Meßkontinuum der Skalierungstechnik wäre dieses Vergleichsverhalten eindeutig ein Widerspruch. Logisch gesehen verletzt es die Regeln der Transitivität und Nichtumkehrbarkeit von Meßvergleichen. Inhaltlich gesehen liegt dem Meßkontinuum die Idee generalisierter Vergleiche zugrunde, die von bestimmten und variierenden Begriffsmerkmalen abstrahiert. Diese Generalisierung ist der entscheidende Unterschied alltäglicher Einstellungsvergleiche zu wissenschaftlicher Einstellungsmessung. Die Messung reduziert ihren Objektbereich zunächst auf Bewertungsgrade und trennt diese zusätzlich von den inhaltlichen Merkmalen der Einstellung ab, auf die sie im Alltagswissen bezogen bleiben. Sie behandelt soziales Bewußtsein als Wertabstraktion, das eine vage definierte Einstellung zum einzigen inhaltlichen Bezugspunkt hat. Wir wollen hier absehen von der Analogie zur Wertabstraktion in Warengesellschaften, die bestimmte Gebrauchswerte einer Ware zugunsten ihres abstrakten Tauschwerts zurückstellt. Für die Kritik des Prinzips der Einstellungsmessung ist die Feststellung ausreichend, daß der ihr zugängliche Bereich von sozialem Bewußtsein an Inhaltslosigkeit selbst hinter undifferenzierte Wertvergleiche in alltäglicher Verständigung zurückfällt.

Thurstone illustriert mehrfach den Einstellungsbegriff der Skalierungstechnik an einem entlarvenden Beispiel.[16] Mit ihm will er demonstrieren, daß für die Messung von Einstellungen der kognitive Gehalt, den die Untersuchten mit der Einstellung verbinden, völlig gleichgültig ist. Angesichts des reaktionären Umschwungs der amerikanischen Soziologie und Psychologie in der Weltwirtschaftskrise kann Thurstone für seine Vorträge mit einem offen antikommunistischen Publikum rechnen. Er wählt daher »Einstellung zum Kommunismus« als Beispiel und nimmt an, daß dem anwesenden Zuhörerkreis eine skalierte Liste von statements zu diesem Thema vorgelegt wird. Er setzt voraus, daß die überwiegende Mehrheit der Antworten eine entschiedene Ablehnung des Kommunismus zu erkennen gibt. Nun sollen die Zuhörer anschließend die »Doktrinen« des Kommunismus, also ihr inhaltliches Verständnis vom Thema, darlegen. Thurstone wäre nicht erstaunt, wenn ein großer Teil überhaupt nicht weiß, welche Ideen der Kommunismus vertritt, und wenn der Rest ausgesprochen vage und unterschiedliche Antworten gibt. Aber dadurch werde die Gültigkeit der vorangegangenen Einstellungsmessung keineswegs in Frage gestellt, denn das inhaltliche Verständnis des Themas sei von der gemessenen Wertung völlig unabhängig: »your vageness in supplying cognitive detail does not in the least invalidate your expression of attitude«. Gleichgültig, ob Meinungsdifferenz und völlige Unkenntnis über »Kommunismus« vorliegt – »you might all agree that it is bad, that those who subscribe to such a symbol should be sent to jail, and that such doctrines should be kept out of the country.«

16 A.a.O., S. 302, 187/8.

Dieses Beispiel macht die kognitive Verkümmerung des Einstellungsbegriffs der quantitativ verfahrenden Sozialforschung deutlich sowie ihr politisches Ziel, die Untersuchten in einer affektiven und inhaltlich nicht mehr auszuweisenden Ablehnung gesellschaftlicher Alternativen zu vereinigen. Indem ihr quantitativer Ansatz soziales Bewußtsein auf Grade affektiver Zu- und Abneigung verkürzt, engagiert sich die Sozialforschung, die gerade so streng wertneutral zu verfahren meint, politisch eindeutig integrativ.

c) Skalogramm-Analyse

Das dritte bedeutende Verfahren zur Messung von Einstellungen, die Skalogramm-Analyse Guttmans, unterscheidet sich nicht prinzipiell von der Differential- und Summenskala. Sie treibt nur den verkürzten Untersuchungsansatz der Skalierung auf die Spitze, indem sie die Forderung nach eindimensionaler Gliederung der Einstellungen weiter verschärft. Guttman reagierte damit auf das Dilemma von Likert und Thurstone, verschiedene Antwortmuster entweder als Index derselben Einstellung oder als Meßfehler interpretieren zu müssen. Zur Lösung arbeitete Guttman eine Skalierung aus, die eindeutig den wechselseitigen Schluß von Antwortmustern auf Einstellungswerte *und umgekehrt* zuläßt. Einstellungswert und Antwortmuster sind in den so gebildeten Skalen eineindeutig zugeordnet.[17]

Um eine wertmäßige Rangordnung der Meßresultate zu ermöglichen, radikalisierte Guttman ein Prinzip der Fragebogengliederung, das bereits der Thurstone-Skala zugrunde liegt. Thurstone nahm an, daß die Reaktionen auf eine wertmäßig abgestufte Fragenfolge direkt eine Plazierung der Befragten auf der Einstellungsskala zulassen muß. Doch kann seine Skala verschiedene Antwortmuster – wie Likert – in der Auswertung nicht adäquat berücksichtigen. Guttman umgeht dieses Problem, indem er die statements einer Skala in einer streng kumulativen Reihenfolge gliedert. Formal erfüllt die Skala damit folgende Eigenschaft: Wenn eine Person einem statement d zustimmt, so schließt das eine Zustimmung zu

17 Guttman 1950.

sämtlichen statements e, f, ... ein, deren evaluativer Grad geringer ist als der von a, und schließt gleichzeitig eine Ablehnung aller statements a, b, ... aus, deren evaluativer Grad d übersteigt. Die statements a, ..., f, ... bilden also eine Reihe derart, daß eine Bejahung von a die von b, ..., f, ... einschließt, eine Bejahung von b die von c, ..., f, ... usw. Ein kumulativ gegliederter Fragebogen spiegelt dann direkt die axiomatischen Eigenschaften des Meßsystems wider, da erstens jedem Antwortmuster eindeutig ein bestimmter Skalenwert entspricht (Galtungs »principle of classification«) und zweitens die Fragen in einer eindimensionalen Rangordnung gereiht sind (Transitivitätsregel).

Die Bildung einer Guttman-Skala erfordert differenzierte Vortests, die aus einer Menge an statements die Teilmenge der kumulativ gegliederten Elemente auswählen und gleichzeitig die sozialen Merkmale der Untersuchtengruppe näher bestimmen, deren Antwortverhalten der kumulativen Rangordnung der statements genügt. Damit begrenzen die Vortests den Anwendungsbereich einer Guttman-Skala einschneidend. Während die Thurstone- und Likert-Skala Sozialorientierungen von mehrdimensionaler Struktur im Sinne ihres Meßsystems umdeuten, schaltet die Guttman-Skala mehrdimensionale Einstellungen von vornherein aus. Sie löst keine der Schwierigkeiten, die aus dem Prinzip der evaluativen Rangskala resultieren. Durch ihre eingestandene Beschränkung auf eindimensionale Einstellungen vermeidet sie lediglich mit größerer Wahrscheinlichkeit verfälschende Wirkungen dieses Prinzips. Weder ist sie zur Erfassung ambivalenter und komplexer Einstellungen noch zur Unterscheidung kognitiver Differenzierungen fähig.

Auch setzt ihre Anwendbarkeit einheitliche Wertmaßstäbe der untersuchten Subjekte voraus. Damit statements in eine kumulative Rangordnung passen, muß die zugrunde liegende Werthierarchie von den Subjekten der untersuchten Stichprobe einheitlich akzeptiert sein. Soweit der relative Rang einzelner statements bei den verschiedenen Subjekten signifikant wechselt, sind die statements aus der Skala zu entfernen. Damit mißt sie nur in solchen Untersuchungsbereichen, für die ein fundamentaler Wertkonsensus der Untersuchten angenommen werden kann. Allerdings ist die Skala gerade wegen

ihrer größeren Rigidität weniger oft auf inhaltsleere Affektäußerungen als die Thurstone-Skala angewiesen. Vielfach kann sie sich auf normative Rangordnungen stützen, die durch soziale Verhaltensregeln gegenüber dem Objekt der Einstellung festgelegt sind.
Ein klassisches Beispiel dafür ist die Bogardus-Skala der sozialen Distanz. Sie mißt Einstellungen gegenüber ethnischen Gruppen, Minderheiten usw. an der Bereitschaft der Befragten, bestimmte soziale Aktivitäten mit Mitgliedern der fraglichen Gruppe einzugehen. Diese Aktivitäten sind abgestuft nach Graden der sozialen Intimität: unten rangiert die Bereitschaft, gemeinsam in einem Land mit der Gruppe zu leben; in der Mitte, Gruppenmitglieder als Arbeitskollegen zu akzeptieren; oben die Bereitschaft, einen oder eine Gruppenangehörige zu heiraten. Die Aktivitäten lassen sich deshalb in eine kumulative Ordnung bringen, weil ihre graduelle Abstufung durch gesellschaftsspezifische Regeln sozialen Verkehrs gesetzt ist. Wo das nicht zutrifft, scheitert die Anwendung eindimensionaler Meßtechniken. So haben vermutlich in Westeuropa Angestellte gegen Ausländer als Arbeitskollegen wenig einzuwenden, zu ihnen als mögliche Heiratspartner aber erhebliche Barrieren, während Arbeiter zwar Ausländer weniger als Arbeitskollegen akzeptieren, jedoch geringere Sperren gegen eine Heirat haben. Hier durchkreuzt also die schichtspezifische Variabilität von Verhaltensregeln eine konsistente Anwendung der Bogardus-Skala.

Fassen wir die Kritik zusammen: Die Verwendung der drei wichtigsten Verfahren zur Einstellungsmessung hat durchweg zur Folge eine Einschränkung des Objektivitätsanspruchs der Sozialforschung im Sinne »realitätshaltiger«, »breiter« und »tiefer« Datenermittlung. Sie erfassen soziale Orientierungen nur hinsichtlich ihres affektiven Wertgehalts, nicht hinsichtlich ihrer kognitiven Differenzierungen. Aufgrund des erforderlichen Konsensus über die wertmäßige Einordnung der statements muß sich der Fragebogen in der Regel auf affektiv besetzte statements mit geringem kognitiven Gehalt beschränken. Einstellungen mit ambivalentem evaluativen Gehalt sind durch die auf eindeutige Lokalisierung zielenden Skalen nicht ausreichend erfaßbar. Einstellungen von multidimensionaler Struktur werden entweder linear verfälscht oder von vornherein aus einem Meßsystem ausgeschaltet, das nur auf eindimensionale Werthaltungen zugeschnitten ist. In der Untersuchung gesellschaftlichen Bewußtseins führt also die Verwendung von Meßsystemen zur Verfälschung und Verkürzung der Datenermittlung. Die Intersubjektivitätsnorm »Präzision« und »Meßbarkeit« steigert nicht den Objektivitätsgehalt von Beobachtungen, sondern reduziert ihn.

IV. »Gesellschaftsbewußtsein« in der Sozialforschung

1. Methodische und gesellschaftspolitische Bezüge des Begriffs »Einstellung«

Die Verwendung standardisierter Fragebögen in der Datenermittlung und von Skalierungsverfahren bei deren Auswertung bedingt eine Verkürzung und Verzerrung des Objektivitätsgehalts von Sozialuntersuchungen. Die weitgehend verbindlichen Normen wissenschaftlicher Intersubjektivität schränken Aussage- und Wahrheitsgehalt der Ergebnisse ein. Der Anspruch, durch Forschungsinterviews objektive (im Sinn von situationsunabhängigen) Daten zu gewinnen, erwies sich generell als unhaltbar; speziell wurde der ergebnisbestimmende Einfluß der individualisierten Befragungssituation und der Autoritätsbeziehung zwischen Befrager und Befragten herausgestellt.
Obwohl die Begrenzungen von Forschungsinterviews, standardisierten Fragebögen und Skalierungsverfahren auf der Hand liegen, werden sie in der empirischen Sozialforschung weitgehend verdrängt. Teilweise erklärt sich diese Verdrängung durch die arbeitsteilige Trennung zwischen der Anwendung von Forschungsmethoden und ihrer wissenschaftstheoretischen Reflexion, welche die Praktiker methodologisch blind und die wissenschaftslogische Bewertung der Untersuchungsmethoden inhaltsleer macht. Diese Erklärung ist natürlich unzureichend. Sie soll in folgendem durch Analyse eines zentralen Begriffs der sozialpsychologischen Theorie ergänzt werden, der den Gegenstandbereich von Forschungsinterviews und Skalierungstechniken in bestimmter Weise vorstrukturiert. Die Vorstrukturierung – so der beabsichtigte Nachweis – erfolgt so, daß im Lichte der sozialpsychologischen Theorie solche Untersuchungen, die sich der Interviewtechnik, standardisierter Fragebögen und Meßskalen bedienen, scheinbar durchaus angemessen gesellschaftliches Bewußtsein erfassen. Das Begriffsystem einer bestimmten Theorie, die für die integrative Sozialforschung orientierend ist, gibt also der methodischen Praxis derselben Sozialfor-

schung eine legitimierende Selbstinterpretation und sichert sie damit vor einer Kritik ihres Anspruchs auf soziale Wirklichkeitserkenntnis ab.
Die Analyse des sozialpsychologischen Einstellungsbegriffs erfolgt nicht nur in der Absicht, die Rechtfertigung einer Methodenpraxis durch das Begriffsystem einer Theorie zu verdeutlichen. Gleichzeitig soll an zwei Beispielen gezeigt werden, wie die bisher geführte Methodenkritik erweitert werden müßte. Die versuchte Kontrastierung der wissenschaftstheoretischen Rechtfertigung bestimmter Untersuchungsformen mit Implikationen ihrer forschungspraktischen Durchführung bleibt insofern problematisch, als sie einen immanenten Begründungszusammenhang wissenschaftlicher Methoden unterstellen könnte. Allein angesichts des gegenwärtigen Standes wissenschaftshistorischer Analysen muß man bezweifeln, daß Untersuchungsmethoden aus wissenschaftsinternen Gründen sich durchsetzen oder scheitern.[1] Die Methodenkritik ergab denn auch, daß die diskutierten Verfahren für Versuche sozialtechnischer und ideologischer Stabilisierung spätkapitalistischer Klassenherrschaft hervorragend geeignet sind. Sie zeigte etwa, wie die individualisierte Situation des Einzelinterviews und dessen autoritäre Lenkung durch den Befrager Strukturen des Kommunikationssystems im Spätkapitalismus und bestimmte Anforderungen an ein integratives Sozialverhalten übernimmt. Ebenso war ein Zusammenhang der evaluativen Verkürzung sozialer Orientierungen durch Meßskalen zu konformen Verhaltensweisen in Warengesellschaften aufweisbar. Die Richtung einer wissenschaftshistorischen Erklärung der Durchsetzung sozialwissenschaftlicher Untersuchungsmethoden ist damit vorgezeichnet. Um sie zu präzisieren, soll die Analyse des Begriffs der »attitude« um eine exemplarische Studie seiner gesellschaftspolitischen Hintergründe ergänzt werden (1.2).

1.1 Theorie als Rationalisierung bornierter Untersuchungsmethoden

Forschungsinterview und Skalierungsverfahren haben als bevorzugten Gegenstandsbereich die Auffassungen und Stel-

1 Zuletzt: Böhme/van den Daele/Krohn, 1972/3.

lungnahmen von Menschen zu Themen und Situationen ihrer sozialen Lebenswelt. Dieser Gegenstandsbereich wird durch die sozialpsychologische Theorie begrifflich vorstrukturiert. So wie die klassische Mechanik mit Begriffen wie »Kraft«, »Masse«, »Geschwindigkeit« den Untersuchungsbereich kontrollierter physikalischer Beobachtungen absteckte, so legt der Begriff der »Einstellung« oder »attitude« den Bereich fest, in dem das soziale Bewußtsein von Menschen wissenschaftlich untersucht werden soll. Zuerst haben Thomas and Znaniecki die Aufgabe der Sozialpsychologie als »the scientific study of attitudes« formuliert[2], wobei sie allerdings von der gegenwärtigen Forschungspraxis abweichende methodische Prinzipien befürworteten. Seit der Durchsetzung von Befragungs- und Skalierungstechniken konzentrierte sich die Sozialforschung, soweit ihre Erhebungen auf subjektive Daten gerichtet sind, auf die Erfassung von »attitudes«.

So bestimmte die für die Industriesoziologie wegweisende Studie *Management and the Worker* die Interviewtechnik als das Mittel »of obtaining implicit evaluations of an environment made by the person interviewed.«[3] Wie noch zu sehen, übernahm sie damit die evaluative Verkürzung als definierendes Merkmal sozialer Orientierungen. Die gleichfalls für die spätkapitalistische Sozialforschung bahnbrechende Untersuchung *The American Soldier* analysierte hauptsächlich Einstellungen von Soldaten und entwickelte zu diesem Zweck »Skalogramm-Techniken«, deren Grundzüge wir mit der Guttmans-Skala kennengelernt haben. Übersichten zu empirischen Untersuchungen aus letzten Jahren ergeben, daß sich ihre überwiegende Mehrheit auf die Erfassung von Einstellungen konzentriert.[4] Theoretisch fassen Krech/Crutchfield die Orientierungen handelnder Personen über ihre natürliche und soziale Umwelt im Begriff der »attitude« zusammen.[5] Es liegt darum nahe, an der Bedeutung dieses Begriffs die Leitvorstellungen der Sozialforschung über soziales Bewußtsein zu explizieren.

Wie strukturiert der Begriff »attitude« den Untersuchungsbe-

2 Thomas/Znaniecki, *The Polish Peasant*, 1918.
3 Roethlisberger/Dickson, S. 270.
4 H. Hartmann, 1970, S. 57 ff.
5 Krech/Crutchfield, Teil I und II.

reich »soziales Bewußtsein« vor? Obwohl sich die Sozialpsychologie nicht auf eine offizielle Definition festgelegt hat, kann man sowohl aus den theoretischen Explikationen des Begriffs als auch aus seinem wissenschaftspraktischen Gebrauch folgenden impliziten Bedeutungsgehalt herausarbeiten[6]:
Unter einer Einstellung versteht die Sozialpsychologie entweder eine mentale Beziehung zwischen einem Subjekt und einem in dieser Beziehung thematisierten Aspekt der sozialen Lebenswelt des Subjekts oder, sofern eine behavioristische Theorie leitend ist, die Disposition eines Subjekts, auf Aspekte seiner Umwelt in besonderer Art zu reagieren. In jedem Fall sind Individuen Träger der Einstellung und festgelegte Objekte in dessen sozialer Umwelt ihr Bezugspol.
Haltungen, deren thematischer Bezug dem individuellen Träger selber nicht klar sind, gelten nicht als Einstellungen. Ebenso darf die mentale Beziehung oder Verhaltensdisposition nicht nur momentan existieren, sie überdauert zeitlich begrenzte Situationen, ohne deshalb unveränderlich zu sein. Ihr allgemeiner Inhalt ist zunächst eine bestimmte und affektive Bewertung des Einstellungsobjekts. Wertneutrale Einstellungen kommen nur als Grenzfall positiver oder negativer Werthaltungen vor. Aus der Forderung nach eindeutigem Objektbezug von Einstellungen ergibt sich ihre Verknüpfung mit kognitiven Orientierungen des Einstellungsträgers – der Gegenstand der Werthaltung muß durch das Subjekt mindestens benennbar und definierbar sein. Aus ihrer Bestimmung als affektiv besetzte Haltung folgt weiter, daß eine »attitude« mindestens *Tendenzen* bestimmter Handlungen gegenüber dem Bezugsobjekt impliziert. Einstellungen sind zwar selber keine Verhaltensabläufe, sie setzen sich aber in Aktionen um oder verinnerlichen Aktionen zu längerfristigen Haltungen.
Über die definitorische Zuordnung der evaluativen, kognitiven und verhaltensmäßigen Komponente des Einstellungsbe-

6 Vgl. auch Shaw/Wright, die verschiedene Definitionen von »attitude« und den Sprachgebrauch empirischer Studien zu folgender Bestimmung integrieren: »A relatively enduring system of evaluative, affective reactions based upon and reflecting the evaluative concepts or beliefs which have been learned about the characteristics of a social object or class of social objects« (S. 3); und weiter: an attitude »implies a type of relationsship between the person and specitic aspects of his envirinment.« (S. 4)

griffs ist man sich nicht einig. Teilweise übernimmt man alle drei Dimensionen in die Begriffsdefinition[7], teilweise versteht man Kognitionen und Handlungen als empirische Begleitumstände der nur evaluativ bestimmten Einstellung[8]. Da die empirische Sozialforschung aber Einstellungen in der Regel nur hinsichtlich ihres Wertgehalts untersucht, ihren kognitiven Gehalt vernachlässigt und anstelle wirklichen Verhaltens lediglich verbale Angaben von Personen studiert, folgt sie de facto der engeren Bestimmung von Einstellung als Evaluation.

Die vorläufige Begriffsbestimmung von Einstellung, die für die Sozialpsychologie orientierend ist, enthält fünf inhaltliche Annahmen über die Struktur sozialen Bewußtseins. Diese Annahmen legen auf begrifflicher Ebene ein Modell sozialen Bewußtseins fest und bestimmen so den Gegenstandsbereich von empirischen Untersuchungen, die das subjektive Verständnis gesellschaftlicher Verhältnisse zum Thema haben.

1) Die allgemeinen Inhalte von Einstellungen sind Bewertungen der sozialen Realität. Soziales Bewußtsein gilt der Sozialpsychologie vorrangig als ein System von Werthaltungen. Diese Werthaltungen haben zwar kognitive Orientierungen zur notwendigen Bedingung, doch sind letztere nicht als konstitutiver Bestandteil der Einstellung zu denken. Damit findet sich auf theoretischer Ebene die Zurückdrängung der kognitiven Differenzierung sozialer Orientierungen zugunsten ihrer Wertdimension wieder, die wir als kennzeichnend für die Methoden der Einstellungsmessung herausgestellt haben (Teil III). Die Sozialpsychologie gibt also für den restriktiven Ansatz der Skalierungsverfahren eine theoretische Legitimation, und zwar nicht direkt in Form empirisch überprüfbarer Annahmen über soziales Bewußtsein, sondern als Vorentscheidung über das Begriffssystem möglicher Theorien. Diese Vorentscheidung impliziert ein inhaltliches Verständnis von Einstellungen als Bewertungen und enthebt dieses gleichzeitig durch definitorische Festlegung der empirischen Rechtfertigung. Damit sichert sie den beschränkten Untersuchungsradius von Skalierungsverfahren defensiv ab.

Die Sozialpsychologie definiert den Wertgehalt von »attitudes« gleichzeitig so, daß die quantitative Vergleichbarkeit ver-

7 Z. B. Katz/Stotland 1959; Shaw/Wright 1967.
8 So Krech/Crutchfield.

schiedener Einstellungen gegenüber demselben Bezugsobjekt garantiert ist. Der Wertgehalt einer Einstellung stellt sich in bestimmten Graden der Zu- und Abneigung gegenüber dem Bezugsobjekt dar, er ist daher in seiner positiven oder negativen Ausprägung meßbar: »Evaluation is the attribution of qualities which can be placed along a dimension of ›desirability – undesirability‹ or ›goodness-badness‹.«[9] Damit wird auf der Ebene des sozialpsychologischen Begriffssystems klargestellt, daß soziales Bewußtsein durch eindimensionale Skalen, die »Wertung« als Meßgröße wählen, angemessen erfaßt werden kann, umgekehrt rechtfertigt sich die Ausschaltung oder Umdeutung solcher sozialer Orientierungen, die nicht auf eine eindimensionale Skala wertender Stellungnahmen passen. Genau das war aber eine weitere Beschränkung der Datenermittlung, die wir an den Skalierungstechniken aufgewiesen haben: eine Mehrdimensionalität von Einstellungen sowie ihre mögliche Ambivalenz können diese Techniken im günstigen Fall konstatieren, keineswegs aber inhaltlich aufschlüsseln. Da die Sozialpsychologie die Eindimensionalität wertender Stellungnahmen definitorisch einführt und dadurch die Notwendigkeit einer inhaltlichen Überprüfung dieser Annahme umgeht, leistet sie eine weitere defensive Legitimation von Skalierungsverfahren.

2) Einstellungen zur sozialen Realität definiert die Sozialpsychologie als Prädikate individueller Träger. Sie sind »the individual's organisation of psychological processes, [...] with respect to some aspect of the world which he distinguishes from other aspects«[10]. Die individualistische Eingrenzung von »attitudes« ist dieser Wissenschaftsrichtung so selbstverständlich, daß sie nicht mehr explizit thematisiert und gerechtfertigt wird. Zwar bestreitet sie nicht die Entstehung von Einstellungen als Interaktionsbeziehungen, sie bindet aber das Endresultat dieser sozialen Genese an die psychische Innenwelt vereinzelter Personen. Sie schließt aus, daß soziale Orientierungen direkt als Kollektivbewußtsein auftreten und nicht erst als Häufung je individueller Einstellungen kollektive Züge gewinnen. Die personale Verortung von Einstellungen löst sie

9 Katz/Stotland, S. 428.
10 Newcomb. In: Jahoda/Warren 1966.

aus dem sozialen Beziehungsfeld der »Einstellungsträger« heraus. Einstellungen können wohl das Ergebnis der Anpassung von Einzelpersonen an die Normen sozialer Gruppen sein, doch schließt die begriffliche Definition aus, daß sie sich von vornherein im Kommunikationszusammenhang von Gruppen strukturieren.
Dieses Merkmal des Einstellungsbegriffs legitimiert die Bevorzugung der Einzelbefragung im Forschungsinterview. Wenn Auffassungen über die soziale Realität in die psychische Innenwelt von Individuen verpflanzt sind, ist eine auf die Meinungen einzelner und im Untersuchungsprozeß vereinzelter zielende Befragung die adäquate Ermittlungsmethode. Damit beschränkt die Sozialpsychologie die Existenzform gesellschaftlichen Bewußtseins in einer Richtung, die sich strukturellen Tendenzen des spätkapitalistischen Gesellschaftssystems und seiner öffentlichen Kommunikationsformen anpaßt. (Vgl. Teil II)
Tatsächlich breitete sich der soziologische »attitude research« vorwiegend über Markt- und Meinungsforschung in Untersuchungszweigen aus, die infolge ihrer Verwertungsfunktion am Modell individualisierten Bewußtseins orientiert sind. Um gezielte Hinweise zur Steigerung des Absatzmarktes bestimmter Produkte geben zu können, ist die Marktforschung auf die Erfassung persönlicher Wünsche und Interessen der möglichen Käufer verwiesen. Nur diese sind für die Werbetechnik effektiv. Wollte man etwa die Attraktivität bestimmter Automarken durch das Artikulieren kollektivistischer Interessenlagen steigern, so würde man, durch indirekte Propagierung des Kaufs von Gemeinschaftsautos, gerade eine Beschränkung des Absatzmarktes riskieren. Indem also die Marktforschung an die reale Privatisierung ökonomischen Handelns in Warengesellschaften anknüpft, muß sich ihr methodischer Ansatz zwangsläufig auf die Erforschung von Bewußtseinsformen unter Bedingungen der Vereinzelung begrenzen.
Konsequent erheben daher Lazarsfeld/Rosenberg die Untersuchungstechniken für Käuferverhalten zum Paradigma empirischen Handlungsanalysen überhaupt. Als Begründung berufen sie sich auf die Genese von »action analysis« aus dieser Forschungsrichtung sowie auf die relative Einfachheit

von Handlungsabläufen im Kaufakt, der diesen als Grundmodell für soziales Handeln besonders geeignet macht.[11] Geeignet sind sie aber nur, wenn man, in Angleichung an gesellschaftliche Verwertungszwänge, die Untersuchung auf individualisiertes Sozialverhalten beschränkt.

Die Meinungsforschung trifft durch ihre Bindung an das spätbürgerliche System der Kommunikationsmedien und das Modell politischer Partizipation in formalen Demokratien eine analoge Vorentscheidung: das System der bürgerlichen Öffentlichkeit schließt kollektive Bewußtseinsbildung aus und steuert die zu statistischen Mittelwerten zusammenfaßbaren Einzelmeinungen durch eine verselbständigte »öffentliche Meinung«[12], die durch die Träger ökonomischer und politischer Herrschaft weitgehend kontrolliert wird. Wenn daher die Sozialforschung etwa die Wirkung von Radioprogrammen auf Zuhörer untersucht, beschränkt sie ihr Ermittlungsfeld konsequent auf die Reaktionsweisen von Einzelpersonen, selbst die Einbeziehung von Gruppeninterviews dient ihr nur als anregendes Stimulans zur Kundgabe von Einzelmeinungen.[13] Ebenso setzt sie in Untersuchungen zum Wahlverhalten diejenige Vereinzelung der Meinungsträger voraus, die in der institutionellen Form »demokratischer Wahlen« wirklich gegeben ist.

3) Einstellungen beziehen sich immer auf bestimmte Objekte oder Objekt-Symbole in der Wahrnehmungswelt einer Person. Mögliche Ambivalenzen von Einstellungen gesteht die Sozialpsychologie nur relativ zur Wertschätzung von Objekten zu[14], eine Ambivalenz des Wahrnehmungsgegenstands selber nimmt sie nicht an. »An attitude is an organisation of experiences and data with reference to an object« bzw. gegenüber »persisting objects of orientation (including whole classes of objects) in the individual's world«.[15] Bezugsgegenstand einer Einstellung können ebensogut Waschmittelmarken wie

11 Lazarsfeld/Rosenberg, 1957.

12 Zum Begriff der »öffentlichen« und »individuellen Meinung«: Pollock 1955.

13 Vgl. Merton u. a. 1956.

14 W. A. Scott, 1966.

15 S. E. Ash, in Jahoda/Warren 1966, S. 32, Newcomb ebda. S. 22; Krech/Crutchfield, S. 140.

»Kommunismus«, »Patriotismus« und »Militarismus« sein; unterstellt wird immer, daß ihr thematischer Bezug in der Wahrnehmungswelt der Individuen einen festen Umriß hat. Unklare oder widersprüchliche Auffassungen gelten als Index dafür, daß die untersuchten Subjekte ihre Haltung gegenüber dem erfragten Thema nicht festgelegt haben, sie sind kein Anlaß anzunehmen, daß sich dieses Thema im Verständnis der Untersuchten möglicherweise nicht zu einem eindeutigen Gegenstand verfestigt hat.

So wurden negative Reaktionen von Befragten in der Bewertung von Phantasiegruppen wie »Wallonier« und »Pirenier« so gedeutet, daß die Untersuchten die Frage mit einer bestimmten Gruppe Fremder, ohne bestimmten kognitiven Gehalt, assoziieren und auf Grund allgemeiner Einstellungen zum Objekt »Fremder« mit einer negativen Wertschätzung versehen.[16] Nicht erwogen wird, daß die Untersuchungsfragen erst einen bestimmten Fragegegenstand konstruieren und dadurch auf die untersuchten Subjekte den normativen Zwang ausüben, eine Auffassung gegenüber dieser Fiktion kundzutun. Ebenso imaginär wie die »Pirenier« ist aber auch der Begriff »Kommunismus«, wenn man ihn, wie die sozialpsychologischen Studien, als einen bestimmten Gegenstand der sozialen Welt vorstellt. Nur soweit die Propaganda bürgerlicher Medien solche Begriffe auf stereotype Reizworte mit festgelegten Bedeutungsassoziationen verkürzt hat, können nachfolgende Umfragen bestimmte Einstellungen zu ihnen überhaupt feststellen.

Mit der Annahme eines eindeutigen Objektbezugs von Einstellungen kommt die Sozialpsychologie methodischen Postulaten der standardisierten Befragung und der Skalierung erfragter Auffassungen entgegen. Die Verwendung einer Meßskala ist allein dann sinnvoll, wenn man annimmt, daß die verschiedenen statements sich sowohl intra- wie inter-subjektiv auf dasselbe Attribut beziehen. Nur wenn das erfragte Thema sich für die Befragten als umrissener Gegenstand strukturiert, auf den man mit verschiedenen Fragen identisch Bezug nehmen kann, ist diese Annahme berechtigt. Die Sozialpsychologie legitimiert sie durch ihre Definition objekt-

16 Nach Krech/Crutchfield.

bezogener Einstellungen. Allerdings gefährdet ihre Reduktion von Einstellungen auf die psychische Innenwelt von Individuen (Merkmal 1) die Intersubjektivität der Bezugsobjekte. Die Sozialpsychologie umgeht dieses Dilemma durch eine Ambivalenz im Einstellungsbegriff: soweit die Lokalisierung von Einstellungen zur Debatte steht, bezieht sie eine subjektivistische Position, soweit sie ihren thematischen Bezug behandelt, bevorzugt sie eine realistische Deutung, die Einstellungen auf unabhängig von der Wahrnehmungswelt der Subjekte existierende Objekte bezieht. Sie behandelt dann ihre thematischen Bezüge wie Gegenstände in einer physikalischen Welt: »Some attitudes may be quite low in their cognitive component in that there are few beliefs about the attitudinal objects and its relations to other parts of the world or the individual.«[17]

Der Objektivitätsanspruch von Skalierungsverfahren wird durch eine nicht auszuschließende Streuung der Antwortmuster immanent in Frage gestellt (Teil III). In der Differential- und Summenskala können die Einzelantworten erheblich um das arithmetische Mittel schwanken, das den erfragten Einstellungsgrad festlegt; in der kumulativen Skala drückt sich die Streubreite in mangelnder Konsistenz der Antworten relativ zur monotonen Skalengliederung aus. Erklärbar sind die Antwortstreuungen aus einer Ambivalenz entweder der Einstellung oder ihres thematischen Bezugs. Entweder haben die Befragten keine festgelegten Auffassungen vom erfragten Thema oder das Thema hat für sie keine festgelegte Struktur. In beiden Fällen scheitert die Messung sozialen Bewußtseins durch skalierte Fragebögen.

Die mit Skalen arbeitende Sozialforschung stellt dagegen in einem solchen Fall, sofern sie nicht die Ambivalenz vorliegender Einstellungsmuster bloß konstatiert (vgl. II, 5), nur die Angemessenheit des *bestimmten* Meßinstruments in Frage. Sie nimmt an, daß bei großer Streuung die einzelnen statements der Skala verschiedene Einstellungen gegenüber verschiedenen, für sich genommen aber fest umrissenen Bezugsobjekten messen.[18] Man revidiert nicht die Annahme fester Bezugsob-

17 Katz/Stotland, S. 430.
18 Scott, S. 250.

jekte, sondern verändert das Meßinstrument so lange, bis es zureichende Einheitlichkeit der Antwortmuster garantiert. Wenn diese Konsistenz hergestellt ist, gilt ein wesentliches Validitätskriterium für Skalen als erfüllt. In Wirklichkeit konstruieren aber diese Revisionsversuche erst die Einheitlichkeit des thematischen Bezuges, die eine mit Skalierungstechniken arbeitende Untersuchung nicht problematisieren darf. Die Rechtfertigung dafür liefert die sozialpsychologische Einstellungstheorie, indem sie von festen Objektbezügen sozialer Orientierungen definitorisch ausgeht.
Für empirische Untersuchungen hat diese Legitimationsstrategie nun zur Konsequenz, daß sich der thematische Bezug von Befragungen auf festgelegte Stereotype beschränkt, die von Variationen und Ambivalenzen in der kognitiven Orientierung von Menschen nicht mehr betroffen sind. Erst die Eindeutigkeit kognitiv verdünnter Stereotype erlaubt es dann, die Auffassungen von Menschen über gesellschaftspolitische Themen, Institutionen oder Merkmale der sozialen Situation so zu ermitteln, als handle es sich um ihre Einstellung zu Waschmitteln und Automarken. Der Preis für diese am Paradigma des Konsumverhaltens orientierte Datenermittlung ist allerdings eine Einschränkung ihrer »Breite« und »Tiefe«.

4) Indem die Sozialpsychologie Einstellungen als zweigliedrige Relationen zwischen Trägersubjekt und Objekt definiert, schließt sie im Ansatz aus, daß Einstellungen mit der Situation wechseln und dieselben Menschen je nach Lebensumständen verschiedene Auffassungen zu sozialen Themen haben können. Nach dieser begrifflichen Vorentscheidung gelten Einstellungen als allgemeine Haltungen ihrer Träger, und obwohl sie sich lebensgeschichtlich ändern können, hängt ihre Geltung nicht von wechselnden Handlungsbezügen sozialer Auffassungen ab. Z. B. stellen sich der Sozialpsychologie Einstellungen zu ethnischen Minderheiten nicht relativ zu bestimmten Erfahrungen und Lebensumständen ihrer Subjekte, unterschieden nach verschiedenen Bereichen des direkten oder indirekten sozialen Verkehrs mit der Minderheitengruppe dar, sondern als allgemeine, von sich wandelnden Situationen gelöste Einschätzung der Minderheit. Einstellungen spricht sie

daher relative Stabilität und Invarianz zu – sie sind »a relatively enduring system of evaluative, affective reactions«[19], sie beziehen sich auf »persisting psychological states of the individual«[20] und sind darum einer Art sozialem Trägheitsgesetz unterworfen, das sie gegen weitreichende Änderungen abdichtet[21]. Allgemein rechtfertigt die Sozialpsychologie die Stabilität von Einstellungen durch ein Prinzip der Konsistenz menschlicher Persönlichkeit, das besagt, daß eine Person ihre sozialen Orientierungen möglichst widerspruchslos hält und daher neue Erfahrungen so adaptiert, daß sich ihre Einstellungen nur minimal verändern.[22]

Mit dieser begrifflichen Festlegung schaltet die Sozialpsychologie alle sozialen Orientierungen aus dem Bereich empirischer Untersuchung aus, die durch situationsspezifischen Bezug und folglich Wandel je nach verschiedenen sozialen Umständen gekennzeichnet sind. Sie beschränkt die Forschung auf Bewußtseinsformen, die wegen ihrer Stabilität eine Ableitung sozialtechnisch verwertbarer Prognosen versprechen.[23] So gibt die Erfassung von »Konservativismus« bei Zielgruppen einer politischen Partei nur dann nützliche Hinweise für eine gezielte Wahlpropaganda, wenn man eine langfristige und stabile Existenz der patriotischen Einstellungen erwarten kann.

Daß gesellschaftliches Bewußtsein als Muster situationsunabhängiger Einstellungen definiert wird, ist nun eine notwendige Bedingung, um es durch standardisierte Techniken und durch Meßskalen erfassen zu können. Die angemessene Verwendung vorfixierter Fragebögen unterstellt, daß die Antworten der Befragten nicht nennenswert durch die sozialen Umstände der Befragung bestimmt sind. Diese Annahme wurde durch die Analyse des Interviews als sozialer Prozeß widerlegt (II, 1-3). Vor allem aber setzt die Forderung statistischer Auswertung, die sich ja mit der Idee einer standardisierten Untersuchung und der Anwendung von Meßskalen

19 Shaw/Wright S. 3.
20 Newcomb in Jahoda/Warjen, S. 22.
21 Shaw/Wright, S. 9.
22 Katz/Stotland, S. 443 ff.; in der »theory of cognitive dissonance« wird dieses Postulat systematisch entfaltet.
23 Shaw/Wright, S. 1.

verbindet, eine Vergleichbarkeit der in verschiedenen Interviews gewonnenen Daten voraus. Das heißt dann aber, daß die aus den Antworten erschlossenen Einstellungen von den Befragten nicht auf bestimmte Situationsumstände bezogen werden dürfen. Da die Befragten dann leicht die Antworten auf verschiedene Situationen beziehen, sind die gemessenen Einstellungen nicht vergleichbar, eine statistische Auswertung wird unmöglich.

Angenommen, die Einstellungen zu Wohnverhältnissen in einem Neubauviertel sollen durch standardisierte Befragungen erfaßt werden; eine Gruppe der Befragten beziehe nun ihre negative Einschätzung auf den Umstand, daß die Bauweise eine Entfaltung sozialer Nachbarschaftsbeziehungen stark behindert, eine andere Gruppe distanziere sich von der Wohnform, weil die Anlage der Neubauten ihnen die demonstrative Abgrenzung von ärmeren sozialen Schichten erschwert. Da beide Gruppen die Standardfrage »Wie stehen Sie zu den Wohnverhältnissen im Neubaugebiet?« auf geradezu entgegengesetzte Umstände des Wohnens beziehen, kann man ihre Antworten im statistischen Vergleich nicht zur Merkmalseinheit »negative Stellung zu den Wohnverhältnissen« zusammenfassen.

Auch differenzierte Befragungen lösen dieses Dilemma von Standardfragen nicht auf. So können detaillierte Fragen zu sozialen Verkehrsmöglichkeiten im Wohngebiet von einer Befragtengruppe einheitlich negativ beantwortet werden und dennoch völlig verschieden interpretierbar sein. Eine Teilgruppe mag sie auf persönliche Differenzen mit ihren Nachbarn beziehen, eine zweite kann, aufgrund ihrer ländlichen Herkunft, die Frage vor dem Erfahrungshintergrund dörflicher Wohnverhältnisse, die enge Nachbarschaftsbeziehungen zulassen, negativ beantworten. So gilt auch hier die erfaßte Einstellung nur relativ zur Lebenssituation der Befragten; der Sozialforscher darf sie, will er schwere Untersuchungsfehler vermeiden, nicht einem einheitlichen Einstellungsmuster zuordnen.

Weil die Antworten an bestimmte Lebenssituationen und Erfahrungen gebunden sind, bleiben Standardfragen prinzipiell unzulänglich. Sie sind einzig angemessen, wenn man situationsungebundene und insofern allgemeingeltende Einstellungen zum Untersuchungsgegenstand hat. Genau diese Voraussetzung führt aber die Sozialpsychologie durch ihren Einstellungsbegriff definitorisch ein. Sie verteidigt so durch eine begriffliche Festsetzung die Angemessenheit standardisierter Befragungen und ihrer Umsetzung in statistisch vergleichbare Meßdaten und verdeckt damit in Wirklichkeit nur ein unaufhebbares Dilemma der positivistischen Sozialforschung, die sich auf wissenschaftliche Präzisionskriterien verpflichtet hat.

5) Einstellungen sind definiert als Haltungen, die neben der verbalen Bewertung bestimmter Bezugsthemen zu sozialen Handlungen unter spezifischen Randbedingungen disponieren. Ihre Stellung als Handlungsdisposition berücksichtigt die Sozialpsychologie teilweise, indem sie Einstellungen direkt als Aktionstendenzen definiert. Andererseits haben einfache empirische Untersuchungen vielfach einen offenen Bruch zwischen den Einstellungen zugeschriebenen Aktionstendenzen und dem wirklichen Verhalten der Personen festgestellt.[24] Man trennte daher auf theoretischer Ebene deutlich die Dimension »attitude«, als innere Verfassung oder Disposition eines Individuums, von der Dimension »Handlung« in konkreten Situationen.[25] Da aber »attitude research« in der Praxis häufig zur Voraussage wirklicher sozialer Handlungen der untersuchten Gruppen dienen soll, überbrückt die Sozialpsychologie den Bruch attitude/action durch intervenierende Variablen, wie die »salience« einer Einstellung, d. h. die Bereitschaft ihres Trägers, gemäß seiner Einstellung auch wirklich zu handeln[26], oder die Unterscheidung von verbalen und aktionsorientierten Einstellungen, also die Annahme, daß nur eine Teilklasse von Einstellungen in Aktionen umgesetzt wird[27].

24 Als Übersicht: Green, *Attitude Measurement* In: Gardner/Lindsey 1968.
25 So argumentieren Shaw/Wright für einen »action-independent concept of attitude«, indem sie auf bessere Übereinstimmung mit empirischen Ergebnissen und mit den üblichen Meßtechniken verweisen. (S. 11). Daß erst die Anwendung bestimmter Techniken der Befragung und Messung die empirisch feststellbare Trennung attitude-action erzeugt, übersehen sie dabei.
26 De Fleur/Westie In: Jahoda/Warren.
27 Green a.a.O.

Nicht problematisiert wird der zugrundegelegte Einstellungsbegriff. Wenn Einstellung und wirkliches Verhalten sich nicht im Einklang befinden, kann man auch den Schluß ziehen, daß sich in der Untersuchungssituation die besonderen Umstände der verbalen Äußerung und die sozialen Bezugsgruppen von den Situationsbedingungen unterscheiden, die für die wirkliche Handlung gelten, und man kann folgern, daß sich die Einstellung im Handlungsfall gegenüber der Einstellung im Untersuchungsprozeß, der ja eine durchaus andere soziale Situation bildet, verändert hat. Der vorgebliche Bruch zwischen Einstellung und Verhalten, den die sozialpsychologische Theorie durch intervenierende Variablen zu überbrücken versucht, wäre dann ein Wandel situationsgebundener Einstellungen aufgrund andersartiger sozialer Umstände. Die Definition von Einstellungen als weitgehend stabilen Persönlichkeitsmerkmalen (vgl. 4) versperrt allerdings den skizzierten Erklärungsweg.

Der Bruch Einstellung / soziales Handeln stellt die Angemessenheit von Untersuchungsverfahren in Frage, die soziales Bewußtsein in einer von unmittelbaren Handlungszwängen gelösten Situation zu erfassen versuchen. Dieser Ansatz ist typisch für das Forschungsinterview. Er führt zur bevorzugten Selektion quietistischer und den herrschenden Normen angepaßter Denkweisen und Auffassungen, die sich in der eher meditativen Situation des Interviews leicht aufdrängen.[28] Die Art, in der Personen oder Kollektive ihre soziale Lage deuten, während sie in Aktion sind, bleibt damit dem Ansatz des Forschungsinterviews weitgehend entzogen. Dieses würde z. B. messen, wie Arbeiter den »technischen Fortschritt« sehen, wenn sie während einer verlängerten Arbeitspause oder am freien Samstag in möglichst entspannter Sitzhaltung die Fragen eines betont höflichen Menschen beantworten; dagegen macht es nicht die Sichtweise desselben Problems zugänglich, die Arbeiter im Arbeitsablauf selbst oder während einer spontanen Streikaktion entwickeln. Nichts rechtfertigt die Annahme, daß die »arm-chair«-Situation der Befragung die latenten Auffassungen zum technischen Fortschritt sichtbar macht, die etwa im offenen Klassenkampf oder auch

28 Vgl. Kern/Schumann 1972.

»nur« während des täglichen Verschleißes an der Arbeitsmaschine bestimmend sind.
Diese Insuffizienz des Forschungsinterviews verdeckt die Sozialpsychologie, indem sie den Einstellungsbegriff abgelöst von wirklichen Handlungen definiert und voraussetzt, daß man die Handlungstendenzen einer Person an ihren verbalen Reaktionen auf verbale Stimuli ablesen kann. Die erwogenen Folgen der quietistischen Untersuchungssituation auf die Befragungsergebnisse werden so in der begrifflichen Anlage der Theorie ausgeschlossen. Auch in dieser Hinsicht rechtfertigt also die Sozialpsychologie eine bestimmte Form der Datenermittlung, die in Wirklichkeit den Objektivitätsanspruch der Sozialforschung begrenzt.

1.2 Gesellschaftspolitische Hintergründe der Messung von Einstellungen

Die Kritik methodischer Prinzipien wird erst durch detaillierte wissenschaftshistorische Studien der gesellschaftlichen Faktoren vollständig, die Entstehung und Durchsetzung dieser Prinzipien bedingen. Die Kritik am Objektivitätsanspruch der Sozialforschung leistet dazu eine begrenzte Vorarbeit. Um dem Argument der analytischen Wissenschaftstheorie zu entgehen, daß der Entstehungszusammenhang wissenschaftlicher Theorien und Methoden für ihre Rechtfertigung irrelevant bleibt, ist es notwendig, zentrale »Insuffizienzen« theoretischer und methodischer Ansätze aufzuzeigen. Wenn sich ergibt, daß bestimmte methodische Prinzipien zu Erfassung weiter Bereiche gesellschaftlicher Wirklichkeit ungeeignet sind, und wenn ihre Verwendung die Wahrscheinlichkeit verzerrter Datenermittlung erhöht, dann wird die Frage nach den Bedingungen unabweisbar, die einer Wissenschaft die Beschränkung ihres Objektivitätsanspruchs aufzwingen.[29]
Daß die Untersuchungsmethoden des Forschungsinterviews und der Skalierung sowie die Definition von gesellschaftlichem Bewußtsein als »attitude« aus gesellschaftspolitischen

29 Zum »Insuffizienzprinzip« vgl. W. Lefévre 1972; Berger 1972.

ger Funktion wegweisender Untersuchungsprojekte der Soziologie in den USA verdeutlicht werden.

a) Management and the Worker

Management and the Worker hatte die eingestandene Funktion, das Arbeitsverhalten von Arbeitern in der Elektroindustrie zum Zweck gezielter Einführung produktivitätssteigernder Maßnahmen zu untersuchen. Diese praktische Zielsetzung der Untersuchung wird durch ihr harmonisierendes Verständnis der Beziehung zwischen Arbeiterschaft und Management abgemildert, das für die durch sie begründete amerikanische Industriesoziologie zum generellen Leitbild wurde und als eine Realisierung der politischen Zielsetzung der modernen Sozialpsychologie verstanden werden kann, Klassenkonflikte durch Mechanismen indirekter sozialer Kontrolle zu neutralisieren und zu verschleiern.[30] Der Untersuchungsansatz des Projekts ist daher sozialtechnisch und ideologisch zugleich – eine verallgemeinerbare Doppelfunktion spätkapitalistischer Sozialforschung. Einerseits erfaßt sie vordergründige Interessen der Arbeiter, an die gezielte Maßnahmen zur Produktivitätssteigerung anknüpfen können – andererseits interpretiert sie die Interessenlage der Arbeiter so um, daß die »Humanität« betrieblicher Arbeitsbedingungen und ihrer Neuorganisation garantiert scheint.

Diese Doppelfunktion des Projekts soll am methodischem Ansatz seines Interviewprogramms näher beleuchtet werden.

Das Interviewprogramm wurde initiiert, um Zusammenhänge zwischen Arbeitsmoral und Art der Arbeitsaufsicht näher zu erfassen, es wurde aber bald zu einer umfassenden Erhebung von Arbeitseinstellungen erweitert. Es stellte die bis dahin umfangreichste Anwendung der Technik des Forschungsinterviews in der Sozialforschung dar. Durchgeführt wurde die Befragung in unstrukturierter Form, eine Standardisierung erfolgte erst in der nachträglichen statistischen Auswertung. Der Forschungsplan war vom betrieblichen Management ständig kontrolliert, seine Verwirklichung fand in enger

30 I. Staeuble 1972.

Kooperation mit den Supervisors der Betriebe statt – teilweise wurden angehende Supervisors während ihrer Ausbildungszeit als Interviewer eingesetzt –, das ausgewertete Material fand in Schulungskursen für Supervisors Verwendung.[31]
Roethlisberger/Dickson haben nicht nur die Ergebnisse des Interviewprogramms dargestellt, sondern auch seinen prozessualen Ablauf samt der Entfaltung bestimmter Interpretationsmaximen, die das Forschungsteam auf Grund von Teilerkenntnissen im Befragungsprozeß entwickelt hatte. An ihrer Prozeßstudie kann die implizite und explizite Verwendung der oben angeführten Merkmale des Einstellungsbegriffs ziemlich genau verfolgt und in enger Beziehung zu sozialtechnischen und ideologischen Funktionen der Studie einsichtig gemacht werden.

1)[32] Die Befragung der Arbeiter bringt eine Vielzahl von Beschwerden über die Arbeitsbedingungen zutage, die vom Forscherteam auf ihren kognitiven Gehalt hin näher untersucht werden. Dabei stellt man fest, daß die Beschwerden zum großen Teil einen sehr vagen Inhalt haben und daß sich außerdem ihre Mehrzahl angesichts der »tatsächlichen« Betriebssituation als unbegründet erweist. So ergibt die Befragung, daß Arbeiter, wenn sie im Einzelakkord beschäftigt sind, diese Lohnform ebenso, und zwar mit gegensätzlichen Argumenten, kritisieren, als wenn sie nach Gruppenakkord bezahlt werden; oder daß Männer eine bessere Bezahlung von Frauen mit Hinweis auf deren Hausfrauenrolle kritisieren, während sich Frauen, die einen schlechteren Lohndurchschnitt haben, über die Diskriminierung des weiblichen Geschlechts beklagen. Da beide Aussageformen insgesamt ein widersprüchliches Bild ergeben, schlägt das Forscherteam vor, sie nicht nach ihrem kognitiven Gehalt, also als »statements of fact« zu beurteilen, sondern als Ausdruck besonderer emotioneller Gefühlszustände der Befragten – sie seien »statements of sentiments«, die nicht die wirklichen Arbeitsbedingungen wiedergeben, sondern eine affektiv bestimmte Einstellung der Befragten. Eine Analyse dieser »attitudes« darf nur sekundär den kognitiven Beschwerdeinhalt beachten, primär muß sie

31 Roethlisberger/Dickson, Kap. IX., X.
32 A.a.O., Kap. XII.

die Gründe des emotionellen Gehalts an der außerbetrieblichen Lebenssituation aufzeigen. Verdeckter Bezugspol der Beschwerde über Akkordformen ist etwa nicht dieses Lohnsystem, sondern z. B. die Tatsache, daß die Ausgaben eines Arbeiters zur familiären Reproduktion wegen Erkrankung eines Familienmitglieds steigen.
Die Reduktion von Tatsachenaussagen auf »attitudes«, die durch affektive Wertungen bestimmt sind (Aspekt 1 des Einstellungsbegriffs), wird mit dieser Interpretationsmaxime ausdrücklich vollzogen. Man kann nun ihre Genese aus der praktischen Funktion der Studie erschließen: damit die Studie die Empfehlung von Einzelmaßnahmen zur Produktivitätssteigerung zuläßt, muß sie die strukturellen, aus dem kapitalistischen Verwertungsprozeß resultierenden Arbeitsbedingungen im Betrieb tabuisieren – daher die Ausschaltung des kognitiven Gehalts der Beschwerden. Ideologisches Mittel dazu ist die Berufung auf ein unabhängiges »expert knowledge« über die Arbeitsbedingungen, das entweder das Management direkt oder die mit ihm kooperierenden Sozialforscher fällen. Relativ zu diesem »Experten«-Urteil erweisen sich die Beschwerden als unangemessen – ihre Bedeutung liegt daher auf der emotionellen Dimension. Übergangen wird dabei die Parteilichkeit der Expertenurteile: wenn etwa die Arbeiter sowohl den Einzel- wie den Gruppen-*Akkord* kritisieren, so kann das ein Anzeichen für latente Kritik an Leistungszwang und Struktur des Akkordsystems insgesamt sein; da vom Standpunkt des Managements ein Akkordsystem aber zur Steigerung der Ausbeutungsrate unerläßlich ist, bleibt diese Möglichkeit einer Analyse von Beschwerden tabuisiert. Die Arbeiteraussagen erscheinen inkonsistent, daher affektiv bestimmt. Diese parteiliche Denkweise motiviert so das Programm der Ermittlung von Arbeitseinstellungen als Wertungen – das Forscherteam erschließt aus seiner »study of complaints«, es sei die Hauptaufgabe von Interviews, »to obtain with some accuracy the emotional significance to the worker of particular events and objects in his experience«.[33]

2) In seiner Analyse der Arbeitseinstellungen bemerkt das Forscherteam, daß die Arbeiter häufig auf bestimmte

33 A.a.O., S. 270.

Umstände ihrer Arbeit, die dem Expertenurteil als nebensächlich erscheinen, in permanenter und extrem negativer Form fixiert sind.[34] So konzentriert sich ein Arbeiter ausschließlich auf die Praxis von Personalkarteien im Betrieb, andere zeigen sich im Interview völlig okkupiert von persönlichen Konflikten mit bestimmten Aufsehern. Diese »tendency on the part of the complainant to project all his troubles on one object and in such terms to overthink his situation«[35] interpretieren die Forscher als ein Beispiel morbiden und obsessiven Denken, sie schlagen vor, es analog zu psychopathologischen Deutungen aus der persönlichen Lebenssituation der Untersuchten außerhalb des Betriebes zu erklären. Sie verweisen auf Fälle, in denen »hysterische« und »anomale« Reaktionen von Frauen, die sich in einer ungezielten Kritik am Betrieb artikulierten, auf organische Störungen zurückgeführt und durch eine Psychotherapie behoben werden konnten.[36] Die persönliche Anlage zu morbidem Denken wird durch soziale Isolierung am Arbeitsplatz und repetitive Tätigkeiten verstärkt. Die Monotonie der Arbeit gibt dem Arbeiter die Gelegenheit, sich übermäßig mit persönlichen Problemen zu beschäftigen.

Dieser Interpretation, die eher über die Pathologie integrativer Sozialforschung als über eine Pathologie von Arbeiterbewußtsein Aufschluß gibt, liegt eine bestimmte Strategie zugrunde, die wir allgemein am Einstellungsbegriff der Sozialpsychologie ausgemacht haben (Aspekt 3): Die Arbeitseinstellungen zeichnet ein fest umrissener Objektbezug aus, der von den Untersuchten explizit artikuliert werden kann. Nur wegen der angenommenen und durch Interviews zunächst auch bestätigten Fixierung der »complaints« auf bestimmte Aspekte der Arbeitssituation ist es möglich, die »complaints« als Ausfluß einer obsessiven Denkweise zu verstehen. Eine Alternative zu diesem methodischen und theoretischen Vorgehen wäre aber, die Objektfixierung der »complaints« als symbolische Konkretion eines Gesamtschicksals der Ausbeutung und Unterdrückung und die Fixierung auf Einzelaspekte aus der Unstrukturiertheit der Ausbeutungssi-

34 A.a.O., Kap. XIV.
35 A.a.O., S. 292.
36 A.a.O., S. 320.

tuation selbst zu verstehen, die der Arbeiter wegen seiner beschränkten Stellung im Getriebe der Betriebsorganisation nicht kognitiv in den Griff bekommt. Obsessiv wäre dann das Denken der Arbeiter nur wegen mangelnder Orientierungsfähigkeit über den umfassenden Zusammenhang ihrer konkreten Arbeitssituation.

Dieser Erklärungsansatz kann indirekt an Interviewprotokollen von Roethlisberger/Dickson belegt werden. So verurteilt ein »Mr. White«, der im übrigen die Hawthorne-Werke als »the best place in the world to work« ansieht, die Regel, Personalkarteien über die Arbeiter anzulegen, die Daten über ihr Arbeitsverhalten und Beurteilung durch Aufseher enthalten und dem Management als Entscheidungsgrundlage für Lohnerhöhungen, Beförderungen und Entlassungen dienen:

»I don't see how the company tolerates such an unfair method of keeping track of their employees. *It's just like a damned jail here.* If a fellow is sentenced to go to prison, say for 14 years, his fingerprints are taken and a complete record too. After he has served his time, they tell him he is a free man, that he can go now and do as he pleases.« Aber als Ex-Häftling bekommt er nie einen Job. »That's the same damned thing they do here at the Western. No matter how many places you are transferred to, how many different supervisors you have, *you are marked.*«[37]

Das Forscherteam führt Mr. Whites Aussagen als Paradebeispiel für Morbidität an. Eher stellen sie in symbolischer Form und fixiert auf einen Teilaspekt der Arbeitssituation die Fremdbestimmung des Arbeiters im Betrieb dar, dessen Beschäftigung von ihm undurchsichtigen und willkürlich gefällten Entscheidungen des Managements abhängt. Die Auslieferung des Arbeiters an die Entscheidungen des Managements wird exemplarisch an der Anlage von Personalkarteien deutlich, über die der Arbeiter weder Kenntnisse noch Kontrolle hat. Sie als obsessiven Objektbezug zu interpretieren, beweist nur die Blindheit der Forscher vor den Entfremdungen der Lohnarbeit und den begrenzten Möglichkeiten der Arbeiter, eine Gesamtorientierung über ihre Situation zu gewinnen.

37 A.a.O., S. 302/3.

Die Borniertheit der Forscher ist aber kein zufälliges Versagen, sondern sie stimmt konsequent mit ihrer Parteinahme für das Management zusammen. Aus apologetischem Interesse muß das Management eine radikale Kritik seitens der Arbeiter als tendenziell pathologisch zurückweisen. Die übliche Strategie dieser Zurückweisung besteht darin, die mangelnde Orientierungsfähigkeit der Arbeiter über die betriebliche Gesamtsituation auszunutzen, ihre notwendig auf begrenzte Merkmale der Betriebsstruktur fixierte Kritik wörtlich zu nehmen und angesichts der überlegenen Kenntnis der Betriebsorganisation als irrational zurückzuweisen. Die Kritik der Arbeiter wird ausschließlich in ihrem beschränkten Objektbezug aufgefaßt, ihre symbolische Bedeutung verdrängt und die mangelnden Orientierungsmöglichkeiten in einer undurchsichtigen Betriebsorganisation übergangen.

Die Beziehung zwischen angenommenem Objektbezug von Einstellungen und Parteilichkeit der industriesoziologischen Untersuchung kann allgemeiner an der statistischen Auswertung der Interviews belegt werden.[38] Hier stellt das Forscherteam ca. 80 Kategorien zur Klassifikation der Arbeitsbedingungen auf, die von Lohnverhältnissen über das Aufsehersystem bis zu Ventilation und Waschraumausstattungen reichen. Soweit darunter subsumierbare Aspekte der Arbeitssituation in den freien Interviewgesprächen erwähnt wurden, trug man sie, gegliedert nach positiver oder negativer Bewertung, in das Klassifikationssystem ein. Auf diese Weise ließen sich in der Auswertung Häufigkeit und relative Verteilung positiver und negativer Einstellungen zu Aspekten der Arbeitssituation aus sämtlichen Interviews bestimmen. Die Auswertung sieht dabei von gegenseitigen Beziehungen der Einzelreaktionen der Arbeiter, also der zusammenhängenden Darstellung verschiedener Aspekte der Arbeitssituation völlig ab. Es bleibt auch unentschieden, ob der in der Auswertung unterstellte eindeutige Objektbezug den wirklichen Einstellungen der Arbeiter entspricht.

Die Atomisierung ihrer Arbeitseinstellungen in ein Feld je isolierter Bezugsobjekte ist zunächst ein Konstrukt der Sozialforscher. Sie verabsolutiert Tendenzen des Zerfalls einheitli-

38 A.a.O.

cher Orientierungen in einer intransparent bleibenden Arbeitssituation und entspricht dadurch dem Interesse des Managements, Häufungen partieller Arbeitsunzufriedenheit festzustellen, die man durch beschränkte Einzelmaßnahmen abmildern kann. Umfassendere Lagedeutungen der Arbeiter würden die Strategie der begrenzten und für die Gesamtorganisation folgenlosen Veränderung gerade in Frage stellen.[39]

3) Die sozialpsychologische Theorie definiert »attitudes« als Relation von individuellen Trägern und Objekten der sozialen Umwelt, sie verdrängt situationsspezifische Bezüge von Einstellungen und verteidigt damit als Maxime empirischer Forschung, daß man die besondere Situation der Untersuchung in der Beurteilung der Gültigkeit von Interviews weitgehend ignorieren soll.

Am Vorgehen der Hawthorne-Studies nun wird deutlich, wie sich diese Apologie einer Untersuchungsmethode mit einer Parteinahme der Sozialforscher für Interessen des Managements verbindet. Die Auftragsbindung des Interviewprogramms bestimmt genau die Einzelschritte seiner Durchführung.[40] Jeder Interviewer, der die Arbeitseinstellungen in einer bestimmten Abteilung untersuchen sollte, mußte zunächst die Abteilungsleiter und Aufseher in Zielsetzung und Strategie der Befragung einweihen. Soweit möglich, wurde er durch die Aufseher bei den Befragungssubjekten formell eingeführt. Zwar sicherte man den Befragten strikte Anonymität zu und forderte sie zu freier Artikulation ihrer Auffassungen ohne jede Sanktionsdrohung auf, doch wurde die Funktion der Befragung als Interesse des Trusts an den Einstellungen

39 Umfassendere Lagedeutungen und Forderungen in atomisierte Einstellungen und Partikularforderungen aufzusplittern, um so Arbeitskonflikten die Spitze zu nehmen und zu integrieren: diese Taktik wenden Management und auch Gewerkschaftsbürokratie immer wieder an. So legten in einer westdeutschen Fabrik Juli 73 die dort beschäftigten Spanier die Arbeit nieder, um gegen ihre Arbeits- und Wohnbedingungen insgesamt zu protestieren – »contra el tratamiento como bestias en el trabajo y en las viviendas«, wie einer ihrer Sprecher sagte. Der »zuständige« Gewerkschaftsfunktionär nahm dagegen als Streikziele wahr: einen Lohnaufschlag, verbesserte Toiletten und Waschräume im Betrieb und die Wiedereinstellung eines entlassenen Arbeiters – nach Originalinterviews im Bayrischen Rundfunk, 9. 7. 73.

40 Roethlisberger/Dickson, Kap. IX., X.

der Arbeiter erläutert, speziell wurde auf die Verwendung des Materials für die Schulung von Arbeitsaufsehern hingewiesen. Hinzu kommt, daß ein relevanter Teil der Befrager selbst designierte Arbeitsaufseher waren.

Trotz eindeutiger Integration des Befragungsprogramms in die innerbetriebliche Hierarchie zieht das Forscherteam die Möglichkeit, daß die ermittelten Einstellungen vorwiegend nur relativ zur Untersuchungssituation gelten, nicht ernsthaft in Betracht. Angesichts der Ergebnisse der statistischen Auswertung liegt das aber nahe. Auffallend ist, daß die Arbeiter zentrale Regelungen ihrer Arbeit wie die Lohnpolitik des Managements (angesichts von Reallohnsenkungen während der »Great Depression«!), die Sozialpolitik, das Akkordsystem und die Urlaubsdauer überwiegend positiv bewerten, dagegen andere Betriebsbedingungen, die ohne Gefährdung der betrieblichen Profitrate behebbar sind, wie Waschräume, Kleiderspind, Luft- und Bodenverschmutzung im Betrieb, vorwiegend negativ beurteilen. Angesichts dieses Ergebnistrends erwägen die Autoren selbst einmal, daß die Arbeiter sich in ihren Reaktionen den Erwartungen des Managements anpassen, verwerfen den Gedanken aber mit dem Hinweis, die Interviewer »were unanimously of the opinion that most of the employees were sincerely expressing their convictions[41].«

Eine Ergebnisverzerrung durch die hierarchische Untersuchungssituation mag zwar den wissenschaftlichen Objektivitätsanspruch des Befragungsprogramms an der Western Electric Company gefährden, mit dem Interesse des Managements steht sie in vollständiger Harmonie. Auf Grund einer geringen Entfaltung von Klassenauseinandersetzungen in den USA – der Begriff »Gewerkschaft« kommt nicht einmal im detaillierten Sachregister von Roethlisberger/Dickson vor – war es nicht das Ziel des Managements, Widerstandspotential der Arbeiter unabhängig von der Hierarchie und gegen sie zu erfassen; für eine Ausarbeitung von Maßnahmen zu gezielter Produktivitätssteigerung genügte die Erfassung von Einstellung der Arbeiter, soweit sie in das System der betrieblichen Hierarchie integrierbar waren. Nur partielle Arbeitsunzufrie-

41 A.a.O., S. 249, 283/4.

denheit, die sich im Nachlassen des Output äußerte, ohne in eine grundlegende Kritik des Arbeitssystems zu münden, war für das Management ein Untersuchungsproblem. Der hierarchische Kontext der Befragung widersprach daher keineswegs seinem Erkenntnisinteresse, sondern stand, da er Arbeitseinstellungen unter Bedingungen grundsätzlicher Integration zu erfassen erlaubt, mit ihm in Einklang.

4) Die Arbeitsverhältnisse im Kapitalismus sind durch ein gegensätzliches Verhältnis von Kooperation und Privatisierung der Lohnarbeiter bestimmt. Einerseits ist das Kapital auf einen gesellschaftlichen Produktionsprozeß angewiesen, andererseits befördert die besondere maschinelle Vermittlung der Kooperation und die Regelung privater Arbeitsverträge eine Isolierung der Lohnarbeiter. Sofern bestimmte Arbeitsformen eine direkte Kooperation der Arbeiter erforderlich machen, versucht das Management, die informellen Gruppenbeziehungen zugunsten einer Steigerung der Ausbeutungsrate zu instrumentalisieren. Als wissenschaftliche Erforschung der Manipulationsmöglichkeiten informeller Arbeitsgruppen sind die Untersuchungen in der Western Electric Company berühmt geworden: Sozialbeziehungen konnten zur Steigerung von Arbeitsleistungen Einzelner eingesetzt werden.
Im Interviewprogramm setzt sich dagegen die Individualisierung der Lohnarbeiter voll durch. Die Interviews sind konsequent als Einzelbefragungen angelegt, das Forscherteam verzichtet vollständig auf Gruppengespräche. Entsprechend interpretiert es die Befragungsergebnisse nicht aus strukturellen Eigenheiten des Arbeitsprozesses, dem die Lohnarbeiter gemeinsam unterworfen sind, sondern bevorzugt – wie schon mehrfach angedeutet – eine Deutung von »attitudes« aus der persönlichen Lebenssituation der Arbeiter. Orientierend ist die Maxime: »Interest in the personal situation drew attention away from the immediate work situation. It put the ›cause‹ for the employees' dissatisfaction in the ›individual‹ and in factors beyond the control of management.«[42] Diese Maxime verallgemeinert es zu einer Regel richtiger Interviewtechnik insgesamt.[43]

42 A.a.O., S. 314.
43 A.a.O., Kap. XII., Regel III und IV.

Die Zurückdrängung kollektiver Merkmale des Arbeiterbewußtseins durch vereinzelnde Befragungssituationen – erwünscht ist eine »quite unique social relation [...] between the interviewer and the person interviewed«[44] – und personalisierte Interpretationsregeln ordnet sich dem Verhaltensmodell der Betriebsdirektion gegenüber dem Lohnarbeiter ein. Obwohl diese die kooperativ produzierenden Arbeiter als Kollektiv ausbeutet, zielt ihre Personalpolitik auf Privatisierung – durch gesondert abgeschlossene Arbeitsverträge, private Entlohnung, Anlage von Personalkarteien, individuelle Entlassung oder Aufstiegschancen. Als Kollektiv tritt die Arbeiterschaft nur in Kostenbilanzen, in Weihnachtsreden als »liebe Mitarbeiter« – oder in der höchst unerwünschten Erscheinung eines Arbeitskampfes auf. Solange die Klassenkonflikte dieses Stadium aber nicht erreicht haben – und das trifft für die Western Electric Company der 20er und 30er Jahre zu –, entsprach es den Interessen des Managements, das als Arbeitsmoral gekennzeichnete Verhalten und das Verhältnis der Arbeiter zum Aufsehersystem – so die Thematik des Interviewprogramms – auf der Ebene ihrer Vereinzelung zu untersuchen. Die notwendige Gesamtinformation über Arbeitsmoral und Autoritätsbeziehungen kann so als statistischer Durchschnitt der getrennt untersuchten »personal situations« berechnet werden.
Die *Hawthorne Studies* gehen von dieser Untersuchungsregel auch dann nicht ab, wenn sie die Rolle der innerbetrieblichen Sozialbeziehungen für die Einstellungen von Lohnarbeitern konstatieren und entsprechend die Interpretation der Interviewdaten auf die soziale Betriebsorganisation beziehen.[45] Untersucht wird dann die Stellung der einzelnen Arbeiter zu einem sozialen Zusammenhang, der als von der Bürokratie gesetzte Ordnung bestimmt ist.[46] Man bezieht z. B. nicht die Einstellung der Supervisors auf ihre gegensätzliche Position als Lohnarbeiter und Agenten des betrieblichen Herrschafts-

44 A.a.O., S. 284.
45 A.a.O., Kap. XVI.
46 »The social organization of the company« is »that system of practices and beliefs by means of which the human values of the organization are expressed, and the symbols around which they are organized« (A.a.O., S. 374).

system, sondern analysiert sie aus deren Stellung als Einzelpersonen im sozialen Beziehungsgeflecht ihrer Tätigkeit.[47] Begrenzt aufgehoben wird das Prinzip einer individualisierenden Untersuchungssituation erst in der Analyse des informellen Betriebssystems, also der Arbeitsgruppen.[48] Die Untersuchung des Gruppenverhaltens von Arbeitern steht nun keineswegs im Gegensatz zum Interesse der Betriebsbürokratie, vielmehr wird sie gezielt zur Steigerung der Ausbeutungsrate eingesetzt. Soweit (im Ansatz) kollektivistische Verhaltensformen für das Ausbeutungsinteresse des Managements nützlich sind, werden sie Thema der Sozialforschung, soweit sie diesen Interessen und den Direktionsstrukturen im Betrieb entgegenlaufen, bleiben sie in individualisierenden Untersuchungsformen ausgeschaltet. Der unterschiedliche methodische Ansatz von Interviewprogramm und Gruppenbeobachtung in *Management and the Worker* harmoniert so mit einer einheitlichen Zielvorstellung der Auftraggeber.

b) The American Soldier

Die Parteilichkeit des Untersuchungsprojekts *The American Soldier* ist von den an ihm beteiligten Sozialforschern nie geleugnet worden. Sie galt im Gegenteil als Paradebeispiel einer Sozialwissenschaft, die sich auf »social engineering« verpflichtet hat.[49] Seine Zielsetzung war von der amerikanischen Heeresbürokratie festgesetzt, sie galt der Analyse der »Truppenmoral«, worunter etwa maximale Kampfbereitschaft, Integration der Soldaten in das militärische Herrschaftssystem, Kohäsion der Soldatengruppen, insbesondere hinsichtlich der verschiedenen Herkunft, und möglichst weitgehende Vermeidung von Ausfallserscheinungen verstanden wurden. Die wissenschaftlichen Teilprobleme und die konkreten Untersuchungsprogramme wurden von Planungsgruppen, die Sozialforscher und Vertreter der Heeresbürokratie gemeinsam besetzten, erörtert und festgelegt.[50] Damit hatten

47 A.a.O., Kap. XVI.
48 A.a.O., Teil IV.
49 S. A. Stouffer et al. 1950, T. I, Kap. 1.
50 Madge, S. 292.

die Generale und ihr administrativer Stab auch auf die Einzelschritte des Forschungsprojekts entscheidenden Einfluß.
Der Untersuchungsleiter Stouffer gab die ständige Kontrollierung des Projekts offen zu. Ein entscheidender Vorteil des administrativen Drucks sei die Entwicklung und Verbesserung des methodischen Instrumentariums der Sozialforschung gewesen. Andererseits mußten wiederholt Differenzen zwischen den kurzfristigen Erwartungen der Heeresbürokratie auf sozialtechnische Hinweise und den langfristigeren Forschungsperspektiven des Teams ausbalanciert werden.[51]
In der spätkapitalistischen Sozialforschung war *The American Soldier* ein wegweisendes Projekt. Es trug entscheidend zur Durchsetzung systematischer und quantifizierender Untersuchungsmethoden sowie zur Entwicklung der Theorienbildung zum Beispiel über soziale Gruppen und Einstellungen bei. Seine sozialtechnische Orientierung stieß allerdings bei Vertretern des sozialreformerischen Flügels der amerikanischen Soziologie sofort auf Widerspruch. Sie sahen, daß sich hier ein Typ von Sozialforschung entfaltete, den Bürokratien und Management als Instrument antidemokratischer Massenkontrollen und zur Festigung ihrer Herrschaftsansprüche gezielt einsetzen können. Wie Lynd ironisch formulierte, war es das praktische Ziel der Studie, herauszufinden, »how to turn frightened draftees (= eingezogene Soldaten) into tough soldiers who will fight in a war whose purposes they do not understand«[52]. Andererseits hoben die Sozialreformer die Vorzüge des präzisen methodologischen Konzepts der Studie ausdrücklich hervor und trennten so die sozialtechnische Funktion der Untersuchungen von ihrem methodischen Instrumentarium ab. Der sozialkritische Flügel, der sich in eigenen Untersuchungen durchaus qualitativer und nichtstandardisierter Methoden bediente und deren Vorzüge noch in den 30er Jahren mit Vehemenz verteidigt hatte, kapitulierte vor der technischen Brillanz der neuen Methodologie.
Wir wollen dagegen zeigen, daß die Parteinahme von *The American Soldier* für gelenkte Massenkontrollen eine innere Beziehung zu den Untersuchungsmethoden des Projekts hat.

51 Stouffer, *Afterthoughts* ... In: Lazarsfeld/Merton 1950.
52 R. S. Lynd, in: *New Republic*, 27. 8. 1949; A. M. Lee in *The Annuals*, Ept. 1949. Nach Lazarsfeld/Merton, S. 221 ff.

Nur vor dem Hintergrund der praktischen Funktion der Studie läßt sich ihr spezifischer methodologischer Ansatz erklären. Eine Kritik des Social engineering muß daher gleichzeitig die »new methodology« zurückweisen.
Die beteiligten Sozialforscher haben das Projekt über den amerikanischen Soldaten als Paradigma der neuen Methodologie angesehen.[53] Soweit die Studie theoretische Begriffe verwendete, verband sie diese durch präzise Operationalisierungsvorschriften mit meßbaren Indizes. Die untersuchten Stichproben prüfte man eingehend auf ihre Repräsentativität, die Datenermittlung verlief weitgehend standardisiert und grenzte so den methodischen Ansatz scharf von der »anekdotischen« Form sozialwissenschaftlicher Beobachtung ab.[54] Untersuchungsinstrumente waren kontrollierte Experimente, in der Hauptsache aber Interviews, die mit vorfixierten Fragebögen durchgeführt und deren Ergebnisse direkt in Meßskalen übertragen wurden. Die Meßtechnik wurde mit der Skalogrammanalyse nach Guttman im Forschungsprojekt selbst entwickelt. Die Ausarbeitung dieser Technik gilt als die besondere methodologische Leistung des Projekts: »Just as World War I had led to extensions in the use of factor analysis, (the studies about the American soldier) had evolved an elaborated scale analysis, and could put this forward as a substantial technical contribution to the social sciences.«[55]
Die Skalogrammanalyse entspricht nicht nur deshalb den methodischen Postulaten des Projekts und der integrativen Sozialforschung insgesamt, weil sie Beobachtungen in meßbare Daten umsetzt. Sie garantiert gleichzeitig eine hochgradige Begriffsoperationalisierung, einen festgelegten Interviewablauf und maximale Zuverlässigkeit der Erhebungen. Die strenge Operationalisierung theoretischer Begriffe ist dadurch gegeben, daß eine Guttmanskala eindeutig jedem Antwortmuster einen bestimmten Einstellungswert zuordnet. Damit eliminiert sie den relativ weiten Interpretationsspielraum von Einstellungsmessungen, den etwa Thurstone- und Likertskala durch die Vielzahl verschiedener und dennoch in der Endsumme

53 Ausführlich dargestellt werden methodologische Ansätze in Bd. IV der Studie: *Measurement and Prediction.*

54 Lazarsfeld/Merton 1950: Introduction.

55 Madge, S. 296; Stouffer in der »Introduction« zu T. IV, S. VI.

gleichartiger Reaktionsformen in Kauf nehmen müssen. Da die Skala weiterhin Frage- und Antworttypen genau vorgibt, kann sie nur unter der Bedingung maximaler Standardisierung angewendet werden. Schließlich enthält sie im »coefficient of reproducibility« ein Instrument zur Messung der Zuverlässigkeit einer Skala.

Da also alle methodischen Postulate der Studie über den amerikanischen Soldaten in der Skalogrammanalyse verwirklicht werden, kann an diesem Meßverfahren möglicherweise ein Zusammenhang zwischen methodischem Ansatz und der Auftragsbindung des Projekts deutlich werden. Ist die Tatsache, daß die Skalogrammanalyse in der Armeeforschung ausgearbeitet wurde, nur ein zeitlicher Zufall oder gibt sie Hinweise auf gesellschaftspolitische Bindungen des Verfahrens und seiner leitenden methodischen Prinzipien?

Eine Armeeführung interessiert sich nicht aus Selbstzweck dafür, wie die Soldaten über ihre soziale Situation denken. Im Gegenteil – detaillierte Untersuchungen des Soldatenbewußtseins greifen in die nach außen abgeschirmte Realität des Armeelebens ein, sie gefährden die Separierung des Militärs vom Bereich gesellschaftlicher Öffentlichkeit. Soweit allerdings Disziplin und Schlagkraft der Armee in Frage stehen, werden Sozialuntersuchungen für ihre Leitungsbürokratie interessant. Dieses Interesse ist aber höchst selektiv. Es zielt nicht auf eingehende Erfassung von Soldatenbewußtsein, es beschränkt sich auf diejenigen Einstellungen der Soldaten, die sich in den geregelten Organisationsablauf störenden Aktionen wie Befehlsverweigerung, Spannungen mit den militärischen Autoritäten, Desertionen, Schlägereien, Gruppenkonflikten, simulierten Krankheiten usw. niederschlagen. Vorzüglich solche möglichen Störfaktoren bilden denn auch die Thematik des Projekts über den amerikanischen Soldaten.

Die Interessen der Heeresbürokratie erfordern eine Untersuchung von Soldatenbewußtsein unter dem spezifischen Ziel, relevante Aussagen über Störaktionen treffen zu können. Obwohl die Interviews selbst in einer quietistischen Untersuchungssituation vorgenommen werden – man erfragte z. B. »attitudes toward negroes« nicht während eines manifesten Rassenkonflikts – muß die Handlungsrelevanz von Einstellungen in den Vordergrund der Forschung treten. Konsequent orientiert sich denn *The American Soldier* an einem Begriff von »attitude« als »totality of acts with respect to something«[56], die kognitive Situationsdeutung in ihrer funktionalen Zuordnung zu sozialem Handeln bleibt ausgeschaltet. Das methodische Problem besteht darin, aus diesen Verhaltenstotalitäten eine begrenzte Anzahl solcher Aktionen herauszufinden, aus denen das gesamte Verhaltensmuster rekonstruiert werden kann. Es geht um die Entwicklung von Verfahren, »such that from only one sample of acts the whole configuration can be reproduced«[57].

Als das Teiluniversum von Verhaltensweisen definiert *The American Soldier* die Reaktionen auf einen Fragebogen. Damit stellt die Studie an die Beziehung dieser Teilklasse zur Gesamtklasse der eine Einstellung ergebenden Verhaltensweisen die Forderung, daß jeder Konfiguration von Elementen der Teilklasse ein bestimmtes Teilmuster, und nur dieses, entspricht. Soweit das gewährleistet ist, sind aus den Ergebniswerten einer Befragung Prognosen über das in Frage stehende Verhalten der Untersuchten ableitbar.

Angesichts dieser Forderung erwiesen sich die traditionellen Skalierungsverfahren als unzulänglich, da sie Verhaltensdifferenzen in der Befragung bei angenommener Gleichartigkeit der Einstellung zulassen. Ihre Verwendung macht zusätzliche Entscheidungen darüber erforderlich, welche Reaktionsunterschiede im Interview relevante und welche redundante Verhaltensdifferenzen messen. Die Trennung relevanter von redundanten Reaktionsunterschieden wird aber völlig fragwürdig, wenn man »attitude« als System von Handlungen (»totality of acts«) definiert. Welche Berechtigung hat man noch, einheitliche Verhaltenskonfigurationen aus einheitlichen Meßwerten vorauszusagen, wenn bereits die Antworten auf die Befragungen, die man einem Meßwert zuordnete, verschiedene Verhaltensmuster umfassen? Die Guttmanskala stellt also, da sie nur ein-eindeutige Beziehungen zwischen Antwortmustern und erschlossener Einstellung zuläßt, eine angemessene Realisierung des Anspruchs auf eine in Verhaltensprognosen umsetzbare Datenermittlung dar. Sie gibt einen repräsentativen Querschnitt aus allen für die unter-

56 A.a.O., T. IV, S. 51/2.
57 A.a.O., T. IV, Kap. 3.

suchte Dimension relevanten Fragen und kann daher zur Aufstellung von Wahrscheinlichkeitsprognosen verwendet werden, die nicht nur von der spezifischen Frageauswahl der Skala abhängen:

»One can assign simple weights to a small number of questions from the scalable area with the assurance that the prediction result would be the same as that based upon all the possible questions from the same area.«[58]

Wir haben in Teil III gesehen, daß die Guttman-Skala die kognitive Differenzierung von sozialem Bewußtsein zugunsten seiner Einordnung in eine rigide Meßhierarchie vernachlässigt. Sie treibt damit einen Mangel der historisch vorangehenden Skalierungsverfahren auf die Spitze. Wir können jetzt feststellen, daß dieser Objektivitätsverlust skalierter Sozialdaten mit dem restriktiven Interesse der Heeresbürokratie am sozialen Situationsverständnis der Soldaten harmoniert. Zulässiges Thema ist soziales Bewußtsein nur insofern, als es voraussagerelevante Daten über gute und schlechte Truppenmoral, also das *Verhalten* von Soldaten, liefert. Gerade die Verbesserung dieser Voraussagerelevanz ist indes der entscheidende Beitrag der Skalogrammanalyse im Vergleich zu Summen- und Differential-Skala. Es scheint daher kein Zufall, daß sie im Untersuchungsprojekt über den amerikanischen Soldaten entwickelt wurde.

Besonders gut läßt sich diese praktische Beziehung der Guttmanskala an den Studien zur Kampfbereitschaft (»attitude toward combat«) der Soldaten verdeutlichen.[59] Ihre sozialtechnische Funktion war, Indikatoren zu finden, mit deren Hilfe sich die Kampfkraft von Kompanien voraussagen läßt. Ihre Ergebnisse sollten als eine Entscheidungsgrundlage für die Zuweisung von Truppeneinheiten an Frontabschnitte oder in der Etappe Verwendung finden. Die Sozialforscher entwickelten dazu eine Skala zur Messung der »attitude of combat« und korrelierten die Ergebnisse einer in bestimmten Regimentern durchgeführten Erhebung mit einem objektiven Indikator für die Kampfstärke einer Truppe, nämlich der Anzahl von Fehl- und Krankmeldungen vor Kampfhandlungen (»non-battle casualty rate«). Da sich die Korrelationen weit-

58 A.a.O., T. IV, S. 156.
59 A.a.O., T. II.

gehend als signifikant erwiesen, konnten die Sozialforscher ihr Skalogramm als Orientierungshilfe für die Planungsstrategie der Heeresbürokratie empfehlen. Lazarsfeld erschienen diese Studien so wichtig, daß er sie in einer posthumen Veröffentlichung von Schriften Stouffers als paradigmatischen Beleg für die Relevanz von Einstellungsmessungen zur Voraussage von »subsequent behavior« anführte.[60]

Möglich wird die Voraussagerelevanz der Einstellungsskala allerdings erst durch weitgehende Reduktion des Anspruchs, das Verständnis der Soldaten vom bewaffneten Kampf und der Todesdrohung zu ermitteln. Als existentielle Gefährdung stellt dieser Kampf eine Grenzsituation im Leben des Soldaten dar; er ist gleichzeitig eine Situation, in der die maximale Entfaltung sozialer Aggressivität legal möglich wird. Lebensbedrohung und Aggressionsentfaltung, ihre Beziehung zum sozialen Lebenszusammenhang der Soldaten und die Stellung der Soldaten zu diesen realen Möglichkeiten werden aber im Skalogramm überhaupt nicht thematisiert. Ihre Ermittlung würde den sozialtechnischen Verwertungsanspruch der Untersuchung eher behindern. Die Fragen beschränken sich daher auf die globale Selbsteinschätzung der Bereitschaft zu »combat«, der physischen Kondition dazu und die für Kampfhandlungen erforderlichen Fertigkeiten (skill). Typisch in ihrer Vagheit und Oberflächlichkeit ist die folgende Frage samt monoton gegliederten Antworttypen[61]:

»Which of the following best tells the way you feel about getting into the actual battle zone?

– I want very much to get into it just as soon as possible.
– I'm ready to go anytime.
– I would like to go before it's over, but I don't think I'm ready yet.
– I hope I won't have to go, but if I do, I think I'll do all right.
– I hope I won't have to go because I don't think I would do very well.
– No opinion.«

Ermittelt wird ein unbestimmtes Meinen, Hoffen und Wünschen, an ebenfalls völlig vage umrissenen Tätigkeiten im Kampf teilzunehmen. Von der Erfassung eines inhaltlichen

60 Lazarsfeld ed., 1962.
61 Stouffer et al. T. IV S. 149.

Problembewußtseins von Kampfhandlungen, ihrem Risiko für das eigene Leben und von der eigenen Stellung zu diesem Risiko kann nicht die Rede sein. (Eindeutige Ablehnungen der Teilnahme an Kämpfen schließt der vorfixierte Fragebogen übrigens aus.) Diese Reduktion sozialen Bewußtseins auf unbestimmte Gefühlsneigungen ist für den praktischen Zweck des geplanten Kompanieeinsatzes völlig ausreichend und für die Aufstellung prognoserelevanter Werthierarchie sogar vorteilhaft. Gemessen am Objektivitätsanspruch ist die Ermittlung des Soldatenbewußtseins allerdings so ärmlich, daß man im späteren Untersuchungsverlauf völlig auf sie verzichten konnte: Die wahrscheinliche Kampfstärke von Truppeneinheiten ließ sich durch direkte Korrelation der »non-battle casualty rate« mit objektiven demographischen Daten noch einfacher messen[62].

Der prognostische Wert der Guttmanskala darf allerdings nicht überschätzt werden. Die Beschränkung der Einstellungsanalyse auf verbale Reaktionen (Aspekt 5) hat zur Folge, daß aus den Ergebnissen des Skalogramms nur sehr bedingt Schlüsse auf wirkliches Verhalten zu ziehen sind. Mit der Definition von Einstellungen als Verhaltenstotalität und der Bestimmung von Reaktionsmustern auf Skalogrammen als repräsentativer Sektor dieser Totalität verschleiern die Militärsoziologen nur das zentrale Problem ihrer Meßtechnik. Der Bruch zwischen verbalen Aussagen und wirklichem Sozialverhalten ist auch durch die raffinierteste Skalierungstechnik nicht überwindbar. Relativ zu anderen Skalierungsverfahren nimmt der prognostische Wert der Guttman-Skala geringfügig zu. Das entscheidende Hindernis für zuverlässige Verhaltensprognosen besteht aber unterschiedslos für alle Techniken der Einstellungsmessung.

Für die an statistischen Mittelwerten interessierte Heeresbürokratie reicht die geringe Voraussagekraft der Skalogramme teilweise völlig aus. So beträgt beispielsweise der Korrelationskoeffizient zwischen »willingness to combat« und »non-battle casualty rate« 0,33, was inhaltlich besagt, daß die nicht kampfbedingten Ausfälle in den drei Kompanien eines Regiments, deren Soldaten die durchschnittlich höchste Kampfbe-

62 Madge 1963.

reitschaft manifestierten, um 11% geringer war als in den drei Kompanien mit der geringsten Kampfbereitschaft.[63] Für den militärischen Entscheidungsprozeß mögen derartige Unterschiede ins Gewicht fallen. Dennoch ist nicht einzusehen, weshalb die insgesamt doch geringe prognostische Relevanz der Guttmantechnik die Voraussagekraft weniger anspruchsvoller Methoden der Einstellungsmessung – wie das Verfahren von Likert oder auch einfaches »opinion polling« – entscheidend übertreffen soll. Abgesehen vom technischen Aufwand, der mit der Aufstellung einer Guttmanskala verbunden ist, hat diese noch den zusätzlichen Nachteil, daß sie für jede Population und nach längerfristigen Zeiträumen neu entwickelt werden muß.[64] Der geringe prognostische Vorteil der Skalogramme wird also um den Preis hochgradiger Komplexität und damit aufwendiger Vortests samt deren mathematischer Analyse erkauft, ohne durch diese Komplexität einen zusätzlichen Erkenntnisgewinn über soziale Orientierungen zu versprechen. Vielmehr wurde für die Guttmanskala die durchschnittlich größte Verzerrung und Verkürzung des Objektivitätsanspruchs von Einstellungsermittlungen festgestellt (Teil III).

Das Mißverhältnis zwischen technischer Komplexität der Skalogramme einerseits, ihrer begrenzten Voraussagerelevanz und ihrem minimalen Erkenntniswert andererseits wird erklärbar, wenn man berücksichtigt, daß eine im Auftrag bürokratischer Organe tätige Sozialforschung neben ihrer sozialtechnischen Funktion ein doppeltes Legitimationsproblem zu bewältigen hat. Sie muß ihre Überlegenheit gegenüber den in bürokratischen Organisationen ohne Sozialforschung bereits praktizierten Beurteilungsmaßstäben demonstrieren, und sie bedarf weiterhin einer Selbstdarstellung als »Wissenschaft«, die nicht völlig in »social engineering« aufgeht.

Die Rechtfertigung gegenüber der Bürokratie wird durch die Lieferung sozialtechnisch verwertbaren Wissens nicht zureichend geleistet. Erstens sind die Erfolge gezielter Sozialtechnologie nur schwer meßbar, und zweitens beschränkt sich das Interesse der Bürokratie an Sozialforschung nicht nur auf die

63 Lazarsfeld ed., 1962, S. 200/204.
64 Stouffer et al., T. IV, S. 82 ff.

Lieferung technischer Empfehlungen, sondern auch auf die Legitimation von Planungsstrategien und Entscheidungen, die von den Herrschaftsträgern der Organisation ohne wissenschaftliche Konsultationen festgelegt werden. Sjoberg hat für eine Reihe von Intelligenztests, zu deren Weiterentwicklung *The American Soldier* wesentlich beitrug, darauf hingewiesen, daß sie in erster Linie ein scheinrationales Verfahren zur Verschleierung von in Wirklichkeit völlig willkürlichen Selektionen darstellen.[65] Diese scheinrationale Legitimation kann eine Sozialforschung ebenso wie eine »rationale Bürokratie« aber nur dann erbringen, wenn sie über einen komplexen Untersuchungsapparat verfügt. Einfache Untersuchungstechniken, die nicht ausschließlich geschulten Experten zugänglich sind, würden Fragwürdigkeit und mangelnde Rechtfertigungsgrundlage der auf ihnen basierenden Entscheidungen durchsichtig machen.

Die Komplexität der Skalogrammanalyse hat also vorrangig die Funktion, die Legitimationsprobleme bürokratischer Maßnahmen durch einen methodischen Ritualismus zu verschleiern. Derselbe Ritualismus entspricht auch dem Bedürfnis der Sozialforscher nach wissenschaftlicher Selbstrechtfertigung, dem an Auftragsfunktionen gebundene Untersuchungen nicht durch differenzierte, über Oberflächenbilder hinausgehende Datenermittlung sowie anspruchsvolle Theorienbildung entsprechen können, sondern allein durch die Komplexität des technischen Apparats. Die Verwendung einer Guttmanskala erlaubt, so hatten wir gesehen (Teil III), nur eine verkürzte und oberflächliche Erfassung sozialer Orientierungen und entspricht eben dadurch dem nur begrenzten Interesse der Auftragsbürokratie am sozialen Bewußtsein der untersuchten Menschen; andererseits ist aber mit ihrer Aufstellung und Verwendung ein derart großer Aufwand an Vortests und Rechenverfahren verbunden, daß die Datenermittlung an Komplexität zunimmt. Das Ritual der Vortests und mathematischen Prozeduren verleiht damit der Untersuchung die Legitimation der »Wissenschaftlichkeit« und verdeckt so die Ärmlichkeit der in ihr möglichen Erfassung sozialen Bewußtseins.

65 Sjoberg 1959.

Die Einstellungsmessung nach Guttman kommt aus einem weiteren Grund der Interessenlage der Heeresbürokratie entgegen. Soziale Orientierungen sind häufig durch mehrdimensionale Strukturen und einen nicht eindeutig bestimmbaren Gegenstandsbezug gekennzeichnet. So stellt sich das Verhältnis von Arbeitern zu ihrer Tätigkeit kaum als Einstellung zu einem festgelegten und klar umrissenen Vorstellungsinhalt »Arbeit« dar, vielmehr gliedert sich der Vorstellungsinhalt in verschiedene Dimensionen der Tätigkeit, denen unterschiedliche und sich überkreuzende Erfahrungen entsprechen. Ähnliches läßt sich vermuten für die Einstellung von Soldaten zum Krieg, zu ihrem Armee-Job, zum Herrschaftssystem in der Armee – um einige für das Untersuchungsprojekt relevante Problemkreise zu nennen. Der Heeresbürokratie wird das subjektive Lageverständnis der Soldaten jedoch nur so weit zum Problem, wie es Einstellungen zu institutionellen Regelungen innerhalb der Armee betrifft und wie sich Kenntnisse von ihm in Strategien der Beherrschung der Soldaten und ihren wirksamen Einsatz im Krieg umsetzen lassen. Mit der Beschränkung des Bezugsthemas auf institutionelle Regelungen gewinnt aber das interessierende Einstellungsmuster an Eindeutigkeit – statt Erkenntnissen über Einstellungen zum komplexen Herrschaftssystem der Armee erwarten die Generale solche über das Verhältnis der Soldaten zu ihren Offizieren, statt der Einschätzung von Frauenarbeit in der Armee interessiert sie die Einstellung zum institutionell klar umrissenen »Women's Army Corps«.
Soweit die Untersuchung sozialen Bewußtseins Handlungsanweisungen zur gelenkten Massenkontrolle liefern oder bereits entworfene Planungsstrategien von Bürokratien legitimieren soll, müssen komplexe Gliederungen der Einstellungsmuster zugunsten eindeutig erfaßbarer Merkmalsausprägungen zurücktreten. Erst wenn Einstellungen eindeutige Merkmalsausprägungen und einen fest umrissenen Gegenstandsbezug haben, sind sie für die Formulierung eindeutiger Handlungsprognosen verwendbar. Mehrdimensionale Einstellungen mit unbestimmtem thematischem Bezug machen auch die Prognosen uneindeutig, oder sie lassen, anknüpfend an die verschiedenen Merkmalsausprägungen, viele sich überkreuzender Voraussagen zu, deren gegenseitige Abwägung schwierig wird.

Sowohl die Einschränkung der interessierenden Themen auf institutionell fixierte Inhalte wie auch die planungsstrategische Zielsetzung der Heeresbürokratie legen als methodisches Programm nahe, die Einstellungsanalyse auf eindimensionale und durch festen Gegenstandsbezug ausgezeichnete soziale Orientierungen zu beschränken. Die Beschränkung der Untersuchungen auf eindeutig objektbezogene Einstellungen wird im Projekt über den amerikanischen Soldaten offen zugegeben und auch durch die praktischen Ansprüche der Armeebürokratie – die die Forscher immer mit »the army« gleichsetzen – erklärt:

»The army needed quickly and accurately facts about attitudes which would be practically useful in policy making – and not attitudes in general, but rather attitudes towards very specific things which might be manipulable.«[66]

Diesem Anspruch der Auftragsbürokratie kommt eine Verwendung der Skalogrammanalyse besonders entgegen. Ihrer Definition nach stellt sie den Versuch dar, Einstellungen auf nur einer Merkmalsdimension zu erfassen. Die Beschränkung des Untersuchungsbereichs durch diese Regel wird bewußt in Kauf genommen, um die eindimensionale Gliederung der Skalenwerte durchzusetzen. Die Eindeutigkeit der Merkmalsdimension sichert die »Guttman-Technik« durch Begrenzung der skalierten Fragebögen auf festliegende Themen und die fast durchgängige Vermeidung indirekter Fragen ab. Die Skala etwa zum »Women's Army Corps« schneidet nur diesen Themenbereich an und vermeidet sämtliche Fragen, die allgemeinere Einstellungen zur sozialen Stellung der Frau und ihrer Beziehung zur Armee betreffen. Die einzige Frage dieser Skala, in der statt »Women's Army Corps« unspezifisch die Funktion von Frauen in der Armee thematisiert ist, wurde wegen zu großer Antwortstreuungen in Vortests eliminiert.[67]

Die Maxime, die Fragen der Skala auf ein einheitlich bezeichnetes Thema zu begrenzen, dessen Bedeutung durch bestimmte institutionelle Strukturen der Armee festgelegt ist, kennzeichnet die Skalogramme des »American Soldier« insgesamt. So führt ein Kapitel, das den Nutzwert der Skalogrammanalyse diskutiert, als Beispiele an: »Satisfaction with

66 Stouffer et al., T. I, S. 37.
67 A.a.O., T. IV, S. 132.

one's army job«, »attitude toward officers«, »attitude toward the Women's Army Corps«, »[...] toward post-war conscription«, »[...] toward an army career«, »[...] toward combat«.[68] Die entsprechenden Fragebögen sind weitgehend so gegliedert, daß das untersuchte Thema explizit in jeder Frage aufgenommen wird.

Gesichert wird der einheitliche Bezugspunkt der Fragen durch die in Vortests hergestellte monotone Fragegliederung – leitend ist hier die Annahme, daß Fragen, deren Bedeutungsinhalt verschieden interpretiert wird, auch nicht konsistent in die wertmäßige Rangordnung der Skala eingegliedert werden können.[69] Die Fixierung der Skalogramme auf einheitlich interpretierte Bezugsobjekte ist durch das wissenschaftsimmanente Motiv der Ermittlung sozialen Bewußtseins überhaupt nicht zu rechtfertigen. Vielmehr gibt die unterschiedliche Interpretation des Einstellungsthemas durch verschiedene Befragte mindestens ebensoviel Aufschluß über ihre sozialen Orientierungen wie die Feststellung, daß ihre Reaktion auf ein einheitlich gedeutetes Bezugsobjekt bestimmte Wertdifferenzen aufweist. So würde eine Befragungstechnik, die Unterschiede im Bedeutungsverständnis des Themas »Frauen in der Armee« explizierbar macht, erst die Möglichkeit eröffnen, die geäußerten Einstellungen aus ihrem sozialen Kontext heraus zu analysieren, z. B. indem sie zwischen Soldaten unterscheidet, die das Problem mehr im erotischen Zusammenhang, und anderen, die es mehr unter dem Gesichtspunkt sozialer Konkurrenz sehen. Mit der auf eindeutigen Objektbezug ausgerichteten Skala zum »Women's Army Corps« ist bereits diese simple Differenzierung nicht mehr möglich. Die Verwendung von Skalogrammen, die nur homogene thematische Bezüge zulassen, muß also aus dem eingestandenen Interesse der Heeresbürokratie gerade an einem so verkürzten Untersuchungsansatz erklärt werden.

68 A.a.O., T. IV, Kap. 5.
69 A.a.O., T. IV, S. 151.

2. »Thematisches Bewußtsein« als Leitbegriff einer emanzipatorisch gerichteten Sozialforschung

Das vorliegende Manuskript beschränkte sich auf die kritische Analyse von Untersuchungsmethoden, die in der integrativen Sozialforschung zur Erfassung sozialer Orientierungen bevorzugt werden. Es sollte zeigen, daß diese Untersuchungsinstrumente aufgrund ihrer, durch bestimmte gesellschaftspolitische Parteinahmen erklärbaren, Restriktionen und Umdeutungen des Gegenstandbereichs »gesellschaftliches Bewußtsein« nicht akzeptabel sind für Sozialuntersuchungen, die eine praktische Emanzipation der unterdrückten Klassen von spätkapitalistischer Herrschaft mit vorbereiten und fördern sollen. Dazu geeignete Methoden sind aus der kritischen Analyse nicht ableitbar; sie können erst im Zusammenhang inhaltlicher Forschungs- und Bildungsprogramme erarbeitet werden.
Trotzdem sollen abschließend einige Hinweise, zwar nicht zum methodischen Konzept einer emanzipatorischen Sozialforschung, wohl aber zu ihrem möglichen Leitbegriff von »gesellschaftlichem Bewußtsein« gegeben werden. Diese Hinweise knüpfen an die Darstellung des sozialpsychologischen Einstellungsbegriffs an. Kennzeichnend für den Begriff »Einstellung« war dessen Reduktion auf eine abgelöste Wertungsdimension, die Abtrennung vom Bereich sozialer Handlungen, die Zuweisung an individuelle Trägersubjekte, die Annahme situationsunabhängiger Geltung und die Zielrichtung auf eindeutige, zumeist vom Sozialforscher definierte Bezugsobjekte.
In Abgrenzung von den angeführten Merkmalen des Einstellungsbegriffs wird ein Begriff von sozialer Orientierung entwickelt, der für emanzipatorische Untersuchungsprogramme leitend sein könnte. In einer sprachanalytischen Argumentation wird dargelegt, daß jedenfalls für soziale Haltungen im unmittelbaren sozialen Verkehr die zuerst genannten Begriffsmerkmale von »Einstellungen«, nämlich die Trennung kognitiver, evaluativer und aktionsorientierter Komponenten sozialer Orientierungen, nicht aufrechtzuerhalten ist. Eine Verallgemeinerung dieser elementaren sozialen Haltungen zu einem Typus von Bewußtsein über gesellschaftliche Themen, der als »thematisches Bewußtsein« bezeichnet wird,

zeigt weiter, daß dieser Begriff kollektive Trägersubjekte, situationsgebundene Interpretationsmuster und durch die Trägersubjekte definierte Bezugsobjekte voraussetzt – drei weitere Begriffsmerkmale von »Einstellungen« sind also für »thematisches Bewußtsein« nicht zutreffend.
Der Begriff des thematischen Bewußtseins wird an Studien zur öffentlichen Sprechweise weiter erläutert. Soziolinguistische Autoren haben in der öffentlichen Sprechweise immer ein unterlegenes Medium von Wirklichkeitserkenntnis und ihrer sprachlichen Darstellung gesehen. Ihnen folgend, ließe sich der Begriff »thematisches Bewußtsein« bestimmt nicht als Vorbild von Untersuchungsprogrammen mit emanzipatorischem Bildunganspruch vertreten. Anknüpfend an Ergebnisse der Methodologiekritik werden wir aber die soziolinguistische »Defizithypothese« widerlegen.

2.1 *Soziale Haltungen und thematisches Bewußtsein*

Auf der Ebene unmittelbaren sozialen Verkehrs artikulieren sich soziale Haltungen in Äußerungen, die bestimmten Personen oder Interaktionsgruppen soziale oder psychische Merkmale zuschreiben. Sätze solcher Art sind etwa: »Du bist aber häßlich«, »Peter ist verdammt aggressiv«, »Rosi ist mir sympathisch«, »Mensch, sieht Jakob elend aus!« Diese Sätze können weder zureichend als wertende Stellungnahme noch als Feststellung eines Sachverhalts analysiert werden, noch läßt sich ihr Sinn unabhängig von bestimmten Sozialbeziehungen zwischen dem Sprecher und der Bezugsperson seiner Haltung bestimmen. So gibt die Äußerung »Mensch, sieht Jakob elend aus!« nicht einfach einen spezifischen körperlichen oder seelischen Zustand an, unter dem Jakob gerade leidet, sondern er ist gleichzeitig ein Ausdruck des Bedauerns und enthält indirekt die Bereitschaft, aktive Hilfsmaßnahmen zur Besserung des gegenwärtigen Zustands von Jakob zu ergreifen. Dieser Kontext der Äußerung, die ihren Gebrauch und damit auch ihren Sinn prägt, kann durch erläuternde Äußerungen angegeben werden wie: »Das tut uns aber leid«, »Wir sollten seine Schwierigkeiten mit ihm bereden«. Äußerungen, die soziale Haltungen indizieren, enthalten also gleichzeitig eine Zustandsbeschreibung, eine wertende Stellungnahme und besondere Handlungstendenzen des Sprechers sowie Erwartungen über

Aktionen der Bezugsperson (»Peter ist aggressiv« – »Paß auf, er schimpft los, wenn du ihm jetzt widersprichst«).

Deutlich werden diese sinnbestimmenden Implikationen von Äußerungen über soziale Haltungen, wenn man sie aus ihren alltäglichen Gebrauchszusammenhängen in die Situation eines wissenschaftlichen Experiments versetzt denkt, das die Wirkung bestimmter Präparate auf Versuchspersonen untersuchen soll. Für den Sinn des Experimentprotokolls – z. B. »Jetzt wird Vp X aggressiv« – ist völlig gleichgültig, ob der Experimentator die manipulierte Person bedauert oder nachträglich, etwa durch Verabreichung einer Gegenprobe, Vp X über die künstlich erzeugte Aggressivität hinweghilft. Eine engagierte Stellungnahme des Experimentators und bestimmte Aktionstendenzen gehen erst dann in die Zustandsbeschreibung ein, wenn Vp X unerwartet und entgegen den vorgeplanten Regeln des Versuchsablaufs wütend zu brüllen anfangen würde. Dieser Fall könnte dem Versuchsleiter einen, in seinem Forschungsprogramm nicht vorgesehenen, Schreck einjagen und dazu veranlassen, die gereizte Versuchsperson zu besänftigen – der Satz: »Jetzt ist er aber aggressiv geworden« wäre dann Ausdruck einer sozialen Haltung zur Person »Vp X«, allerdings zeigt er damit auch den schleunigen Abbruch des Experiments an.

Formal entspricht der entwickelte Begriff der sozialen Haltung durchaus der Definition des sozialpsychologischen Einstellungsbegriffs als Kombination von Kognition, Bewertung und Aktionstendenz, wenngleich er sich in situationsgebundenen Äußerungen darstellt und eine nur momentane Geltung haben kann. Der entscheidende Unterschied ist aber, daß diese Komponenten im Einstellungsbegriff prinzipiell trennbar und infolgedessen auch gesondert erfaßbar gedacht sind. Die Ausgliederung der evaluativen Dimension ist Voraussetzung der Messung von Einstellungen auf vertikalen Skalen, die Ablösung von seiner Aktionsdimension Vorbedingung, um Einstellungen in einer quietistischen Befragungssituation erfassen zu können. In einer sozialen Haltung sind dagegen die drei Dimensionen derart verknüpft, daß die Herauslösung einer Dimension den Sinn der Äußerung, die die soziale Haltung angibt, entscheidend verändert: Das soll eine Analyse von Äußerungen zu sozialen Haltungen verdeutlichen.

Ihrer syntaktischen Struktur nach scheinen Äußerungen wie: »Heike wirkt sehr traurig«, »Dieter ist verdammt aggressiv« seelische Zustände oder Verhaltensmuster der Adressaten und zusätzlich dazu Werthaltungen und mögliche Reaktionen des Sprechers anzugeben. Doch macht eine Abtrennung des deskriptiven Gehalts die Bedeutung der Aussage entweder völlig sinnleer, soweit seelische Zustände das Thema sind, oder aber frei für verschiedene nicht unter »Trauer« und »Aggressivität« mehr subsumierbare Deutungsmöglichkeiten, soweit die Deskription von Verhaltensmustern intendiert ist.
Zunächst zum mentalistischen Programm, das den deskriptiven oder kognitiven Gehalt sozialer Haltungen als introspektiv zugängliche Zustände wie Trauer und Wut interpretiert: Es kann nicht erklären, wie der Träger sozialer Haltungen Äußerungen über derartige Zustände des Adressaten überhaupt eine Bedeutung zulegen kann. Sowohl die Idee der Vergegenwärtigung introspektiver Zustände anderer Personen wie das Modell ihrer introspektiven Zugänglichkeit insgesamt sind nämlich zu Denkvoraussetzungen gezwungen, die ihrer Geltung gerade widersprechen.
Seelische Zustände, so die Voraussetzung des Mentalismus, sind nur als Selbsterfahrungen der direkt betroffenen Subjekte erfaßbar; sie lassen sich, im Gegensatz zur Wahrnehmung äußerer Objekte, nur relativ zur je eigenen Subjektivität bestimmen. Die vom mentalistischen Programm geforderte imaginative Vergegenwärtigung von seelischen Zuständen anderer macht aber gerade eine Abstraktion von dieser subjektiven Bindung notwendig – das nun widerspricht der Definition seelischer als wesentlich subjektiver Zustände. Zudem steckt schon in der Idee introspektiver Selbsterfahrung die Widersprüchlichkeit, daß eine Vergegenständlichung von Erfahrungen angenommen wird, die ihre Unmittelbarkeit gerade aus einer nicht-objektivierbaren Präsenz vor jedem Erkenntnisakt herleiten. Das Modell der inneren Erfahrung kann nicht wie die Wahrnehmung äußerer Objekte, also auch nicht als in sprachliche Beschreibungen umsetzbarer kognitiver Akt gedeutet werden.[70]

70 Ausführlicher zu dieser von Wittgenstein stammenden Argumentation: Berger 1972, S. 34 ff.

Ebenso scheitert das verhaltensdispositionale Programm, das Sätze über soziale Haltungen als verkürzte deskriptive Angaben über Verhaltensmuster interpretiert, d. h. als geordnete Menge von Verhaltensabläufen, die der angesprochenen Person unter spezifischen Umsänden zukommen. Zunächst sind diese Verhaltensmuster überhaupt nicht eindeutig und vollständig angebbar. Es ist zum Beispiel unmöglich, die dem Muster »Aggressivität« zugeordneten Verhaltensweisen und Situationsumstände in eine umrissene und verbindlich festgelegte Menge, die insgesamt das Verhaltensmuster »aggressiv« ausmachen soll, zu ordnen.

Unabhängig von dieser methodischen Schwierigkeit, die allein den behavioristischen Anspruch der Reduktion auf »stimulus-response«-Gesetzmäßigkeiten widerlegt, ist das verhaltensdispositionale Programm deshalb undurchführbar, weil die von sozialen Haltungen angezeigten Verhaltensmuster je nach der spezifischen Interaktionsbeziehung zwischen Träger und Adressat der sozialen Haltung verschieden sind – von soziokulturellen Unterschieden ganz zu schweigen. Jemand ist etwa seinen Arbeitskollegen, seinen Kneipkameraden, seiner Freundin oder flüchtigen Bekannten gegenüber in jeweils anderer Weise aggressiv. Es ist nicht möglich, diese unterschiedlichen Verhaltensmuster in Absehung von der spezifischen Sozialbeziehung zu den verschiedenen Verkehrspartnern auf den einen Nenner »Aggressivität« zu bringen. Durchaus sympathisierende Handlungsmuster gegenüber Kneipkameraden können bereits, sofern gegen flüchtige Bekannte geäußert, als Ausdruck ziemlicher Aggressivität gelten. Aus dieser Sachlage muß man schließen, daß nicht das beobachtbare und protokollierbare Verhaltensmuster den Aussagegehalt sozialer Haltungen bestimmt, daß vielmehr die spezifische Interaktionsbeziehung zwischen Träger und Adressaten der Haltung den Aussagegehalt entscheidend mitprägt. Damit gehen wertende Stellungnahmen und Aktionstendenzen des »Trägers« konstitutiv in den kognitiven Aussagegehalt ein. Oder anders formuliert: Der kognitive Gehalt sozialer Haltungen ist von ihrer evaluativen und ihrer aktionsorientierten Dimension nicht abtrennbar.

Wie Kognitionen sind auch Wertschätzungen nur um den Preis grundsätzlicher Bedeutungsverschiebungen von sozialen

Haltungen ablösbar. Zunächst scheint es zwar, daß eine Person P. die in der Äußerung »Dieter ist verdammt aggressiv« implizierte Wertung gesondert formulieren kann – »Das gefällt mir nicht«. Doch sind ebensogut Situationen vorstellbar, in denen P. die Haltung gegenüber Dieter mit der Wertung verbinden würde: »Das gefällt mir«. Um beide Wertungen, damit Haltungen, voneinander unterschieden zu halten, muß P. eine Begründung angeben können. Zum Beispiel kann er den ersten Fall so erläutern »Er brüllt mich dauernd an, und das geht mir auf die Nerven«, und im zweiten Fall »Er haut ordentlich gegen die knüppelschwingenden Bullen zurück«. Da also die Wertschätzung von P. erst über ihre Begründung vervollständigt wird, ist sie unzureichend definiert, wenn sie nur den positiven oder negativen Charakter einer sozialen Haltung bezeichnen soll. So kann das Mißfallen an der Aggressivität von Dieter auch so begründet werden, daß P. sich Sorge um Dieters Wohlbefinden macht – »Er muß Schwierigkeiten mit seiner Freundin haben – das gefällt mir nicht«. Die mit dieser Haltung verbundene Wertschätzung wäre falsch analysiert, wenn man sie unabhängig von ihrer inhaltlichen Erläuterung einfach als negative Einschätzung der Aggressivität bestimmt.

Soweit wurde der Begriff der sozialen Haltung als Einheit von Kognition, wertender Stellungnahme und Interaktionsbeziehung zwischen Personen definiert. Diese Bestimmung kann aber um soziale Objektsymbole und soziale Situationen als Bezugspol der Haltung erweitert werden. Soziale Haltungen artikulieren sich auch in Äußerungen wie: »Durch die Personalkartei werde ich wie ein Häftling behandelt«, »Die Pausen sind so kurz, daß man sein Essen wie ein Affe herunterschlingen muß«, »Nach der Arbeit am Fließband bin ich jeden Tag gerädert«. In ihnen verbinden sich offensichtlich bestimmte Erkenntnisinhalte mit Wertungen in einer Weise, daß ihre Trennung nur um den Preis einer Bedeutungsverschiebung durchführbar wird. Eine Reduktion der Aussage über die Personalkartei auf eine bloße Beschreibung würde in eine Darstellung der Praxis des Personalbüros ausmünden, die für das betriebliche Management durchaus akzeptabel ist, damit aber die besondere Erfahrungsdimension des Trägers der Haltung nicht mehr deutlich macht (vgl. IV, 1.2 a). Ebenso verzerrend wirkt sich eine Zurückführung der Aussage auf Wertakte aus, wie sie unter dem methodischen Zwang einer Einstellungsmessung vorgenommen wird. Die Wertung, die im Ausdruck »wie ein Häftling behandelt« steckt, kann unabhängig von dem kognitiven Gehalt, den der Haltungsträger mit einer Häftlingssituation verbindet, überhaupt nicht adäquat eingeschätzt werden. Die Feststellung etwa, die negative Stellungnahme in der zitierten Äußerung sei deutlich extremer als die im Satz »Die Personalkartei fördert eine ungerechte Behandlung der Arbeiter«, ist nur sehr ungefähr und mißverständlich, da sich die beiden Äußerungen zugrunde liegende Bewertung auf eine je andere kognitive Situationseinschätzung bezieht.

Der Bedeutungsgehalt solcher situations- und objektbezogener Haltungen ist aber auch unzulänglich analysiert, wenn man von ihrer Aktionsorientierung absieht. Zunächst geht in ihren Sinn ein, daß der Träger der Haltung bestimmte Handlungen ausführt – die Aussage über Fließbandarbeit z. B. spielt indirekt auf Tätigkeiten des Sprechers im Arbeitsprozeß an. Aber auch die Sprechsituation selbst impliziert bestimmte Handlungen: Jede sprachliche Handlung steht in einem über diesen Akt hinausgehenden Handlungskontext und setzt selbst Handlungsverpflichtungen bestimmter Art. Zu Äußerungen mit rein kognitivem Anspruch – also etwa einem wissenschaftlichen Beobachtungsprotokoll – weisen zudem solche, die soziale Haltungen anzeigen, einen folgenreichen Unterschied auf: Während man in der Bestimmung des Bedeutungsgehalts rein deskriptiver Äußerungen von ihrem Handlungszusammenhang zunächst abstrahieren kann, sind Geltung und Bedeutung von Haltungs-Sätzen durch diesen Zusammenhang konstitutiv bestimmt. So würde die Geltung der Äußerung »Das Personalbüro behandelt mich wie einen Häftling« dann bezweifelbar sein, wenn der Sprecher sie belustigt oder auch völlig unbeteiligt äußert – es sei denn, die Nichtbeteiligung ließe sich als depressiver Akt interpretieren. In Gestik und Intonation der Äußerung stellt sich ihre Bedeutung mit dar. Schließlich deutet ein »Haltungs-Satz« bestimmte Folgehandlungen an, die zur Beurteilung seiner Geltung heranzuziehen sind. So wäre die Äußerung »Beim Autofahren bin ich ein richtiger Mann« sicher dann ungültig, wenn der Sprecher trotz sich anbietender Gelegenheit auf Autofahren verzichtet oder wenn er hinter dem Steuer eher den Eindruck eines Unglückswurms macht. Ebenso machen die oben zitierten Sätze zur Arbeitssituation die latente Bereitschaft zu verändernden Aktionen erkennbar oder – negativer Grenzfall dieser Bereitschaft – die offene Resignation, die miserable Betriebssituation je verändern zu können.

Der Begriff der sozialen Haltung ist nun so weit umrissen, daß seine Erweiterung zu einem Begriff von »thematischem Bewußtsein« möglich wird, der kontradiktorisch zum sozialpsychologischen Einstellungsbegriff steht.
Vorweg sei vermerkt, daß der Begriff »thematisches Bewußtsein« als idealisierender Grenzfall wirklichen gesellschaftlichen Bewußtseins zu verstehen ist, so wie der Begriff der »Einstellung« einen in der Gegenrichtung liegenden Grenzfall bezeichnet. Im Gegensatz zur Sozialpsychologie, die eine Angemessenheit ihres Konzeptes von »attitude« zur wirklichen Struktur sozialer Orientierungen unterstellt, wird »thematisches Bewußtsein« explizit normativ bestimmt. Dieses Verfahren entspricht dem unterschiedlichen Erkenntnisinteresse: Der hier entfaltete Begriff soll ein Orientierungsmodell für emanzipatorisch gerichtete Untersuchungen abgeben, die nicht primär gegebenes Bewußtsein erfassen, sondern einen Anstoß zur Verständigung über die gesellschaftliche Lage unter den Adressaten geben sollen. Dagegen erhebt die integrative Sozialforschung den aus anderen Erkenntnisinteressen herleitbaren Anspruch auf die Erfassung gegebener Bewußtseinsinhalte und begrenzt sich – so sollte die Methodenkritik zeigen – dennoch auf normative Modelle angepaßten Bewußtseins, die quasi den idealen Endzustand von Integrationsbemühungen der herrschenden Klassen im Spätkapitalismus darstellen. Dieser Widerspruch zwischen dem Anspruch auf Realitätsgehalt des Einstellungsbegriffs und der ihm zugeordneten Untersuchungsmethoden zur in Wirklichkeit normativen Orientierung von Begriff und Methode markiert eine zentrale Lebenslüge der integrativen Sozialforschung.
Die skizzierten und die folgenden Bemerkungen zu einer idealtypischen Struktur sozialer Orientierungen sind nur als vorläufige Verständigung zu nehmen. Sie haben mehr die Funk-

tion, die aus Methodenkritik leicht resultierende Perspektivlosigkeit zu vermeiden, ohne ein endgültiges Alternativmodell zum sozialpsychologischen Einstellungsbegriff entfalten zu wollen.
Thematisches Bewußtsein bildet sich als Interpretation sozialer Haltungen, die deren besonderen Personen-, Objekt- oder Situationsbezug zur Orientierung über gesellschaftliche Themen allgemeinerer Art erweitert. Während etwa der Satz »Der Großgrundbesitzer A. zahlt einen Hungerlohn« die soziale Haltung eines Landarbeiters zur Person A. und ihrer ökonomischen Praxis angibt, zeigt der Satz »Die Großgrundbesitzer beuten die Landarbeiter aus« ein Element thematischen Bewußtseins an; während der Satz »Nach der Fließbandarbeit bin ich immer gerädert« eine Haltung bezeichnet, stellt der Satz »Die Arbeit im Industriebetrieb macht uns kaputt« Teil eines thematischen Bewußtseins dar. Während sich also Haltungen auf konkrete soziale Situationen beschränken, zielt das thematische Bewußtsein auf Aspekte der allgemeinen gesellschaftlichen Verhältisse. Die strukturellen Merkmale thematischen Bewußtseins bzw. der thematischen Orientierungen, in die es sich gliedert, sind in Abgrenzung vom Begriff der »Einstellung« folgendermaßen bestimmbar:

1) Im thematischen Bewußtsein sind Kognitionen, wertende Stellungnahmen und Aktionsorientierungen so integriert, daß die Ausschaltung einer dieser Dimensionen eine Bedeutungsverschiebung im Bewußtseinsinhalt zur Folge hat. Dieses Merkmal thematischer Orientierungen folgt logisch aus ihrer Bestimmung als Generalisierung sozialer Haltungen. Unabhängig davon läßt es sich aus der Funktion thematischer Orientierungen rechtfertigen, die im Gegensatz etwa zu wissenschaftlichen Gesellschaftstheorien ein gesellschaftliches Lageverständnis, direkt ankämpfend an Bedürfnisse und Interessen ihrer Träger, entwickeln und dem Ziel zugeordnet sind, Handlungsperspektiven zur Veränderung der Verhältnisse zu eröffnen oder – negativer Grenzfall – einen resignativen Verzicht auf die unmöglich erscheinende Veränderung zum Ausdruck zu bringen. Gerade der ausdrückliche Bezug auf die Interessen einer Sozialbewegung ist eine Bedingung dafür,

daß sie nicht zu – ideologischen – Orientierungsmustern degenerieren, die verdrängte Interessen rechtfertigen.
Thematische Orientierungen werden daher prinzipiell nicht von herrschenden Klassen entwickelt, die eine Interessenbindung ihrer Lagedeutungen durch ihre scheinbar wertneutrale Darstellung, etwa in wissenschaftlichen Theorien, verschleiern, sie entfalten sich im Gegensatz zu diesen als Lagedeutungen unterdrückter Klassen. Um thematische Orientierungen in unterdrückten Klassen adäquat zu verstehen, muß man ihren Erkenntnisgehalt bezogen auf die Interessen ihrer Träger und die in ihnen formulierten Handlungsperspektiven analysieren. »Wahrheit« ist in Sozialbewegungen immer ein Begriff, der als Wirklichkeitserkenntnis nicht zureichend beschrieben werden kann, sondern der die Idee der »Gerechtigkeit« und die Intention auf Herstellung einer »gerechten Gesellschaft« mit enthält. Vorpolitisch machen das bereits umgangssprachliche Redefiguren deutlich, die sich durch die Mischung affektiv besetzter Symbolstrukturen mit kognitiven Aussagegehalten und durch engen Bezug zu Handlungsaktivitäten auszeichnen. Hier besteht eine deutliche Differenz zur Wissenschaftssprache, die auf wertfreie Formulierungen und die Bildung möglichst reiner, von unmittelbaren Aktionsorientierungen abgetrennter Beschreibungen und Erklärungen abgerichtet ist.
Daß die Einheit von Wirklichkeitserkenntnis, interessenbezogener Stellungnahme und Aktionsorientierung das thematische Bewußtsein in Umsturzbewegungen kennzeichnet, wird indirekt deutlich an Gesellschaftstheorien – wie der frühsozialistischen, der marxistischen und der anarchistischen –, die an das Gesellschaftsverständnis solcher Bewegungen anzuknüpfen versuchten. Begriffe wie »Ausbeutung«, »Verelendung«, »Krise« und »Vergesellschaftung« haben nicht nur die analytische Funktion der Erklärung und Gliederung gesellschaftlicher Verhältnisse, sondern enthalten wesentlich Interessenorientierungen und Handlungsperspektiven der arbeitenden Klassen. In dieser Hinsicht hat sich auch ein als »wissenschaftlicher Sozialismus« auftretender Marxismus, jedenfalls in seiner Entstehungsphase, nie von alternativen Gesellschaftstheorien mit emanzipatorischer Zielrichtung abgegrenzt.

Zum Programm der Einheit von Wertung, Erkenntnisinhalt und Handlungsbezug ein Beispiel:
In südeuropäischen Dörfern, dem »Reservoir« des kapitalistischen Arbeitsmarktes, hört man ständig die Auffassung: »Das Land ist härter als die Fabrik«. Ein positivistischer Sozialforscher würde sie so deuten, daß die Bauern und Landarbeiter Fabrikarbeit höher als Landarbeit bewerten, differenzieren würde er sie, indem er graduelle Abstufungen durch einen skalierten Fragebogen zu erfassen versucht. Schließlich könnte er die Abwanderung der Landbevölkerung in Industriestädte als verhaltensmäßige Entsprechung der genannten Einstellung erklären. Er befolgt damit die im Einstellungsbegriff zusammengefaßten Untersuchungsmaximen: stelle die Bewertung eines Themas fest, ordne sie in ein Wertkontinuum ein und setze sie zu möglichen Handlungstendenzen des Einstellungsträgers in Beziehung.
Eine Untersuchung thematischen Bewußtseins kann so nicht verfahren, sie löst den Wertgehalt der thematischen Orientierung »Das Land ist härter als die Fabrik« nicht vom Aussageinhalt ab, sondern versucht zu klären, auf welche bestimmten Merkmale von Land- und Fabrikarbeit sich die Aussage bezieht – ein Ergebnis könnte sein, daß die Landarbeiter ihre Tätigkeit wegen ihrer Stellung als rechtlose Tagelöhner für härter ansehen, zugleich aber negative Merkmale der Industriearbeit – wie Zeitdisziplin, soziale Isolierung, betriebliche Herrschaft – deutlich registrieren. Eine so angelegte Untersuchung ist nicht als kurzfristige Befragung durchführbar, sie muß den untersuchten Subjekten Gelegenheit geben, ihre Sichtweise vom betreffenden Thema selber zu entfalten. In dieser Entfaltung ist der konkrete Erfahrungshintergrund über beide Arbeitsformen und seine kommunikative Verbreiterung im Dorf zu berücksichtigen. So spielen in Südspanien Erinnerungen an das Leben auf Gutshöfen – die verlausten Massenunterkünfte, das kümmerliche Essen – eine wichtige Rolle, wenn die Leute Landarbeit als besonders hart einstufen. Erst diese inhaltlichen Differenzierungen des thematischen Bezuges aus der Sichtweise der Untersuchten machen ihre Stellungnahme zu Land- und Fabrikarbeit angemessen deutlich. Ein Verständnis der Auffassungen als allgemeine Wertvergleiche würde diese Differenzierungen nur verdecken.

Ähnlich ist der Handlungsbezug in die Analyse thematischen Bewußtseins einzubeziehen. Am Beispiel heißt das zunächst, die Auffassung zur Arbeit am wirklichen Arbeitsverhalten in Land und Industrie zu erfassen. Z. B. macht erst die Beobachtung sozialer und kommunikativer Beziehungen im Arbeitsprozeß deutlich, wie Aussagen emigrierter Landarbeiter zu interpretieren sind – so die, daß sie sich in der Fabrik sozial nicht zurechtfinden. Zur Klärung des thematischen Bewußtseins ist ebenfalls zu untersuchen, warum sich Landbewohner zur Abwanderung entscheiden und welchen Arbeitstätigkeiten und -formen sie auf dem Land den Vorzug geben. So betreiben in Südspanien viele Arbeiter auch dann Tätigkeiten auf eigene Rechnung, wenn sie dabei weniger verdienen. Vor diesem Aktionshintergrund bedeutet die Ablehnung der Landarbeit vorrangig eine Ablehnung ihrer kapitalistischen Bedingungen.

2) Im »attitude-research« entscheiden die Wissenschaftler über die Bezugsobjekte der sozialen Orientierungen, die sie untersuchen wollen. Sie legen etwa als Untersuchungsfeld »Religion« fest und gliedern es in »Taufe«, »Hochzeit« und »Todesrituale« auf. Mit diesen Merkmalsdimensionen liegen dann die möglichen religiösen Einstellungen der Subjekte vor der Untersuchung fest. Eine Studie über thematisches Bewußtsein überläßt dagegen Gliederung und begriffliche Differenzierung der sozialen Realität den Subjekten der Untersuchung. Z. B. bestimmen sie den Gegenstandsbereich »Religiosität« (den sie schon anders nennen werden), seine thematische Entfaltung und die Bedeutung der Begriffe, in denen sie sich über ihn verständigen. Ihre Gliederung der sozialen Realität kann sich grundlegend vom Begriffsraster einer präformierten Einstellungsmessung unterscheiden. Während vielleicht ein Sozialforscher die massenhafte Teilnahme von Dorfbewohnern an Beerdigungszeremonien als Index positiver Einstellung zur offiziellen Religion nimmt, kann sie im Selbstverständnis der Teilnehmer eine Handlung zur Sicherung der sozialen Solidarität des Dorfes sein. Für das thematische Bewußtsein der Bewohner wäre dann »Religiosität« mehr dem Problem zuzuordnen, die Funktionsfähigkeit der Dorfgemeinschaft zu erhalten; durch die begrifflichen

Gliederungen des Einstellungsforschers wäre sie nicht angemessen erfaßbar.

3) Ausgangspunkt thematischer Orientierungen sind soziale Erfahrungen ihrer Träger. Die durch sie geleistete Verallgemeinerung von Erfahrungen stellt sich nicht durch systematischen Vergleich verschiedener Situationen her, deren gemeinsames Merkmal dann das thematische Bewußtsein angibt. Vielmehr werden die einzelnen Situationen erst in der thematischen Orientierung transparent und interpretierbar. Sie ist ein Mittel zur Deutung sozialer Erfahrungen, nicht die Feststellung durchgängiger Erfahrungsaspekte, die ohne thematische Orientierung schon durchsichtig waren.
Man kann formal das Verhältnis thematischen Bewußtseins zu sozialen Haltungen in konkreten Situationen mit der Beziehung von Bedeutungsregel und deren Anwendung im Sprachgebrauch vergleichen. Eine Sprachregel kann nicht aus ihren Anwendungsfällen hergeleitet werden, da sie diese Anwendungsfälle erst begrifflich strukturiert, also die Regel die allen Einzelfällen zugrunde liegende Gemeinsamkeit enthält. So kommt ein Landarbeiter nicht dadurch zum Bewußtsein der Ausbeutungsverhältnisse auf dem Land, daß er mehrfach feststellt, er habe bei verschiedenen Landbesitzern zu verschiedenen Anlässen wenig Lohn erhalten. Vielmehr enthält das Ausbeutungsbewußtsein eine bestimmte Deutung u. a. des geringen Lohns, die durch wiederholte Konstatierung desselben Sachverhalts überhaupt nicht entwickelt werden kann. Thematische Orientierungen unterscheiden sich damit auch von stereotypen bzw. depositären Bewußtseinsformen, die unabhängig von konkreten Erfahrungs- und Situationsbezügen existieren. Eine begriffliche Verständigung über soziale Erfahrungen leisten thematische Orientierungen nur, wenn sie ständig im Klärungsprozeß über soziale Situationen und in ihnen entwickelten Haltungen Anwendung und Bestätigung finden. Verlieren sie diesen Bezug, degenerieren sie zu abgelagerten Bewußtseinsformen, die als allgemeine Einstellung zu bestimmten Themen bei beliebigen Gelegenheiten abrufbar sind, ohne ihren Trägern eine Klärung ihrer sozialen Situation noch zu ermöglichen.
Studien zum Arbeiterbewußtsein stellen immer wieder eine

konkrete und erfahrungsbezogene Denkweise der untersuchten Subjekte fest. »Auffällig ist, daß (ihnen) buchstäblich der Boden unter den Füßen weggezogen wird, wenn (sie) die Möglichkeit (verlieren, ihre) Sätze an den erfahrbaren Gegenständen, an der Situation oder am Gegenüber zu bestätigen.«[71] So verdeutlichen südspanische Arbeiter ihre gesellschaftliche Situation zunächst an sinnlich greifbaren Merkmalen – sie heben am Dorfleben die Ruhe und die ständig offenen Türen der Wohnhäuser hervor, sie erläutern die Nachteile des Stadtlebens am Straßenlärm, den verschlossenen Häusern, dem Klima, und sie beklagen an der Fabrikarbeit vor allem die schlechte Luft, die Gasdämpfe, den Lärm der Maschinen. Diese Äußerungen sind durchaus wörtlich zu nehmen, spielen aber gleichzeitig auf komplexere gesellschaftliche Verhältnisse in Dorf, Stadt und Fabrik an, deren abstrakte Darstellung die Arbeiter vermeiden. Eine Untersuchung thematischen Bewußtseins müßte an diesen erfahrungsgebundenen Aussagen ansetzen und im Gespräch zu ermitteln versuchen, welche allgemeineren Merkmale des betreffenden Themas durch sie interpretiert werden sollen und zu welchen weitergehenden Interpretationen die Arbeiter in der Erläuterung ihrer Aussagen greifen. Erst so läßt sich etwa verdeutlichen, daß die »Ruhe« des Dorfes auf die soziale Übersichtlichkeit und soziale Vertrautheit in dieser Lebensform anspielt. Dieser methodische Ansatz, der, an direkte Erfahrungsaussagen anknüpfend, weiterreichende Lagedeutungen zu erhellen versucht, ist eine Verwirklichung des Prinzips, thematisches Bewußtsein als Interpretation situationsbezogener Erfahrungen zu behandeln.

4) Thematische Orientierungen sind kollektive Bewußtseinsformen in zweifacher Hinsicht: Sie geben nicht die allgemeine Interpretation individueller Einzelschicksale, sondern leiten die soziale Stellung von Individuen aus der gesellschaftlichen Lage von Kollektiven her. Das Ausbeutungsbewußtsein z. B. bezieht sich immer auf die Lage der gesamten Arbeiterschaft einer Region.

Soweit liegt allerdings kein grundlegender Unterschied zum Einstellungsbegriff vor, der ebenfalls als Aussagegegenstand

71 Negt/Kluge 1972, S. 89/90.

soziale Kollektive zuläßt. Im Gegensatz zum Einstellungsbegriff ist es aber falsch, Individuen als die Träger thematischer Orientierungen anzunehmen. Wenn ein Landarbeiter die Unterdrückung durch Großgrundbesitzer artikuliert, spricht er als Repräsentant der gesamten Landarbeiter einer Region, er tut nicht bloß seine persönliche Meinung kund. Dieser kollektive Bezugspol thematischer Orientierungen[72] erklärt sich aus ihrer Funktion als Deutungsmuster sozialer Erfahrungen und Situationen. Jede Deutung einer Situation kann – wieder analog zur Anwendung einer Sprachregel – willkürlich und beliebig sein. Um ihre Angemessenheit zu überprüfen, kann man sich nun nicht auf Situationsmerkmale berufen, da ja die Deutung diese Merkmale erst klärt.

Man kann etwa das Ausbeutungsbewußtsein nicht mit dem Hinweis begründen, daß der Lohn niedrig ist, da dieses Bewußtsein das Lohnverhältnis in einer bestimmten Perspektive interpretiert, die aus der Tatsache der Lohnhöhe allein nicht ableitbar ist. Die geringe Lohnhöhe könnte ebenso zur thematischen Orientierung führen, daß die Marktlage für landwirtschaftliche Produkte schlecht und außerdem das Angebot an Arbeitskräften in der betreffenden Region sehr groß ist. Das ist aber bestimmt keine Erläuterung von Ausbeutungsbewußtsein. Entscheidende Begründungsinstanz für die Legitimität thematischer Orientierungen ist vielmehr – wie für die richtige Befolgung von Sprachregeln – ein Prozeß intersubjektiver Verständigung.[73] Eine Vielzahl von Menschen stellt in diesem kommunikativen Klärungsprozeß Gemeinsamkeiten ihrer sozialen Situation fest und formuliert sie als eine thematische Orientierung. Die intersubjektive Herausbildung thematischen Bewußtseins ist das entscheidende, wenngleich nicht zureichende[74] Kriterium von dessen

72 Noch Popitz u. a. stellen den Kollektivsingular »der Arbeiter« als Thema und Träger des Gesellschaftsbildes fest (S. 169 f.). Interkulturell bestätigt das die Studie von Juan Martinez über das Gesellschaftsbewußtsein südspanischer Landarbeiter (1968). Kollektive Sozialorientierungen sind durch standardisierte Interviews, die unter dem Zwang persönlicher Meinungsbildung stehen, kaum erfaßbar. So stützte Martinez seine Untersuchung weitgehend auf teilnehmende Beobachtung und freie Gespräche, Popitz u. a. verwendeten kaum strukturierte und durch den Befrager möglichst wenig gelenkte Interviews.

73 Zur Begründung dieser These: Berger 1972, S. 138 ff.

74 Es ist nicht zureichend, da dieser Verständigungsprozeß ideologisch verzerrt sein kann.

Legitimität. Dieser Kommunikationsprozeß beschränkt sich natürlich nicht auf institutionalisierte Situationen (wie Betriebsversammlungen), sondern findet innerhalb alltäglicher und nicht vorgeplanter Sozialbeziehungen statt.
Ein Beispiel für die kollektive Entstehung und Geltung thematischen Bewußtseins ist der gesellschaftspolitische Bildungsprozeß der andalusischen Sozialbewegung um die Jahrhundertwende, den wir in Teil II als Alternative zum individualistischen Bewußtseinsmodell des Forschungsinterviews zitiert haben. Es wäre völlig verkehrt, die anarchistischen Ideen der Landarbeiter als gehäuft auftretende Auffassungen von Individuen zu verstehen. Angemessen interpretiert sind sie als Kollektivbewußtsein, das aber nicht naturwüchsig als geistige Verarbeitung der gleichartigen Lage der Landarbeiter entsteht, sondern das sich aus einem intensiven Verständigungsprozeß in Gesprächsgruppen und zwischen Kollektiven durch Nachrichten (wie wandernde Arbeiter, Zeitschriften)

Auf das schwierige Problem der Unterscheidung ideologischen Bewußtseins kann hier nicht eingegangen werden – doch macht die These einer kollektiven Entstehung thematischen Bewußtseins eine doppelte Abgrenzung erforderlich: einmal ist die Annahme nicht mehr akzeptabel, daß die herrschaftsfreie Kommunikation zwischen autonomen Individuen ein ideologiefreies Gesellschaftsbewußtsein sichert; zum anderen werden marxistische Positionen unhaltbar, die zwar richtig Ideologien in objektiven gesellschaftlichen Strukturen angelegt sehen, daraus aber schließen, daß das spontane Arbeiterbewußtsein dem objektiven Schein der Produktionsverhältnisse verfällt, während erst die wissenschaftliche Erkenntnis der Gesellschaftsstrukturen die Täuschungen des empirischen Bewußtseins überwinden kann.
Dieser Auffassung steht entgegen, daß jedenfalls Marx die Entstehung ideologischen Bewußtseins im Kapitalismus an die Zerstörung unmittelbarer gesellschaftlicher Beziehungen und damit sich ausbreitender sozialer Privatisierung bindet. So entsteht der Warenfetischismus, wenn die Produktion in Form unabhängiger Privatarbeiten betrieben wird; die gesellschaftlichen Produktivkräfte erscheinen nur darum als Kapital, weil sich im Kapitalismus das Prinzip der kooperativen Arbeit nicht voll durchsetzt; der Schein des Äquivalententausches im Lohn erhält seine Stabilität aus der Regelung privater Arbeitsverträge.
Wenn also ideologisches Bewußtsein mit privatisierten Lebens- und Produktionsformen »korreliert«, stellt die »leninistische« Gegenüberstellung des ideologisch bestimmten Arbeiterbewußtseins und der Gesellschaftserkenntnis durch die Parteiintelligenz die Verhältnisse auf dem Kopf. Da in der Lohnarbeiterschaft kollektive Sozialbeziehungen noch am stärksten vorhanden sind, ist sie »spontan« am geringsten integrativen Ideologien ausgesetzt; da die Arbeit der Intelligenz ausgeprägt privatisiert verläuft und ihre Vertreter meist in stärkerer sozialer Absonderung leben als etwa Industriearbeiter, gleichen sich ihre Denkprodukte eher dem »objektiven Schein« der kapitalistischen Gesellschaft an.

bildet. Als Ergebnis solcher kollektiven Verständigung vertreten die Landarbeiter emphatisch »die wahren Ideen«. Für eine Untersuchung thematischen Bewußtseins ergibt sich daraus die Maxime, daß sie den Kommunikationszusammenhang der Untersuchten mit zum Thema machen muß, sich also nicht auf die Ermittlung der Resultate dieser Kommunikation in festliegenden Sozialorientierungen beschränken darf.

2.2 *Thematisches Bewußtsein und Arbeitersprache*

Entstehung und Geltung kollektiver Sozialorientierungen sind also auf hochgradige Kommunalisierung der Sozialbeziehungen und der ihnen entsprechenden Kommunikationsformen angewiesen. Bleiben die Beziehungen relativ isoliert und ist die Verständigung mehr ein Gedankenaustausch zwischen Individuen unterschiedlicher sozialer Stellung und unterschiedlicher Erfahrungsbereiche, so werden die Sozialorientierungen eher als persönliche Deutungen von Einzelerfahrungen ausfallen oder in erfahrungsunbezogene Stereotype ausmünden. Sie nähern sich dann dem Typus der »Einstellung« und entfernen sich vom Typus des thematischen Bewußtseins.

In einigen soziolinguistischen Schriften – vor allem Basil Bernsteins – wurde die Bedeutung kommunalisierter Verständigungssituationen für die Sprechweise in der Arbeiterklasse ausgearbeitet. Bernstein bezeichnet sie als »öffentliche Sprechweise«. Diesen Schriften folgend, können wir eine Entsprechung des Begriffs »thematisches Bewußtsein« mit bestimmten Formen sprachlicher Verständigung feststellen und weiter die These vertreten, daß thematisches Bewußtsein eher der Zugangsweise zu sozialer Realität entspricht, die in arbeitenden Klassen vorherrschend ist, als der Einstellungsbegriff der Sozialpsychologie. Der Begriff des thematischen Bewußtseins kann also vor allem für Untersuchungen zum Arbeiterbewußtsein leitend sein; diese sollten Untersuchungstechniken wie Einzelinterview und Auswertungen durch Skalierungsverfahren vermeiden, da deren Bewußtseinsbegriff zur vorherrschenden klassenspezifischen Sprech- und Orientierungsweise konträr steht und daher notwendig die Untersuchungsergebnisse verzerrt.

Die »öffentliche Sprechweise« ist die typische Verständigungsform unter Bedingungen solidarischer Sozialbeziehungen, deren Teilnehmer über einen großen Bestand gemeinsamer Erfahrungen und Verhaltensregeln verfügen und die wenig durch individuell verschiedenes Rollenhandeln getrennt sind. Ihr Gespräch vollzieht sich daher auf der Grundlage gemeinsam geteilter Voraussetzungen, die nicht mehr verbalisiert werden; die sozialen Beziehungen treten nicht instrumentell hinter das Thema der Kommunikation zurück, vielmehr soll die Darlegung gemeinsamer Erfahrungen und Situationsdeutungen ebenso die Solidarität der Gesprächsgruppe stärken. Entfaltet werden nicht individuelle Überzeugungen, sondern kollektiv akzeptierte Auffassungen der sozialen und natürlichen Realität.[75] Umgekehrt blockiert die Kommunikation in der öffentlichen Sprechweise eine Thematisierung individuell differenzierter Auffassungen.[76]

Bernstein stellt neben der Kommunalisierung weitere Merkmale der öffentlichen Sprechweise heraus, die sich mit dem umrissenen Begriff des thematischen Bewußtseins decken. Zunächst die enge Verbindung von informativem und affektivem Symbolgehalt sowie von verbaler Kommunikation mit nicht-verbalen sozialen Handlungen. Die stark expressive Symbolik der öffentlichen Sprechweise, die die Beteiligung des Sprechers am Thema herausstreicht, trennt nicht zwischen der Darstellung eines Sachverhalts und den Stellungnahmen der Gesprächsgruppe zu diesem Sachverhalt. Bernstein hebt hervor, daß die Art der Mitteilung – und dazu gehört die wertende Stellungnahme der Sprecher – eine größere Bedeutung gewinnt als der Mitteilungsinhalt. Eines seiner Beispiele ist das folgende Tonbandprotokoll über das Verhalten jugendlicher Gangs (ins Deutsche übersetzt):

»Das ist doch immer das gleiche mit diesen Burschen und daß sie dann in 'ne Bande gehen und daß sie immer nur
sie immer

75 »Bei einer öffentlichen Sprache bewegt sich das Individuum in einer sprachlichen Form, welche die Möglichkeit der Hervorbringung von Sozialsymbolen und nicht die von Individualsymbolen extrem begünstigt.« Bernstein 1970, S. 49.

76 »Die Struktur der öffentlichen Sprache behindert die Verbalisierung jeder Erfahrungen der Getrenntheit, die den Einzelnen von seiner Gruppe isolieren würden.«
Bernstein 1972, S. 98.

nur Blödsinn im Kopf haben und
sagen daß alles falsch läuft
und daß sie sicher 'n paar Leute zusammenschlagen, ich glaube das machen sie nur
um da ein bißchen größer zu erscheinen
um überall aufzufallen.«[77]

Diese Äußerung trennt nicht den Informationsgehalt – »Burschen gehen deshalb in Jugendbanden, um sich durch harte Aktionen herauszustreichen« – von der Stellungnahme des Sprechers – »das ist eine schlechte Sache«; vielmehr bilden der informative und der wertende Aussageinhalt einen einheitlichen und sich gegenseitig strukturierenden Zusammenhang. Ihre Isolierung voneinander würde die Bedeutung der Aussage entstellen.

Ebenso bezieht sich die öffentliche Sprechweise eng auf soziale Handlungen. Sie bedient sich in ausgedehntem Maß »aktivitätsbestimmter« Begriffe, sie ist eingebunden in eine entfaltete extraverbale Symbolik, wie Körperbewegungen, Gestik, die für die Verständigung wichtiger sind als die verbalen Verlautbarungen, und sie verwendet häufig performative Wendungen. Es wäre wahrscheinlich angemessener, die öffentliche Sprechweise als Teil einer vorwiegend nichtverbalen sozialen Handlungssymbolik zu analysieren, statt – wie die Soziolinguistik in Orientierung an einem verengten Sprachbegriff verfährt – ihre Kommunikationsform nur am Ausschnitt der verbalen Verlautbarungen zu untersuchen. Auf die Vermutung, daß eben die Borniertheit des linguistischen Sprachbegriffs die Einschätzung der öffentlichen als einer defizitären Sprache rechtfertigt, wird noch einzugehen sein.

Eine weitere Ähnlichkeit zwischen thematischem Bewußtsein und öffentlicher Sprechweise ist die enge Situationsbindung. Weil die öffentliche Verständigung in einen Bestand gemeinsamer Gesprächsvoraussetzungen eingebettet ist, bleibt die Bedeutung sprachlicher Ausdrücke weitgehend implizit; man kann sie ohne erhebliche Bedeutungsveränderung nicht von ihrem Gesprächszusammenhang ablösen und als allgemeine Stellungnahmen zu einem abstrakten Problem behandeln. Kennzeichen der Bedeutung sprachlicher Ausdrücke in öffentlicher Sprechweise ist also ihre Kontextabhängigkeit.

77 Bernstein 1970, S. 89/90.

Die Absicherung des Begriffs »thematisches Bewußtsein« an soziolinguistischen Studien zu Verständigungsformen in der Arbeiterklasse wirft allerdings ein schwerwiegendes Problem auf. Denn diese Studien vertreten seit Bernstein gleichzeitig die Auffassung, daß die öffentliche Sprechweise eine Orientierung über die soziale Realität blockiert. Gegenüber der »formalen Sprechweise« der bürgerlichen Klassen, an die auch wissenschaftliche Erkenntnis anknüpft, ist die öffentliche weniger entwickelt. Sie steht dieser an begrifflicher und syntaktischer Komplexität nach und ist daher zur Formulierung differenzierter Erkenntnisinhalte ungeeignet. Ihre kontextgebundene Begrifflichkeit verhindert sprachliche Abstraktionsleistungen, sie erfaßt daher nicht angemessen Strukturen der sozialen Wirklichkeit, die über den unmittelbaren Erfahrungsbereich der Sprecher hinausreichen. Da sie auf Konsensus in der Gesprächsgruppe abzielt, entwickelt die öffentliche Sprechweise Redeformen der Begründung und der Feststellung kausaler Beziehungen nur rudimentär. Insgesamt ermangelt es dieser Kommunikation an logischer Folgerichtigkeit. Schließlich zeichnet sie ein inhärenter Konservativismus und eine Bindung an Autoritätspositionen in der Gesprächsgruppe aus, sie sperrt sich daher mehr gegen Bewußtseinsveränderungen und die kritische Infragestellung gesellschaftlicher Herrschaft als die flexiblere formale Sprechweise.
Bernstein faßte diese angenommenen Begrenzungen der öffentlichen Sprechweise im Begriff des »restringierten Code« zusammen. Nahezu die gesamte Soziolinguistik ist ihm in dieser Einschätzung gefolgt. Sollte sie sich als richtig erweisen, so wäre die Annahme erschüttert, daß über die Bildung thematischen Bewußtseins eine angemessene Erkenntnis sozialer Wirklichkeit möglich wird, und daß diese Bewußtseinsbildung den Prozeß der praktischen Kritik und Veränderung gesellschaftlicher Verhältnisse in einer Sozialbewegung vorantreibt. Im Rahmen seiner vorgegebenen Kommunikationsformen bliebe das Proletariat von sozialer Wirklichkeitserkenntnis klar abgeschnitten, auf sich gestellt würde es zur defensiven Erhaltung subkultureller Lebensformen neigen, nicht aber zur Abschaffung gesellschaftlicher Ausbeutung und Herrschaft zugunsten einer befreiten Gesellschaft.
Die restriktive Bestimmung der öffentlichen Sprechweise hat

allerdings schon ihr Begründer Bernstein nicht konsequent durchgehalten. Sonst wäre z. B. seine entschiedene Kritik der Kommunikationsform in der psychotherapeutischen Beziehung nicht verständlich, in der er nachweist, daß Angehörige der »lower class« ihre persönlichen Lebensprobleme und Konflikte nur im Medium der öffentlichen Sprache klären und lösen können.[78] Da nun, wie Bernstein ebenfalls hervorhebt, die persönliche Identität von Mitgliedern der Arbeiterklasse durch ihre kollektiven Bindungen bestimmt ist, ergibt sich aus der Kritik der psychotherapeutischen Beziehung konsequent die Position, daß auch die Reflexion kollektiver Lebensprobleme sich der öffentlichen Sprechweise bedienen muß. Das ist aber weitgehend identisch mit der Annahme, daß eine Klärung der gesellschaftlichen Lage arbeitender Klassen im Medium »thematischen Bewußtseins« erfolgt. Ähnlich formuliert Bernstein in seinen früheren Schriften das Programm, den öffentlichen Sprachgebrauch unter Bewahrung seiner typischen Kommunikationsbeziehungen zu erweitern, also nicht kompensatorisch durch die formale Sprechweise zu ersetzen. Auch hier bezieht er eine Position, die sich mit einer konsequent defizitären Deutung der Arbeitersprache nicht deckt. Denn wie soll auf der Basis dieser Kommunikationsform die sprachliche Kompetenz erweitert werden, wenn sie gleichzeitig die bestimmende Grundlage des restringierten Code ist?

Um die Annahme zu verteidigen, daß der Begriff des thematischen Bewußtseins leitend für eine emanzipatorisch gerichtete Sozialforschung sein kann, sollen im folgenden die soziolinguistischen Rechtfertigungen für die restriktive Deutung der öffentlichen Sprechweise überprüft werden. Durch den Nachweis ihrer Unhaltbarkeit wird die Annahme ex negativo verteidigt. Eine offensive Rechtfertigung müßte mit dem verkürzten Sprachbegriff der Linguistik und seinen ideologischen Legitimationsfunktionen abrechnen. Obwohl es hierzu wichtige Vorarbeiten gibt[79], gehen wir nur so weit darauf ein, wie

78 *Soziale Schicht, System des Sprachgebrauchs und Psychotherapie*. In: Bernstein 1970. Auch Bernstein 1972, S. 103 ff.
79 Maas 1973; Cicourel 1973.

sich direkt ein Bogen vom Ansatz der Methodologiekritik zur Kritik des linguistischen Sprachbegriffs schließen läßt.
Bernstein zeichnet die kommunalisierte Form sozialer Beziehung und Verständigung als Determinante der weiteren Merkmale der öffentlichen Sprechweise aus. Daher erklärt er auch die Sozialisation in den öffentlichen Sprachgebrauch aus den nicht-individualisierten, statusorientierten Rollensystemen in Arbeiterfamilien, der Stärke ihrer sozialen Bindungen sowie aus der entfalteten Solidarität direkter Sozialbeziehungen in dieser Klasse.[80] Die kollektiven Bezüge der öffentlichen Kommunikationsstrategien sind daher auch die entscheidende Determinante für die vorweg angenommene Beschränkung kognitiver, syntaktischer und begrifflicher Differenzierungsmöglichkeiten der Arbeitersprache.[81]
Wie erklären nun soziolinguistische Autoren die sprachliche Restriktivität aus kommunalisierten Verständigungsformen? Bernstein und Oevermann, auf die wir uns im folgenden beziehen, bringen dazu mehrere miteinander verschränkte Argumentationen vor. Zunächst begrenzt – so ihre Annahme – die kollektiv orientierte öffentliche Sprechweise die Verbalisierung individuell differenzierter Erfahrungen, Situationsdeutungen und Standpunkte. Die der öffentlichen Sprechweise zugeordnete Gesprächssituation blockiert durch festgelegte Statuszuweisungen und kollektiv verbindliche Regeln und Gesprächsvoraussetzungen die Übernahme wechselnder sozialer Rollen durch die Gesprächspartner und die Entfaltung variierender Situationsdeutungen; sie verhindert, daß die Sprecher individualisierte Auffassungen aus ihrem spezifischen Erfahrungs- und Lebensbereich entwickeln. Damit scheitert generell eine differenzierte Darstellung und begrifflich komplexe Interpretation von Umwelterfahrungen.[82]
Diese letzte Folgerung ist allerdings völlig uneinsichtig: Eine kommunalisierte Sprechsituation schließt die Differenzierung

80 Z. B. Bernstein 1970, S. 124.
81 Bernstein sagt daher langfristig den Abbau öffentlich-restringierter Sprachformen im spätkapitalistischen System voraus, das kollektive Sozialbeziehungen z. B. durch »Sanierung« klassischer Arbeiterviertel auflöst und in der Produktion direkt kooperative Arbeitsformen durch »Rationalisierung« der Produktionstechniken weiter abbaut. Bernstein 1970, S. 124-6.
82 Bernstein 1970, S. 24, 54, 1972, S. 96/7.

von Situationsdeutungen auf kollektiver Ebene nicht aus, ebensowenig verhindert sie, daß die Teilnehmer des Gesprächs ihre gemeinsamen Voraussetzungen gemeinsam reflektieren. Bernstein unterstellt indirekt, daß sich differenzierte Umweltinterpretationen allein aus individuellen Erfahrungszusammenhängen und vom Gruppenkonsensus abweichenden Situationsdeutungen entwickeln. Ungenanntes Zwischenglied der Argumentation ist dabei ein Dogma des erkenntnistheoretischen Empirismus: Da der Erfahrungsbezug sprachlicher Aussagen nur individuell einlösbar ist, und da begriffliche Deutungen durch Erfahrungsbezug legitimiert werden, leiten sich inhaltliche Erkenntnisse, die sprachlich verbalisiert sind, aus der Wahrnehmungswelt von Einzelpersonen und deren besonderer Sichtweise von Sachverhalten her. Eine Umweltverständigung, die ausschließlich auf gemeinsam vollzogenen Situationsdeutungen und Erfahrungen fußt, würde dann zwangsläufig die in individuellen Erfahrungswelten gegebenen Differenzierungen ausschalten und somit nur globalisierte Erkenntnisse artikulieren können.

Dieses empiristische Dogma ist aber obsolet, der Begriff der »Erfahrung« bleibt an die Vorstellung intersubjektiver Verständigung und Sozialbeziehung gebunden. Da streng private Erfahrungsprozesse prinzipiell nicht Thema sinnvollen Sprechens werden können, muß der zur herrschenden Soziolinguistik konträre Schluß gezogen werden, daß vorrangig die auf intersubjektive Gemeinsamkeit ausgerichteten öffentlichen Sprechweisen die Darlegung von Erfahrungen und Situationsdeutungen ermöglichen. Nur weil die elaborierte Kommunikationsstrategie der formalen Sprache, die eine Individualisierung der Gesprächspartner voraussetzt, an die grundlegende und universelle Gesprächssituation der öffentlichen Sprechweise gebunden bleibt[83], kann sie überhaupt Umweltorientierungen sprachlich entfalten. Die kollektive Dimension der öffentlichen Sprache ist, was die Entfaltung erfahrungsbezogener sozialer Orientierungen betrifft, gerade ein Vorzug, sie begründet keineswegs eine weniger komplexe und minder differenzierte Kommunikation.

83 So Bernstein selbst: »Es kommt uns darauf an, festzustellen, daß der restringierte Code für *alle* Mitglieder der Gesellschaft verfügbar ist, da die sozialen Bedingungen, die ihn hervorbringen, universell sind« (a.a.O., S. 109).

Zur Begründung der »Defizit-Hypothese« stellt Oevermann eine etwas andere Überlegung an: Weil die öffentliche Sprechweise den Spielraum individuellen Rollenhandelns eng begrenzt, eignet sie sich nicht zur Erfassung »allgemeiner Gesetzmäßigkeiten und struktureller Zusammenhänge«.[84] Verbindendes Glied dieser Argumentation ist die These, daß erst mit der Erfahrung von Kontinuität und Unveränderlichkeit eines handelnden Selbst die kategorial abstrakte Weltauffassung möglich wird.[85] Dem liegt eine Verbindung zweier Theoreme der interaktionistischen Rollentheorie und der Kantischen Erkenntnistheorie zugrunde. Nach dem Interaktionismus stellt sich der Selbstbezug eines Subjekts durch die fingierte Übernahme der Rolle von Interaktionspartnern her, wobei der Wechsel in verschiedene Rollen – also das frei verfügbare Rollenhandeln als soziale Bedingung des elaborierten Code – erst die Erkenntnis der Identität des handelnden Subjekts ermöglicht. Gerade diese Identität des Selbstbezuges ist aber, wie Kant in seinen Analysen der menschlichen Verstandestätigkeit nachzuweisen versucht hat, die Voraussetzung einer begrifflichen und auf die Erfassung von Gesetzmäßigkeiten zielenden Welterkenntnis.

Abgesehen davon, daß die unvermittelte Aktualisierung eines Theorems Kantischer Erkenntnistheorie obskur ist, verwechselt Oevermann in seiner impliziten Argumentation die Ebenen des transzendentalen und des empirischen Selbst. Die interaktionistische Rollentheorie kann, wenn überhaupt, nur die Herstellung der empirischen Selbstidentität erklären, während das nach dem Kantianismus jeder Erkenntnistätigkeit vorausliegende Subjekt eine transzendentale Stellung hat. Obwohl gleichzeitig als Erklärung der Möglichkeit von Individuation gedacht, nimmt es erkenntnistheoretisch die Stellung eines fiktiven Gattungssubjekts ein, entspricht also auf der Ebene sprachlicher Kommunikation eher einem kollektivistischen Begriff von »Selbst«. Oevermanns Idee, daß begrifflich differenzierte und auf Gesetzmäßigkeiten zielende Welterkenntnis autonome Privatpersonen als Subjekte hat, entspricht zwar der Ideologie einer noch weitgehend als private Gelehrtentätigkeit betriebenen Wissenschaft, doch

84 Oevermann 1972, S. 79.
85 Oevermann 1972, S. 365.

erwies sie sich in der erkenntnistheoretischen Analyse dieser Wissenschaft schon lange als Verfälschung.

Die angeblich zwangsläufige Beschränkung kollektivistischer Kommunikationsformen versucht die Soziolinguistik noch durch eine weitere Argumentationslinie zu begründen, die die Rolle extraverbaler und affektiver Symbolik in der öffentlichen Sprache sowie deren Kontextabhängigkeit betont. Eine Menge gemeinsamer Redevoraussetzungen und Absichten werden im öffentlichen Sprachgebrauch nicht mehr explizit thematisiert, sie verlagern sich in die extraverbale Symbolik. Zur Sicherung der Solidarität in unmittelbaren Sozialbeziehungen trennt die öffentliche Sprechweise weiter die affektiven Symbole *nicht* von den kognitiven Aussagegehalten. Diese Merkmale sprachlichen Verhaltens beschneiden – so die vorherrschende Soziolinguistik – die Möglichkeiten sprachlicher Wirklichkeitserfassung. Die Verwendung situationsgebundener Symbole in den Gesprächskollektiven erschwert die Bildung allgemeiner Aussagen, die situationsgebundene Erkenntnis formulieren; die Dominanz extraverbaler Symbolik erschwert eine verbale Darstellung von Situationsdeutungen und Erfahrungen, die damit weniger häufig explizit thematisiert werden; die durchgängige affektive Beladung der Symbole macht streng wertneutrale und distanzierte Beschreibungen und Erklärungen unmöglich. Wirklichkeitserkenntnis kann somit nicht sprachlich angemessen entfaltet werden:
»Der Sprecher des ›restringierten Codes‹, der die autonome Verbalisierung als redundant empfindet, bleibt jeweils dem unmittelbaren Handlungskontext verhaftet. Bezogen auf den Sozialisationsprozeß, fehlt diesem Sprecher damit die sprachliche Voraussetzung für die Ontogenese einer kategorialen abstrakten Weltauffassung.«[86]
Diese Argumentation hat eine Reihe bestreitbarer Prämissen. Zunächst schließt sie aus der Entbehrlichkeit der Verbalisierung der gemeinsamen Gesprächsvoraussetzungen und der extraverbalen Symbolik auf deren Unmöglichkeit. Die kontextuelle Bindung der öffentlichen Sprechweise wird als

86 Oevermann, S. 365.

naturwüchsige verstanden, die Gesprächspartner können sie nicht thematisieren und überschreiten. Wieso dann der Wechsel in verschiedene Kommunikations*zusammenhänge* zustandekommen soll, erklärt die Soziolinguistik nicht. Außerdem widerspricht Oevermann seiner These selbst, wenn er zu Recht annimmt, daß erst das Wechseln in verschiedene Kommunikations*ebenen* eine metasprachliche Verständigung über Gesprächsvoraussetzungen ermöglicht.[87] Da im öffentlichen Diskurs verbale und nicht-verbale Symbolik in jeweils ausgeprägter Form parallel gebraucht werden, läßt er – so kann man gegen Oevermann folgern – eine Reflexion sprachlicher Voraussetzungen eher zu als die auf verbale Symbolik beschränkte formale Sprechweise. So haben Sprecher der hochgradig formalen Wissenschafts- und Verwaltungssprache meist ein auffallend geringes Bewußtsein von dem semantischen und syntaktischen Gehalt ihrer Symbolik.

Im Lichte der Annahme, daß der Wechsel zwischen verschiedenen Sprachebenen Sprachreflexivität ermöglicht, ist auch die These Bernsteins, daß die öffentliche Sprache nicht Gegenstand einer besonderen Wahrnehmungstätigkeit wird[88], völlig unbegründet. Sie stimmt nur unter der trivialen Voraussetzung, daß man diese reflexive Sprachverständigung in der formalen Sprechweise vornehmen sollte.

Implizit ist für die Hypothese zum defizitären Gehalt der öffentlichen Sprechweise die Annahme leitend, daß eine Thematisierung der Gesprächsvoraussetzungen, damit aber eine Problematisierung des naturwüchsigen Kommunikationszusammenhanges nur individuell oder jedenfalls durch ein Individualisierung erforderndes Rollenhandeln gelingen kann.[89] Soll diese Annahme nicht einfach zirkulär das Beweisziel vorwegnehmen – differenzierte und begrifflich abstrakte Situationsdeutungen sind nur durch autonome Privatindividuen möglich –, muß sie durch eine implizite These zur Trägheit von Kollektivbewußtsein gerechtfertigt sein.

Tatsächlich setzt Bernstein die kommunalisierte Gesprächssituation öffentlicher Diskurse zu deren vorgeblich inhärentem

87 Oevermann, S. 362 – im Anschluß an ein amerikanisches Autorenkollektiv zur »Pragmatik menschlicher Kommunikation«.

88 Bernstein, S. 50.

89 Bernstein, S. 112.

Konservativismus in Beziehung.[90] Gesellschaftspolitisch erweitert bedeutet das, daß mehr durch kollektive Lebensformen bestimmte Klassen – wie die Industriearbeiterschaft oder die Bauernschaft in der Periode des Umbruchs zum Kapitalismus – stabilere Sozialorientierungen haben als etwa die Mittelschichten, die sich Tendenzen sozialer Isolierung eher angleichen. Angesichts der Rolle kollektivistisch ausgerichteter Klassen in Umsturzbewegungen und angesichts der damit verbundenen Bildungen von Klassenbewußtsein ist diese Annahme empirisch unhaltbar.
Die Annahme, daß die öffentliche Sprechweise eine Thematisierung der Gesprächsvoraussetzungen erschwert, ist also höchst zweifelhaft. Wie steht es nun mit der These, die Situationsabhängigkeit blockiere die Bildung abstrakter Erkenntnis?
Die kontextuelle Bindung der kommunalisierten Sprechweise garantiert, daß sich allgemeine Deutungen und Sozialorientierungen nicht von ihren Situationsbezügen ablösen, zu deren Interpretation sie entfaltet wurden. Dieser Situationsbezug wurde als ein Merkmal thematischen Bewußtseins formuliert. Er zeichnet es gegenüber stereotypen Einstellungsmustern aus, die wegen ihrer Stabilität viel eher konservativistisch sind (vergl. Merkmal (4) des Einstellungsbegriffs). Die Kontextbindung der öffentlichen Sprache begründet einen positiven Gegensatz zur formalen Wissenschaftssprache insofern, als deren abstrakte Begriffssysteme, Gesetzeshypothesen und Gesellschaftsbilder zur Klärung des Lageverständnisses der Bevölkerungsmehrheit im Spätkapitalismus kaum beitraan funktionalistischen Systemtheorien ersichtlich ist – nur für wenige geschulte Wissenschaftler und bürokratische Spitzenfunktionäre[91], wobei der Bezug dieser Theorien auf konkrete Lebenszusammenhänge konsequent verdrängt bleibt. Eine Sozialwissenschaft, die zur Aufklärung der gesellschaftlichen Lage unterdrückter Klassen beitragen soll, muß gerade an kollektiven und kontextuellen Bezügen der öffentlichen Sprechweise ansetzen; sie verfehlt ihr Ziel, wenn sie die »öffentlich« kommunizierenden Subjekte in der formalen Sprechweise zu schulen versucht.

90 Bernstein, S. 55.
91 C. W. Mills 1959, Kap. 2. *The Grand Theory.*

Wegen ihrer kontextuellen Bindungen schreibt aber die Soziolinguistik der öffentlichen Sprechweise mangelnde Abstraktionsleistungen zu. Die Unterscheidung von situationsgebundenem und situationsfreiem Sprechen, die für die defizitäre Einschätzung der öffentlichen Sprechweise leitend ist, orientiert sich aber an einem verengten Sprachbegriff, der Verständigung auf verselbständigte verbale Ausdrucksformen beschränkt. Diese Behauptung soll jetzt näher ausgeführt werden. Damit verteidigen wir offensiv die These, daß situationsbezogenes thematisches Bewußtsein Untersuchungsgegenstand einer emanzipatorischen Sozialforschung zu sein hätte. Denn wenn sich der Sprachbegriff der Soziolinguistik selbst als borniert erweist, dann gibt es keinen Grund mehr zur Annahme, daß in der öffentlichen Sprechweise – wie im thematischen Bewußtsein – eine zureichende Orientierung über die gesellschaftliche Wirklichkeit nicht möglich ist. Nicht die öffentliche Sprechweise ist defizitär, defizitär ist der linguistische Sprachbegriff, aus dem sich ihre negative Einschätzung begründet.

Abstrakte Begrifflichkeit setzt nach Ansicht der Soziolinguistik einen situationsfreien Sprachgebrauch voraus. Wäre die Bedeutung einer Aussage durch die besondere Situation ihrer Äußerung bestimmt, könnte sie nicht allgemeine Anwendung finden. Allgemeiner Geltungsanspruch aber ist Bedingung begrifflicher Abstraktion. Daß situationsfreier Sprachgebrauch möglich ist, legt das Modell verbalsprachlicher Verselbständigung nahe. Nimmt man phonetische Lautgebilde als autonome sprachliche Einheiten, deren syntaktische Gliederung und semantischen Gehalte die Sprachwissenschaft untersucht, drängt sich in der Tat die Illusion auf, daß Verständigung durch Sätze mit situationsfreiem Sinn und situationsfreier Grammatik erfolgen kann. Extraverbale Symbole bleiben dagegen deutlich als Handlungsvollzüge an gruppenspezifische Regeln gebunden, sie haben daher ersichtlich keinen allgemeinen Geltungsanspruch. Physisch gleichartige Mimik kann in verschiedenen sozialen Kollektiven jeweils verschiedene Bedeutung gewinnen.

Wie unangemessen aber die Beschränkung sprachlicher auf verbale Verständigung ist, macht allein die Tatsache deutlich,

daß sich Taubstumme in Gestensprache verständigen können. Sie stellt auch die These in Frage, daß begriffliche Abstraktionsleistungen an eine Verwendung der angeblich situationsfreien Verbalsprache gebunden sind.[92]
Allgemein widerlegbar ist die Gleichsetzung von Situationsfreiheit und Abstraktionsleistung aber am Problem sprachlicher Bedeutungen. Bislang ist jeder Versuch gescheitert, den semantischen Gehalt sprachlicher Einheiten unter Absehung von ihrem bestimmten Gebrauchszusammenhang zu klären. Diese Versuche stehen, wie Wittgenstein in seinen sprachkritischen Studien ausführlich dargelegt hat, vor dem Dilemma, ungeklärt bleibende sprachliche Verwendungsregeln voraussetzen zu müssen, wenn sie die Bedeutung bestimmter sprachlicher Wendungen explizieren. Wittgenstein schlug als Lösungsweg vor, Sprechen als einen Teil sozialer Aktivitäten zu betrachten und die Regeln sprachlicher Bedeutungen durch die Regeln sozialer Aktivitäten (»Sprachspiele«) konstituiert zu denken. Die Bedeutung verbaler Ausdrücke ist demnach von ihrer Stellung in einem geregelten sozialen Handlungszusammenhang bestimmt. Daraus ergibt sich direkt, daß Sprechen immer an bestimmte soziale Situationen gebunden bleibt – oder aber, wie Wittgenstein das für Beispiele philosophischen Jargons analysiert hat, zu bedeutungsleeren Wortblasen verkommt.
Diese Folgerung trifft auch die Wissenschaftssprache, die soziolinguistische Autoren gern als Paradigma eines zu begrifflicher Abstraktion geeigneten »elaborierten Code« anführen. Die Ablösung wissenschaftlicher Begriffe von alltäglichen Situationen des Sprachgebrauchs, die ihre situationsfreie Verwendung zu belegen scheint, stellt in Wirklichkeit eine Verlagerung der Begrifflichkeit in andere lebenspraktische Bezüge dar. Diese Bezüge ergeben sich aus der Stellung wissenschaftlicher Tätigkeit in der gesellschaftlichen Produktion und ihren institutionellen Absicherungen.
So hat der Begriff der »Einstellung« alltagssprachliche Bedeutungen, die sich mit der konkreten Verständigungssituation verändern. Man verwendet ihn etwa in Sätzen wie: »Stell' die Kamera auf Blende 8 ein«, oder: »Langsam stelle ich mich auf das Baby ein«, wobei sich der Satzsinn teilweise aus dem

spezifischen Verwendungskontext ergibt. Ersichtlich verschieden davon ist die Bedeutung von »Einstellung« in der Soziologie, und ebenso ersichtlich variiert seine Bedeutung nicht mit jeder neuen Situation wissenschaftlicher Kommunikation. Insofern liegt es nahe, den Begriff als situationsfreie Abstraktion zu bezeichnen und seine Situationsfreiheit aus der Ablösung von alltagssprachlicher Verständigung herzuleiten. Wir haben aber gesehen (IV.1.), daß der Begriff der Einstellung gleichwohl einen bestimmten Gebrauchszusammenhang hat, nämlich das Untersuchungsprogramm der positivistischen Sozialforschung. Insofern hat er situationsgebundene Geltung. Gleichzeitig versuchten wir darzulegen, daß die Durchsetzung des positivistischen Untersuchungsprogramms an einer bestimmten Stellung von Sozialforschung in der spätkapitalistischen Gesellschaft – als Instrument der Stabilisierung und Legitimation ihrer Herrschaftsverhältnisse – hängt. »Einstellung« ist also keine freischwebende Abstraktion, die Bedeutung dieses wissenschaftlichen Begriffs bleibt gebunden an gesellschaftliche Gebrauchszusammenhänge wissenschaftlicher Tätigkeit.

Die Wissenschaftssprache ist noch in anderer Hinsicht an konkrete und dieses Mal variierende Gebrauchssituationen gebunden. Das ergibt sich aus der Notwendigkeit, theoretischen Begriffen durch Operationalisierung empirischen Gehalt zu verleihen. Dabei ist der Anspruch, die Begriffe einer Theorie durch allgemeine Operationalisierungsregeln, die für verschiedene Gebrauchssituationen invariant sind, empirisch zu interpretieren, in den Sozialwissenschaften nicht realisierbar, da die Regeln sozialen Verhaltens nicht allgemein und kontextfrei bestimmbar sind. Hält die Sozialwissenschaft dennoch am Anspruch situationsfreier Abstraktion und Operationalisierung fest, werden ihre Begriffe inhaltsleer. Sie degenerieren zu quasi-metaphysischen Sprachformen, die keine erfüllbare Bedeutung mehr haben. Dieses Dilemma abstrakter Begrifflichkeit, die nach Ansicht der Verteidiger des elaborierten Code gerade die Überlegenheit der Wissenschaftssprache ausmachen soll, kann sowohl am Sprachbegriff der Linguistik wie am methodologischen Konzept der positivistischen Sozialforschung beispielhaft belegt werden.

Die linguistische Theorie hat ihren Sprachbegriff so weit formalisiert, daß sie wirkliches Sprachverhalten weder beschreiben noch erklären kann.[93] Diese Entwicklung setzte mit der behavioristischen Sprachtheorie ein, die Sprechen als stimuliertes Verhalten analysierte und damit die soziale Situation von Sprechhandlungen konsequent ausschied. Gleichzeitig entwickelte sie in der Phonologie eine Operationalisierung der Sprachbetrachtung, die zwar dem Anspruch kontrollierter wissenschaftlicher Beobachtung gerecht wurde, damit aber den der Linguistik zugänglichen Gegenstandsbereich auf Sprachmaterial in kontrollierten Testsituationen beschränkte. Die weitere Entfaltung der Linguistik durch Chomsky gab zwar den behavioristischen Ansatz auf, übernahm aber den Anspruch auf formale Theorienbildung und baute ihn in der Transformationsgrammatik aus. Diese Transformationsgrammatik eignet sich, wie Chomsky selbst zugibt, nicht zur Beschreibung oder Erklärung wirklichen Sprachverhaltens, sondern gibt im günstigsten Fall Bewertungsverfahren an die Hand, die eine Entscheidung darüber ermöglichen, welche von zwei gegebenen Grammatiken einer gegebenen Sprache besser entspricht. Die Theoreme der Sprachtheorie werden im Lichte abstrakter methodologischer Postulate verändert oder ergänzt, die sich in der Untersuchung wirklichen Sprachverhaltens nie stellen würden.[94] Das Problem der Bedeutung schließlich wird aus der Theorie der Sprachstruktur in eine ebenfalls als formale Theorie zu konzipierende Semantik verbannt.

An der Entwicklung der Linguistik ist somit ablesbar, wie der Anspruch, die Bildung sprachlicher Einheiten aus situationsunabhängigen Regeln der Sprecher (oder aus Reiz-Reaktions-Gesetzen) zu erklären, die Theorie schrittweise von der Wirklichkeit sprachlicher Verständigung entfernt. Eine allgemeine Grammatiktheorie, die variierende Situationen des Sprachgebrauchs übergeht, löst zwar das Postulat hochgradiger begrifflicher Abstraktion ein, macht aber im gleichen Zug die linguistische Theorie zunehmend inhaltsleer. An dieser inhaltslee-

93 Zur folgenden Darstellung: Maas 1973.

94 So wird die auf Markow-Prozesse gegründete Grammatiktheorie deshalb verworfen, weil sie nicht unendlich viele Schachtelsätze zuläßt. Unendlich viele Satzeinschachtelungen ergeben sich aber nur als Forderung der mathematischen Logik, niemals in natürlichen Sprachen.

ren Sprachtheorie orientieren sich aber die soziolinguistischen Autoren, wenn sie die situationsgebundene öffentliche Sprechweise als restringiert einstufen.
Eine ähnliche Argumentation haben wir gegen das methodologische Konzept der vorherrschenden Sozialforschung geführt: Diese ermittelt soziales Bewußtsein an sprachlichen Äußerungen, von denen sie annimmt, daß sie über die besondere Situation der Äußerung Geltung beanspruchen können: Aussagen untersuchter Subjekte auf Befragungen geben Aufschluß über ihr allgemeines soziales Bewußtsein. Da die Datenermittlung an bestimmte soziale Situationen gebunden bleibt, versucht die Sozialforschung, die Einwirkungen nur temporär geltender Randbedingungen durch einen weitgehend standardisierten Untersuchungsablauf zu verringern. Wir haben gezeigt, daß dieses Verfahren zunächst wegen der grundsätzlichen Unkontrollierbarkeit sozialer Situationen Grenzen hat, vor allem aber, daß der kontrollierte Untersuchungsablauf die Randbedingungen der Datenermittlung systematisch verändert: Der individualisierte und autoritäre Befragungsablauf aktiviert neue Situationsfaktoren und verändert dadurch die Untersuchungsergebnisse. Dieser Eingriff verstärkt sich noch durch die Forderung einer einheitlichen oder doch in eine Einheitssprache übersetzbaren Begrifflichkeit der Fragebögen. Auch hier ist die Idee situationsfreier sprachlicher Bedeutungen leitend, und auch hier – wie nachgewiesen – schränkt sie den Objektivitätsgehalt sozialwissenschaftlicher Untersuchungen ein. Schließlich scheiden standardisierte Frageleitfäden flexible und kontextgebundene Auffassungen zugunsten stereotyper Einstellungen bei den Befragten aus: Dadurch verzerren sie, als Einlösung der Norm situationsfreier Untersuchung, die Datenermittlung.
Dasselbe Dilemma stellten wir am Programm der Einstellungsmessung fest: Es soll eine quantitative Vergleichbarkeit verschiedener sozialer Orientierungen ermöglichen, also die Bedeutung sprachlicher Darstellungen zu bestimmten Themen unabhängig von ihren besonderen Gebrauchssituationen interpretieren. Damit verkürzt es den erfaßbaren Bereich sozialen Bewußtseins auf Wertstereotype und ist ungeeignet zur Ermittlung inhaltlich differenzierten und situationsmäßig flexiblen Bewußtseins.

Fassen wir zusammen: Das Programm situationsfreier begrifflicher Abstraktion in der Wissenschaftssprache läßt sich nicht verwirklichen. Als Selbstverständnis wissenschaftlicher Tätigkeit verschleiert es deren reale Bindung an den gesellschaftlichen Produktionsprozeß und dessen institutionelle Absicherungen (z. B. in bürokratischer Herrschaft). Berechtigt ist es nur, soweit die Begriffe theoretischer Systeme von ständig wechselnden Gebrauchszusammenhängen abgelöst werden. In Wissenschaften, die soziales Handeln zum Gegenstand haben, scheitert eine situationsfreie Bedeutungsfestlegung wissenschaftlicher Begriffe zusätzlich am Operationalisierungsproblem. So geben formalisierte linguistische Theorien, indem sie eine situationsfrei definierte Grammatik entwikkeln, zwangsläufig den Anspruch auf, wirkliches Sprachverhalten zu beschreiben und zu erklären. So reduziert die Verwendung methodologischer Instrumente in der Sozialforschung, die eine von temporären Situationsfaktoren gereinigten Datenermittlung herstellen sollen, den Objektivitätsanspruch von Sozialuntersuchungen.
Angesichts dieser wissenschaftskritischen Ergebnisse bricht die soziolinguistische These, daß die situationsfreie begriffliche Abstraktion des »elaborierten Code« einen weit höheren Erkenntniswert verspricht als die situationsgebundene Begrifflichkeit der öffentlichen Sprechweise, in sich zusammen. Sie ist das Resultat einer apologetischen Fehldeutung der Wissenschaftssprache, des Paradigmas des elaborierten Code, und sie ignoriert das zentrale Dilemma der Sozialwissenschaften, das wir kurz als Widerspruch von begrifflicher Formalisierung und Erkenntnisanspruch bezeichnen können.

Ein Argument zur restringierenden Wirkung der kommunalisierenden Sprechweise muß allerdings festgehalten werden: Deren enger Kontextbezug *erschwert* die Entfaltung thematischer Orientierungen, die als verallgemeinernde Interpretation eine Abstraktion, wenngleich nicht Ablösung, von konkreten Situationen erfordern.
Daß diese Abstraktion unter kollektivistischen Gesprächsbedingungen überhaupt nicht geleistet werden könne, ist damit allerdings nicht belegt. Die Annahme, eine Problematisierung und damit Überwindung kontextueller Gesprächsvorausset-

zungen sei im Medium der öffentlichen Sprache nicht möglich, erwies sich selbst vom Stand soziolinguistischer Überlegungen her als nicht schlüssig. Allerdings machen Abstraktionsleistungen eine Erweiterung der öffentlichen Sprechweise im strengen Definitionssinn erforderlich. Aber erstens stellt dieser Code selbst einen Idealtypus dar, der nicht unmittelbar wirkliche Kommunikationsformen abbildet, und zweitens nimmt die Soziolinguistik durchgängig wenigstens für das Sprach*verstehen* einen weitergesteckten Horizont der Sprecher des restriktiven Code an.[95] Nur geht die Flexibilität der Sprecher nicht so weit, daß sie die ihnen verständliche formale Sprechweise in ihr eigenes Sprachverhalten übernehmen, also kollektivistische Sozialbeziehungen auflösen und sich einer Sprache bedienen, in der sie ihre konkreten Sozialerfahrungen nicht mehr darlegen können.

Widerstand in der Übernahme des elaborierten Codes stellte Oevermann selbst in einer Interpretation eines Ergebnisses einer empirischen Forschung fest: Diejenigen Unterschichtenkinder, die sich nach einem sprachunabhängigen Test als intelligenter erwiesen, bedienten sich durchschnittlich häufiger des restringierten Codes als weniger intelligente Unterschichtenkinder.[96] In einem anderen Zusammenhang

95 Vgl. Oevermann, S. 431 und dort aufgeführte Literatur.

96 Oevermann, S. 419 ff. Oevermann erklärt den empirischen Befund allerdings so, daß die »intelligenteren« Kinder, soweit sie der Unterschicht entstammen, größere adaptive Fähigkeiten haben und sich daher mehr den sozial erwünschten Kommunikationsformen der Unterschichten-Kulturen angleichen.

Soweit ist die Erklärung aber nicht triftig. Weder ist plausibel, weshalb »Intelligenz« mit der, zudem nichtssagenden, Größe »Anpassungsfähigkeit« korrelieren soll, noch ist klar, warum nicht – im Gegensatz zum empirischen Befund – die Intelligenten, also »adaptiv Begabten«, angesichts sozialer Aufstiegschancen und kurzfristiger Belohnungen im Unterricht die formale Sprechweise mehr übernehmen als die »adaptiv weniger Begabten«. Triftiger scheint die variierte Erklärung: Die »intelligenteren Kinder« können die etwa durch Normen des Sprachverhaltens gesetzten Klassenschranken in der Schule besser durchschauen. Sie erkennen eher, daß sie die geforderten Handlungs- und Sprechweisen, für die sie nicht sozialisiert wurden, nur selten mit Erfolg und ohne schwerwiegende psychische Konflikte übernehmen können. Daher reagieren sie mit expliziter Ablehnung dieser Normen und solidarisieren sich verstärkt in den ihnen durch Klassenherkunft vertrauten Kommunikationsformen. Nicht ihre größere Anpassungsfähigkeit, sondern der verstärkte Widerstand intelligenter Kinder gegen klassenfremde Lebensformen erklärt also, daß sie sich mehr der öffentlichen Sprechweise bedienen.

bestätigt dasselbe eine Untersuchung von Labov, nach der soziale Normen und Sprechweisen von schwarzen Jugendgruppen in New York als explizite Absetzung von den Verhaltens- und Kommunikationsnormen der bürgerlichen Mittelschicht und ihrer Repräsentanten im Schulunterricht zu deuten sind.[97]

Diese Untersuchungsergebnisse legen die Vermutung nahe, daß der enge kontextuelle Bezug der öffentlichen Sprechweise begriffliche Abstraktion nur insofern erschwert, als diese in der formalen Sprechweise zu erfolgen hat. Dagegen mag die Entfaltung *allgemeiner* sozialer Orientierungen in ihr *anders* verlaufen, als der Abstraktionsprozeß der formalen Sprechweise vorgibt. Um das anzudeuten, soll die Technik der »Kodierung-Dekodierung« im lateinamerikanischen Bildungsprogramm nach Paolo Freire kurz analysiert werden.[98] Zentral für diese Untersuchungsprogramme ist die Erfassung der »generativen Themen«, in denen unterdrückte Volksgruppen ihre gesellschaftliche Situation begreifen.

Ein »generatives Thema« entspricht weitgehend unserem Begriff der thematischen Orientierung: Ausgehend von konkreten Erfahrungen und Lebensschicksalen macht ein generatives Thema Verhältnisse der Ausbeutung und Unterdrückung sichtbar, die die Lebensmöglichkeiten einer Volksgruppe[99] entscheidend beschränken – Freire bezeichnet sie, in gesellschaftspolitischer Umkehrung der existentialistischen Philosophie, als »Grenzsituationen«. Als autonome Lagedeutungen, die unabhängig von und gegen die Gesellschaftsbilder der herrschenden Klasse kollektiv entfaltet werden, liefern sie der Volksgruppe gleichzeitig Orientierungen für mögliche Umsturzaktionen – sie bilden eine Einheit von kognitiver Verständigung, wertender Stellungnahme und Aktionsorientierung. »Generativ« sind sie insofern, als sie, neben ihrem ständigen Situationsbezug, wechselseitig miteinander so verbunden sind, daß die Erläuterung eines generativen Themas zur Klärung weiterer für die Volksgruppe wichtiger Themen führt. So verbanden Arbeiter aus Santiago de Chile das

97 Labov u. a. 1968.
98 Paolo Freire 1972, 1973.
99 Der Begriff »Volksgruppe« ist genauer, als der Begriff »Klasse«, da die Untersuchungsprogramme jeweils regional beschränkt sind.

Thema »niedriger Lohn« mit dem Ausbeutungsbewußtsein sowie dem Thema »Betrinken« und interpretierten sie im übergreifenden Begriff des produktiv tätigen Arbeiters.[100]
Die Untersuchungs- und Bildungsmethode[101] berücksichtigt mit der Technik der »Kodierung-Dekodierung« gezielt die Merkmale »Kontextbezug«, »Kollektivsubjekt« und »generative Verbindung« im thematischen Bewußtsein der Volksgruppen, an die es adressiert ist. In zwei Stadien werden zunächst konkrete Lebenssituationen mit kooperierenden Teilnehmern der Volksgruppe, im endgültigen Bildungsprozeß dann in Skizzen, Bildern und Fotografien verschlüsselte Situationen (»Codes«) mit den Adressaten des Bildungsprogramms in der Absicht diskutiert, aus einer gemeinsamen Deutung dieser Codes die generativen Themen zu entwickeln. Die soziale Situation des Gesprächs muß einen kollektiven Vollzug der Deutungen ermöglichen. In diesem »Prozeß der Dekodierung stellen die Teilnehmer ihre Thematik heraus und machen dadurch ihr »wirkliches Bewußtsein« der Welt explizit. Dabei beginnen sie zu sehen, wie sie handelten, als ihnen die Situation in Wirklichkeit widerfuhr, die sie jetzt analysieren, und erreichen damit ein »Verstehen ihres vorhergehenden Verständnisses«. Indem es zu dieser Wahrnehmung kommt, gewinnen sie ein anderes Verständnis der Wirklichkeit. Die generativen Themen werden jedoch nicht isoliert entwickelt, vielmehr wird gleichzeitig ihre gegenseitige Beziehung geklärt. Durch Entfaltung weiterer generativer Themen und die Erkenntnis ihrer funktionalen Verbindungen kommen die Teilnehmer des Bildungsprogramms zu einer Totalitätssicht von ihrer gesellschaftlichen Lage und den sie konstituierenden Widersprüchen.
An der Methode des skizzierten Bildungsprogramms fallen Analogien zu Ausführungen von Negt über die Anlage von Arbeiterbildungskursen auf.[102] Die Entfaltung generativer Themen aus konkreten Situationen, die indirekt die Kontextbindung öffentlicher Sprechweisen berücksichtigt, entspricht dem Prinzip exemplarischen Lernens, also der Idee, aus der

100 Freire 1972, S. 133/4.
101 Ausführliche Darstellung: Freire 1972, S. 123 ff.
102 Negt 1968.

Erörterung beispielhafter Situationen oder Geschichten zentrale Widersprüche in den gesellschaftlichen Verhältnissen zu verdeutlichen. Die Entfaltung generativer Verbindungen zwischen den sozialen Orientierungen entspricht dem Prinzip der soziologischen Denkweise, das Negt von C. W. Mills übernimmt und das die Fähigkeit bezeichnet, strukturelle Zusammenhänge zwischen verschiedenen Aspekten der gesellschaftlichen Lage zu erkennen und diese in eine Totalitätssicht zu integrieren.

Negt hat auf die Unterschiede dieser Lernmethode von Verfahren der Abstraktion und Hypothesenbildung in den etablierten Sozialwissenschaften schon hingewiesen. Die exemplarische Entwicklung von Deutungsmustern aus konkreten Situationen deckt sich ersichtlich nicht mit dem Verhältnis von Begriff und empirischer Wirklichkeit, wie es in der Wissenschaftslogik nach dem Modell von Operationalisierungsvorschriften entwickelt wird. Operationalisierungsvorschriften theoretischer Begriffe werden konventionell, allgemeingeltend und in möglichst präzisen Meßkriterien festgelegt; einmal intersubjektiv anerkannt, können sie von vereinzelten Forscherpersonen beliebig verwendet werden. Weiterhin lassen sie eine semantische Beschreibung der empirischen Bezugspole in einer von der theoretischen Begrifflichkeit unabhängigen Beobachtungssprache zu. Dagegen verhalten sich generative Themen zu ihren konkreten Situationsbezügen wie Sprachregeln zu ihren Anwendungsfällen – einmal entwickelt, strukturieren sie die Bedeutung der Situation, wobei diese semantische Strukturierung nicht abgelöst von der Situation als Bedeutungsregel formuliert werden kann, sondern an jeder neuen Lebenssituation durch reflektive Verständigung neu dargelegt werden muß. Diesen Verständigungsprozeß kennzeichnet, im Gegensatz zu genauen Operationalisierungen, ein erheblicher Spielraum umgangssprachlicher Flexibilität; Verbindlichkeit erhält die Situationsdeutung in generativen Themen durch intersubjektive Entfaltung und Anerkennung.

Die generative Beziehung thematischer Orientierungen im synthetischen Vermögen der soziologischen Denkweise unterscheidet sich ebenso von der Verknüpfung wissenschaftlicher Begriffe in Theorien und Gesetzeshypothesen. Während die

Verknüpfung von Begriffen in Hypothesen einer Theorie eine invariante Allgemeingültigkeit unterstellt, die unabhängig von weiteren Randbedingungen gilt und daher als Kausalbeziehung gedeutet werden kann, ist die Verbindung von generativen Themen weder invariant noch allgemeingeltend und kausal zu verstehen. Ihr Bezugspunkt ist die gesellschaftliche Lage ihrer kollektiven Träger, quasi als übergreifende historische Randbedingung. Ihre Verbindung stellt sich entweder durch ihre gemeinsame Entwicklung als Interpretationsmuster desselben Codes her oder weil die Klärung eines generativen Themas auf weitere thematische Orientierungen verweist. Statt durch invariante Kausalität ist sie durch veränderbare Sinnzusammenhänge bestimmt, die die Subjekte selbst entfalten.

Nehmen wir z. B. als generative Themen der Landarbeiter einer Region an: »Verweigerung des Zugangs zur Viehtränke durch die Großgrundbesitzer«, »Bedrohung der Viehzucht als Subsistenzquelle«, »Hunger«, »Angewiesensein auf Saisonarbeit beim Großgrundbesitzer«, »Privatbesitz an Ackerland und Brunnen«, »Polizei und pistoleros«. Diese Themen sind durch ihre wechselseitigen funktionalen Verbindungen oder über die Folgen von gesellschaftlichen Handlungen miteinander verknüpft; ihre Verbindung ergibt kein allgemeines theoretisches System, sondern ein Bild von den historisch bestimmten Verhältnissen, in denen die Landarbeiter leben. Das Thema »Brunnenverweigerung« führt über die Überlegung »Aber dann verdurstet das Vieh« zu dem Thema »Bedrohung der Subsistenzquelle« und »Hunger«. Als vorläufig einzige Möglichkeit, dem Hunger wenigstens zeitweise zu entgehen, wird die »Lohnarbeit« thematisiert. Eine Klärung der Gründe für die Bedrohung der Subsistenz und den Zwang zur Lohnarbeit eröffnet das Thema »Privatbesitz an Ackerland und Brunnen«. Das Interesse, die gegebene Einschränkung der Lebensmöglichkeiten zu überwinden, etwa durch Inbesitznahme des Ackerlandes, wird mit dem Problem der bewaffneten Repression durch die politische Zentralinstanz und Großgrundbesitzer konfrontiert. Ich sehe keine Möglichkeit, diese generative Verknüpfung thematischer Orientierungen in das Modell der wissenschaftlichen Hypothesenbildung, also in die Kommunikationsstrategie der öffentlichen

Sprechweise, zu integrieren. Andererseits sehe ich ebensowenig, welche rätselhaften Barrieren im Kommunikationsmodell der öffentlichen Sprechweise derartige, für die Klärung der gesellschaftlichen Lage unterdrückter Klassen relevante Reflexions- und Abstraktionsprozesse blockieren sollen.

Über Untersuchungsverfahren einer emanzipatorischen Sozialforschung sagt die Skizze zum thematischen Bewußtsein wenig aus. Das ist zunächst berechtigt, da man Methoden nicht unabhängig vom Prozeß praktischer Forschung entwickeln sollte. Darüber hinaus stellte aber die Methodologiekritik den Anspruch in Frage, allgemeine Regeln einer Untersuchungstechnik in »emanzipatorischer Zielsetzung« anzugeben. Die Kritik zielte direkt auf die Forderung, Sozialuntersuchungen nach festgelegten und präzisen Beobachtungsregeln durchzuführen, und sie griff damit indirekt Wissenschaft als eine Tätigkeit an, die eine verselbständigte und mit bürokratischen Organisationen verflochtene Schicht von Kopfarbeitern betreibt. Die »positivistische« Untersuchungsform, die vorwiegend nur standardisierte, zuverlässige und skalierbare Beobachtungen zuläßt, treibt die Trennung wissenschaftlicher Forschung von den zu Untersuchungsobjekten degradierten Gesellschaftsmitgliedern auf die Spitze. Eine Sozialforschung aber, die emanzipatorische Ansprüche verwirklicht, muß sich aus einem Erkenntnismittel von Kopfarbeitern und bürokratischen Institutionen in ein Instrument der Selbstaufklärung der Massen verwandeln. Die Bildungsprogramme von Freire und Negt/Kluge deuten diese Konsequenz bereits an.
Würde die Selbstaufklärung der Massen auf ein entwickeltes Instrumentarium der Untersuchung angewiesen sein, so wäre sie wieder nur von geschulten Experten durchführbar, und die Trennung in Kopfarbeiter und Untersuchungsobjekte würde sich neu herausbilden. Eine emanzipatorische Sozialforschung muß sich allgemein zugänglicher und verfügbarer Methoden bedienen; sie wird sich daher auf Verfahrensregeln stützen, nach denen Menschen in ihrem Alltagshandeln über Sozialerfahrungen und Situationsdeutungen kommunizieren. Statt eine neue Methodologie auszuarbeiten, knüpft sie nur an die Regeln der Deutung sozialer Ereignisse und Erfahrungen in alltäglichen Interaktionsbeziehungen an. Selbst die spätkapi-

talistische Sozialforschung orientiert sich, wenngleich nur partiell und uneingestanden, an den Regeln des Alltagshandelns. Indem sie aber diesen Regeln ein präzises und allgemein verwendbares methodisches Instrumentarium überlagert, fällt sie – so zeigte die Methodologiekritik – an Differenzierung und Reichhaltigkeit hinter alltägliche Sozialerfahrungen zurück. Es gelingt ihr gleichzeitig nicht, den Anspruch auf situationsindependente und vom Forschungsprozeß unverzerrte Datenermittlung – beides würde sie von alltäglicher Sozialerfahrung abheben – einzulösen.
Über die »Alltagsregeln als Methodologie einer emanzipatorischen Sozialforschung« werden an dieser Stelle keine Ausführungen gemacht. Es ist überhaupt fraglich, ob diese Regeln in einen Kanon von Untersuchungsmethoden übersetzbar sind oder sich als praktisches Wissen jeder Kanonisierung entziehen. Vorarbeiten der »Ethnomethodologie« haben gezeigt, daß Verfahrensregeln alltäglicher Sozialverständigung relativ zu bestimmten Interaktionsbeziehungen gelten und selbst in ihrem kontextuellen Bezug keine endgültige Formulierung zulassen.[103] Demnach wäre jeder Versuch sinnlos, eine Methodenlehre emanzipatorischer Sozialforschung als Alternative zur Methodenlehre der spätkapitalistischen Sozialforschung aufzustellen. Die Alternative ist eine Negation abstrakter und festgelegter Untersuchungstechniken.

103 Garfinkel 1967; Cicourel 1973.

Nachwort
Einige Hinweise für eine alternative Sozialforschung

Das vorliegende Buch ist eine methodologische Streitschrift. Sie kritisiert, daß Sozialuntersuchungen zunehmend als Sozialerhebungen betrieben werden, die darauf ausgerichtet sind, statistisch verwertbare Daten zu liefern. Das Buch erschien zuerst 1974. Seitdem hat sich der *quantitative research* in der Soziologie nur noch stärker durchgesetzt, eine Entwicklung, die durch Veröffentlichung von Kritik und Gegenargumentation offenbar nicht verhindert werden konnte. Wohl aber konnten »Absetzbewegungen« in der Soziologie unterstützt und dem Unbehagen von Studenten am *quantitative research* mehr Rückendeckung gegeben werden. Sie konnten ermutigt werden, ihre Skrupel gegenüber einer anderen Sozialforschung abzubauen – auch wenn die vorherrschende Tendenz im Fach diese als »unwissenschaftlich« abtut.

Das wollte ich mit dem Buch erreichen. Soweit ich sehe, hat es manchen Studenten zur Kritik an der »Empirie«-Ausbildung gedient, manchmal auch ermutigt, tatsächlich andere Wege der Sozialuntersuchung einzuschlagen. Darum habe ich dem »Syndikat« einen Neudruck vorgeschlagen.

Die Thesen des Buchs und ihre Begründung würde ich auch nach nun 6 Jahren nicht verändern. Da es zwar in der Soziologie viel Ablehnung gab, diese sich aber – soweit ich weiß – in keiner ausführlichen Kritik niedergeschlagen hat, fehlen mir dazu die Anregungen. Auch habe ich mich seitdem nur wenig mit Methodologiekritik beschäftigt.

Am Buch stört mich heute sein recht hochtrabender Stil. Sicherlich ist es schwierig, abstrakte Strukturen und verwickelte Argumentationen einfach auszudrücken. Schwerer aber wiegt, daß ich diese Fähigkeit durch Studium und Arbeit an der Universität stark verlernt hatte. Gleichzeitig lernte ich, diesen Verlust durch eine Schreibweise auszugleichen, die ziemlich verschachtelt ist und von Begriffen strotzt. Die Leser des Buchs sind Opfer dieser Verbildung. Für die meisten von ihnen wird das nichts Ungewöhnliches sein, da sie dieselbe Mühle des Sprach-ver-lernens durchgemacht haben. Auf jeden Fall rate ich, Verständnisschwierigkeiten nicht zuerst bei sich, sondern im Schreibstil des Autors zu suchen. Um ihn zu verändern, hätte ich allerdings das ganze Buch neu schreiben müssen.

Das Buch legt nur dar, wie man Sozialuntersuchungen *nicht* machen sollte – und *warum nicht*. Die Kritik richtet sich auf Untersuchungen zum »Gesellschaftsbewußtsein« von Menschen. Untersuchungen, die wissen wollen, wie soziale Gruppen ihre Lebensumstände sehen und wie sie im allgemeinen über die Gesellschaft, in der sie leben, denken. Da man soziales Verhalten und soziale Verhältnisse nur schwer von den Auffassungen und Deutungsmustern abtrennen kann, die die Betroffenen über sie haben, gerät der Angriff auf die »positivistische« Sozialforschung ziemlich umfassend.

Er wurde aber nicht geschrieben, um linken Studenten von Untersuchungstätigkeit abzuraten. Im Gegenteil soll das Buch auffordern, Sozialforschung unbelastet vom technischen Aufwand herkömmlicher Erhebungen zu betreiben; soziale Wirklichkeit so zu untersuchen, daß man direkt und ausgedehnt mit den Menschen verkehrt. Dazu, wie man eine andere empirische Soziologie machen soll, gibt das Buch aber keine praktischen Anweisungen. Allgemeine Bemerkungen über einen anderen Begriff von »Gesellschaftsbewußtsein« (Teil IV., 2.) sind dafür kein Ersatz. Ich will darum wenigstens im Nachwort einige Hinweise und Tips geben.

Untersuchungsmethode und soziale Wirklichkeit ist entstanden aus meiner Zusammenarbeit mit anderen Studenten an der FU Berlin. Einige von uns haben damals gleichzeitig mit Sozialuntersuchungen zur Situation ausländischer Arbeiterinnen und Arbeiter in Westeuropa angefangen. Schwerpunkt sollte sein herauszufinden, wie diese Menschen ihre Lebensumstände selber erfahren und geistig verarbeiten. Im Zentrum der Untersuchung standen die Lebensumstände von zugewanderten Arbeiter(inne)n in ihrer Herkunftsregion. Wir wählten die Landgebiete des südspanischen Andalusien. Während unserer Tätigkeit haben wir eine Reihe methodischer Erfahrungen gemacht, die für eine alternative

Sozialforschung nützlich sein können. Zum Teil haben wir diese Erfahrungen auch veröffentlicht.[1]
Der knappe Abriß, den ich geben will, ersetzt natürlich keinen ausführlichen Methodenbericht. Erst recht nicht darf man ihn als *die* Darstellung der Alternativmethode schlechthin lesen.

a. Mit Menschen leben, von ihnen lernen

Der einfachste und wohl überzeugendste Weg, die Situation und das Denken sozialer Gruppen kennenzulernen ist, unter ihnen wenigstens vorübergehend zu leben. Die Soziologie nennt dieses Vorgehen »teilnehmende Beobachtung«, die Ethnologie »Feldforschung«. Der Unterschied ist, daß Feldforscher sich in der Regel umfassender und länger darauf einlassen, unter den Menschen zu leben und ihre Tätigkeiten mitzumachen.
Beide Vorgehen können sehr verschieden ausgestaltet werden. So kann das Schwergewicht der Forschertätigkeit entweder auf distanzierter Beobachtung liegen oder auf engagierter Teilnahme. In alternativen Sozialuntersuchungen sollte man den Schwerpunkt sicherlich auf stärkere Teilnahme legen.
Manche Soziologen haben die Gefahr beschworen, daß bestimmte Untersucher, die intensiv in das Alltagsleben eintauchen, »verkaffern«. Sie identifizieren sich so sehr mit dem Leben und den Problemen der Menschen, daß sie das Forschen völlig aufgeben. Oder sie beginnen, die Sichtweise der untersuchten Gemeinschaft ungeprüft zu übernehmen.
Wir fanden, daß diese Befürchtungen nicht gerechtfertigt sind. Sie entspringen eher der sozialen Berührungsangst und den Hemmungen von Intellektuellen, die nicht mehr einfach und selbstverständlich mit Menschen verkehren können, über die sie etwas wissen wollen. Unsere Erfahrung ist, daß umgekehrt der Zwang zu forschen leicht eine unbefangene Teilnahme am Alltagsleben blockiert, wodurch wichtige Einsichten in das Leben und Denken der Menschen

1 H. Berger / M. Heßler / B. Kavemann, *»Brot für heute, Hunger für morgen« – Landarbeiter in Südspanien*, Frankfurt (edition suhrkamp) 1978, besonders Kapitel I. und V., 7. H. Berger, »Gesprächsführung in der teilnehmenden Beobachtung«. In: *OBST* – Osnabrücker Beiträge zur Sprachtheorie, Nr. 6, 1978. H. Berger, »Aktieonderzoek onder Spaanse arbeiders in West-Berlijn«. In: *Psychologie en Maatschappij*, Nr. 9, SUA Amsterdam 1979.

versperrt bleiben. Die Untersucher sollten möglichst intensiv in den Alltag der Gesellschaft, mit der sie es zu tun haben, »eintauchen«. Das ist schwierig, da fast immer die kommunikativen Fähigkeiten der Menschen im »Feld« viel größer sind als die von Leuten, die auf Universitäten ausgebildet wurden.

Auch wird es den Untersuchern kaum gelingen, ihre Stellung in der zu untersuchenden Gruppe so vorzuplanen, wie es für ihre Aufgabe günstig erscheint. Ihre Position hängt weitgehend vom Verhalten und den Verhaltenserwartungen der Menschen im »Feld« ab. Auf dort herrschende Bräuche und Erwartungen müssen die Untersucher eingehen, ohne sie vorher zu kennen.

Verursacht die intensive Teilnahme am Alltag nicht Parteilichkeit? Verleitet sie die Untersucher nicht, einseitige Sichtweisen bestimmter sozialer Gruppen im »Feld« zu übernehmen? Sicherlich. Man muß aber sehen: die meisten Sozialuntersuchungen finden in Verhältnissen statt, in denen Klassengegensätze und soziale Ungleichheit wirksam sind. Neutral zu bleiben mit dem Anspruch, die Verhältnisse wirklichkeitsgetreu darzustellen, ist hier unmöglich. So standen wir in Andalusien vor folgender Wahl; *Entweder* wir nahmen am Leben der Arbeiterfamilien teil und machten uns viel von ihren Problemen und ihrer Sichtweise der Verhältnisse zu eigen; das beginnt bereits damit, daß man von ihnen lernt, sich in der Landessprache neu und anders auszudrükken. *Oder* aber wir schlossen Freundschaften mit reichen Landbesitzern, örtlichen Unternehmern und Ortsbeamten. Das hätte unsere Sichtweise in anderer Richtung beeinflußt. Ein Mittelweg war da nicht möglich; als Untersucher wären wir sonst »draußen« geblieben.

Der Mittelweg ist auch nicht erstrebenswert, da es *die* unabhängig-objektive Darstellung sozialer Verhältnisse nicht gibt. Je nachdem, worin und wie man die zentralen Probleme eines Zusammenlebens sieht, wird man die Darstellung immer organisieren. Diese Probleme existieren aber nicht im freien Raum, sie sind gebunden an die Auffassungen der Menschen von ihrem Leben, an ihre Erfahrungen, an Entbehrungen und Ungerechtigkeiten, an ihre Hoffnungen auf Veränderung.

Am besten geeignet für die »teilnehmende Sozialforschung« sind Untersucher, die in den jeweils zu untersuchenden Verhältnissen selbst leben oder dort aufgewachsen sind. In den wenigsten Fällen kommen aber bei Soziologiestudenten soziale Herkunft und

»Feld« der Untersuchung zusammen. Sie sind anders aufgewachsen, leben und denken anders als etwa die Jugendgruppe oder die Menschen in der Gemeinde, die sie untersuchen. Ihre Andersartigkeit können sie nicht aufgeben oder verbergen. Vielmehr sollte sie in der Untersuchung produktive Auseinandersetzungen anregen, die beide Seiten dazu bringen kann, die eigene wie auch die andere Lebensweise besser zu erkennen und zu beurteilen. Damit muß der/die Untersucher(in) auch bereit sein, von den Menschen, deren Leben er/sie studiert, »erzogen« zu werden, sich zu verändern.

Teilnehmende Sozialforschung ist eine Art sekundärer Sozialisationsprozeß, durch den die Untersucher innerhalb gewisser Grenzen in Lebensweise, Sprache und Ansichten anderer Menschen hineinwachsen. Ihre Arbeit besteht darin, daß sie unter diesen Menschen leben und von ihnen lernen. Es kommt zu einem Wechselspiel zwischen eigener Lebensweise, die man nicht einfach aufgeben kann und sollte, und anderen Lebensweisen, denen man sich anpassen muß, was aber nie vollständig gelingen kann.[2]

b. Gesprächsführung in der teilnehmenden Sozialforschung

Die Methodenlehre rät Soziologen, ihre empirische Tätigkeit möglichst an festen Regeln auszurichten. In Gesprächen Fragebögen zu verwenden, bei Verhaltensbeobachtungen schematische Muster. Ein solches Vorgehen – so argumentiere ich im vorliegenden Buch – verfremdet die sozialen Beziehungen stark, besonders unter Menschen, die in die Gesprächsdisziplin eines bürokratisierten Zusammenlebens nicht eingeübt sind. Eine Formalisierung der Unterhaltung etwa zum Frage-Antwort-Spiel bestimmt stark, was gesagt wird und wie es gesagt wird. Und das ist keineswegs repräsentativ dafür, was und wie die Menschen sonst denken.

Wie man anders und besser vorgehen kann, will ich kurz andeuten.[3] Anlässe, Themen und Abfolge der Unterhaltungen sollte

2 Barbara Kavemann deutet diese Schwierigkeiten der hier erforderlichen Gratwanderung an, wenn sie über Probleme der Untersuchungsarbeit unter Frauen in Andalusien berichtet. In *»Brot für heute ...«*, a.a.O., S. 165 ff.

3 Ausführlicher der oben zitierte Artikel in der Zeitschrift *OBST*.

man möglichst den spontanen Mittteilungsbedürfnissen und dem Kommunikationsstil der Menschen angleichen. Um über ein bestimmtes Problem zu reden, das den/die Untersucher(in) interessiert, muß in der Regel ein begründeter Anlaß vorhanden sein. Man kann ihn nicht vom Zaun brechen, er muß sich aus gerade ablaufenden Ereignissen, den Umständen der Unterhaltung, den direkten Interessen der Partner ergeben. Die Untersucher können da wenig vorplanen.

Meistens können sie auch den Ablauf der Unterhaltungen nicht entscheidend steuern. Dieser richtet sich stark nach der sozialen Situation, in der gesprochen wird. Mit den äußeren Umständen, mit Beteiligten oder Zuhörern, die kommen oder gehen, verändert sich diese Situation ständig. Außerdem ist fast jede natürliche Unterhaltung beeinflußt von unerwarteten Assoziationen, die Wechsel oder Veränderung des Themas bewirken. Diese Assoziationen sind oft störend, für das Denken von Menschen aber meist aufschlußreicher, als wenn sie »streng bei der Sache« blieben.

Auf Situationen, Umstände und Assoziationen können Untersucher nur sehr begrenzt einwirken. Auch vom Untersuchungsziel her ist das gar nicht so wünschenswert. Die Untersucher sollten von der Vorstellung abgehen, sie müßten vor allem herausfinden, *was* Menschen über bestimmte Dinge nun eigentlich denken, sie müßten ihre Meinungen und Auffassungen rubrizieren. Das Denken der Menschen ist oft fließender und wechselhafter als Soziologen erwarten oder wahrhaben wollen. Es hängt sehr ab von konkreten sozialen Umständen, von der Ausstrahlung bestimmter Gesprächspartner, von Positionen, mit denen man konfrontiert wird, denen man sich angleicht oder zu denen man Gegenmeinungen entwickelt.

Was sie sagen, ist für das Denken von Menschen nicht so wichtig wie die Art, in der sie das tun, die Art, wie die Gesprächssituation ihr Sprechen beeinflußt, wie sich Assoziationen einstellen, wie sie sich ausdrücken. Das ist sicher nicht leicht erfaßbar und in Untersuchungsberichten auch schwer darzustellen, macht aber nur deutlicher, daß teilnehmende Untersucher, um Gespräche gut zu führen, vor allem Geschmeidigkeit brauchen, soziale Sensibilität und die Fähigkeit, auf Gesprächspartner einzugehen.

c. Untersuchen als Aufklären und Verändern

Ich meine, daß teilnehmende Sozialforschung eher zu wirklichkeitstreuen und reichhaltigen Einsichten in soziale Verhältnisse führt als die quantifizierende Sozialerhebung. An alternative Untersuchungen werden aber höhere Erwartungen geknüpft als nur die, mehr und bessere Einsichten zu geben. Sie sollen auch der Aufklärung dienen und zu selbsttätiger Veränderung der Verhältnisse anregen. Zur Aufklärung: indem sie den Menschen helfen, ihre Lebensbedingungen besser zu verstehen. Sie sollen aber auch die Solidarität anderer Menschen dadurch fördern helfen, daß man über die Probleme der untersuchten Gruppe berichtet. Zur Veränderung: indem die Untersuchung vielleicht Betroffene anregt, ihre Situation in einem neuen Licht zu sehen und Wege zu finden, sie zu verbessern.

Dieser Anspruch an alternative Untersuchungen ist sehr hoch gesteckt. Unter dem Namen »Aktionsforschung« wurde er bekannt und viel diskutiert. Entstanden ist er aus den kulturrevolutionären Ideen der Studentenbewegung und gegen etablierte Untersuchungsmethoden. Mein Buch geht in dieselbe Richtung, wenn es pauschal von »emanzipatorischer Sozialforschung« als anzustrebender Alternative spricht. Die Kritik des Forschungsinterviews ist auf die Alternative »eingreifender« Untersuchungen direkt ausgerichtet. Darum wird die Idee angegriffen, man könne durch Inverviews die Meinungen von Menschen wirklich erfassen, sozusagen abrufen; die Einflüsse der sozialen Beziehung mit den Untersuchten ausschalten oder doch unter Kontrolle bringen. Weiter wird gezeigt, daß die Interviewtechnik vor allem angepaßtes Bewußtsein zur Sprache bringt, die Beziehung zwischen Untersucher und Untersuchten ungleichwertig macht, die Untersuchten künstlich vereinzelt. Diese Kritik ist – wie sich leicht nachvollziehen läßt – für eine Aktionsforschung direkt von Belang.

Der hohe Anspruch der Aktionsforschung ist aber nur selten einlösbar. Er kann gefährliche Illusionen über die praktische Bedeutung fördern, die die Untersuchungstätigkeit im Alltagsleben haben kann. Ein Team von Untersuchern wird kaum wirksame Aufklärungsarbeit leisten oder einer Gruppe von Menschen überzeugend Wege weisen können, wie sie ihre Situation verbessern mögen. Dennoch sollte man diesen Anspruch nicht einfach aufgeben. Man sollte das Los von Untersuchungen vielleicht nicht von seiner Erfüllung abhängig machen, wohl aber versuchen, ihm in möglichen kleinen Schritten näher zu kommen. *Wie* das geht, kann sich nur am besonderen Untersuchungsvorhaben erweisen. Allgemeine Bemerkungen helfen dem Leser hier nicht weiter. *Daß* es geht, Aktionsforschung in kleinen Schritten zu machen, will ich kurz an zwei Beispielen zeigen.

Das erste Beispiel betrifft unsere Sozialuntersuchungen in Andalusien. Praktischen Nutzen für dort lebende Menschen hatten sie eigentlich nicht. Darum kann man sie auch nicht als »Aktionsforschung« bezeichnen. Am Anspruch, aufklären zu wollen, konnten wir dennoch begrenzt festhalten. Zum einen haben wir bewußt keine soziologische Studie geschrieben, sondern einen »Sozialbericht«. Wir schildern Lebensumstände auf dem Land mit dem Ziel, daß Leser in der BRD davon ein deutliches und anschauliches Bild bekommen. Wir bemühen uns, in einer einfachen und verständlichen Sprache zu schreiben, um den Leserkreis möglichst breit zu halten. Darum verzichten wir auch darauf, die Darstellung theoretisch zu »untermauern«. Wer das Berichtete in soziologischen Theorien ordnen und verarbeiten will, kann das anhand der gegebenen Information auf eigene Faust tun. Wen das nicht interessiert, der soll durch die Darstellungsweise nicht abgeschreckt werden.

Die Annahme, mit unserer Tätigkeit unter andalusischen Landarbeitern hätten wir aufklärend gewirkt, ist gewiß vermessen. Aber immerhin: Daß wir ein Buch über sie in Deutsch geschrieben hatten, fand bei unseren spanischen Freunden und Bekannten starkes Interesse: Was schreiben wir? Können auch sie etwas dadurch lernen, daß wir die Verhältnisse in verschiedenen Dörfern vergleichen, Informationen verarbeiten, die ihnen nicht zugänglich sind?

Hier gab es aber zwei große Barrieren: Das Buch ist in Deutsch geschrieben, darum für spanische Arbeiter unlesbar. Außerdem haben sie weder die Zeit noch die Übung, lange Traktate zu lesen. Wir haben darum im Anschluß an das Buch eine kürzere Broschüre in der spanischen Umgangssprache verfaßt, die wir in der kommenden Zeit verteilen werden. Die Broschüre greift gezielt bestimmte Gesichtspunkte aus dem Buch auf, die uns für die Menschen in Andalusien interessant erscheinen und die wichtigen Diskussionsstoff abgeben könnten. Gezielt wählen wir heikle

Punkte aus dem Leben der Arbeiterfamilien aus, zu denen wir Lernprozesse anregen wollen, etwa die Mißachtung weiblicher Arbeit, die minderwertige Einschätzung von Landarbeit, die Spaltung der Gewerkschaftsbewegung, die Einflüsse des Fernsehens auf das Alltagsleben.

Ob die Broschüre andalusischen Landbewohnern nützt, wird sich zeigen. Wir betrachten es jedenfalls als eine notwendige Aufgabe alternativer Sozialforschung, daß sie ihre Ergebnisse den sozialen Gruppen, die sie untersucht hat, in einer ihnen zugänglichen Form mitteilt.

Das zweite Beispiel betrifft ein Projekt alternativer Sozialforschung unter ausländischen Arbeitern in Amsterdam. Die Universität Amsterdam hat einen »Wissenschaftsladen« eingerichtet. Gruppen aus der Bevölkerung, die ein Problem haben, bei dem eine Untersuchung vielleicht nützlich ist, können sich an den Laden wenden. Dieser sucht dann Leute an der Universität, die die erbetene Untersuchung durchführen wollen. Ende 1978 wurde nun vom Wissenschaftsladen angeregt, Untersuchungen für Gruppen ausländischer Arbeiter und Arbeiterinnen in Stadt und Umgebung zu machen. Zunächst wurde mit einzelnen Gruppen die Frage besprochen, an welchen Punkten ihnen nähere Untersuchungen nützlich sein könnten. Später gab es gemeinsame Versammlungen, um mögliche Aufgaben für universitäre Untersuchungsgruppen genauer zu umreißen. Diese Versammlungen waren ein ziemlicher Mißerfolg: Die Vertreter der Ausländergruppen nannten zwar viele Aufgaben und Probleme; wie ihnen jedoch Untersuchungen von der Universität weiterhelfen könnten, blieb undeutlich. Umgekehrt gingen Gruppen von der Universität davon aus, sie würden klar umrissene Aufträge erhalten und brauchten die Ergebnisse den Ausländergruppen später nur mitzuteilen.

Eine Studentengruppe entschied sich dafür, die Schwierigkeiten in der Zusammenarbeit von verschiedenen Gruppen ausländischer Arbeiter zu untersuchen. Nun wurde diese Zusammenarbeit im Sommer 1979 gerade wiederbelebt; die Studentengruppe begann, dabei mitzuhelfen und Aufgaben zu übernehmen.

Die Ausländergruppen halten seit Herbst 1979 das Gebäude eines Wohlfahrtsverbandes in Amsterdam besetzt, der aufgelöst werden soll. Sie wollen so Druck hinter ihre Forderung setzen, daß

die Ausländer entscheidende Mitsprache bei der sie betreffenden Wohlfahrtsarbeit erhalten und daß die paternalistische Bevormundung beendet wird.
Wenige Wochen nach der Besetzung trat in den Niederlanden ein neues Gesetz zur Regelung der Arbeit angeworbener Ausländer in Kraft. Ein zentraler Bestandteil des Gesetzes ist, daß die Beschäftigung von Arbeitern ohne staatliche Arbeitserlaubnis unter Strafe gestellt wird. In Holland arbeiten Zehntausende von Arbeitern illegal, die meisten kommen aus Marokko und aus der Türkei. Die Reaktion vieler Unternehmer auf die neuen Bestimmungen ist nun, solche Arbeiter massenhaft zu entlassen. Viele – wenn nicht die meisten – der Entlassungen erfolgen gegen die Regeln des Arbeitsrechts, viele Arbeiter werden außerdem um ihnen zustehende Lohnzahlungen betrogen.
Die Ausländergruppen in Amsterdam beschlossen, gegen das neue Gesetz und seine Auswirkungen Widerstand zu leisten. In diesem Widerstand bekam nun die Studentengruppe eine unerwartete Aufgabe. Sie beteiligt sich an einer ständigen Beratung entlassener und von Entlassung bedrohter Arbeiter, die im besetzten Gebäude stattfindet. Die Beratung hat die dreifache Funktion von individueller Hilfe, Untersuchung und Aktionsvorbereitung. Untersucht werden auf diese Weise die Auswirkungen, die das neue Gesetz für illegale Arbeiter hat, die Häufigkeit und der Ablauf von Entlassungen, die Arbeitsumstände in den Betrieben, das Verhalten der Behörden gegen Illegale. Die Beratung hat zugleich die Aufgabe, den Widerstand zu organisieren. Die betroffenen Arbeiter kommen im besetzten Gebäude zusammen. Mit Unterstützung der Ausländergruppen machen sie Aktionen in bestimmten Betrieben, Demonstrationen in holländischen Städten. Die Ergebnisse der »beratenden Untersuchung« werden in einem Schwarzbuch zusammengestellt, das die Öffentlichkeit informieren soll. Damit hofft man, eine breitere Unterstützung im Kampf gegen das neue Gesetz zu finden. Natürlich arbeitet die Studentengruppe an der Zusammenstellung des Schwarzbuchs mit.

Das Beispiel macht deutlich: Der Anspruch der Aktionsforschung ist in bestimmten Fällen durchaus einlösbar. Voraussetzung dafür ist aber eine Zusammenarbeit mit Aktionsgruppen aus dem betroffenen Bevölkerungskreis. Aus den praktischen Problemen dieser Gruppe können Aufgaben erwachsen, für die eine Untersuchungstätigkeit nützlich sein kann. Es ist möglich, daß diese Untersuchungen sozialpolitische Aktionen stützen helfen und vorbereiten. In der Regel werden dann aber Untersuchungstätigkeit und direkte Sozialarbeit zusammengehen.

Ich schließe die Skizze zu Alternativen praktischer Sozialforschung ab. Durch Methodenkritik allein wird sie wohl noch nicht möglich. Aber Methodenkritik unterstreicht das übergeordnete Ziel: dafür zu werben, daß mehr Sozialuntersuchungen in der geschilderten Art gemacht werden.

Januar 1980 H. B.

Adorno et. al., *Der Positivismusstreit in der deutschen Soziologie*, Köln 1969.
Atteslander, P., *Methoden der empirischen Sozialforschung*, Berlin 1971.
Autonomie der Arbeiterklasse und Sprachverwirrung. In: *Aesthetik und Kommunikation*, H. 11, 1973.
Becker, H. S. / Geer, B., *Participant Observation and Interview: A Comparison.* In: McCall-Simmons, *Issues in Participant Observation*, Readings Mass. 1969.
Berger, H., *Erfahrung und Gesellschaftsform. Methodologische Probleme wissenschaftlicher Beobachtung*, Stuttgart 1972.
Bernstein, B., *Soziale Struktur, Sozialisation und Sprachverhalten. Aufsätze 1958-1970*, Amsterdam 1970.
Bernstein, B., *Studien zur sprachlichen Sozialisation*, Düsseldorf 1972.
Boehme/van den Daele/Krohn, *Alternativen in der Wissenschaft.* In: *Zeitschrift für Soziologie* 4, 1972, 1. 1973.
Cannell, C. F. / Axelrod, M., *The Respondent Reports on the Interviewer.* In: *American Journal of Sociology* 62, 1956/7.
Cannell, C. F. / Kahn, R. L., *Interviewing. Handbook of Social Psychology*, ed. Lindzey, Bd. 1, 1968.
Caplow, T., *The Dynamics of Information Interviewing.* In: *American Journal of Sociology* 62, 1956/7.
Cazden, C. B., *Die Situation.* In: Klein, W. / Wunderlich / D. ed., *Aspekte der Soziolinguistik*, Frankfurt 1972.
Chapman, L. J. / Bock, R. D., *Components of variance due to acquiescense and content in the F-scale measure of authoritarianism.* In: *Psychological Bulletin* 55, 1958.
Cicourel, A. V., *Methode und Messung in der Soziologie*, Frankfurt 1970.
Cicourel, A. V., *Cognitive Sociology*, London 1973.
Coombs, C., *Theory and Methods of Social Measurement.* In: Festinger/Katz ed., *Research Methods in the Behavioral Sciences*, New York 1953.
Dexter, L. A., *Role Relationship and Conceptions of Neutrality in Interviewing.* In: *American Journal of Sociology* 62, 1956/7.
Diaz del Moral, J., *Historia de las agitationes campesinas andaluzas*, Madrid 1929.
Ehrlich, J. S. / Riesmann, D., *Age and Authority in the Interview.* In: *Public Opinion Quarterly* 25, 1961.
Freire, P., *Pädagogik der Unterdrückten*, Berlin (West) 1972.

Die Methode Paolo Freire. In: *betrifft: erziehung* 7, 1973.
Friedrich, W., *Methoden der marxistisch-leninistischen Sozialforschung*, Berlin (DDR) 1972.
Friedrichs, J. / Lüdtke, H., *Teilnehmende Beobachtung*, Weinheim 1971.
Fuchs, W., *Empirische Sozialforschung als politische Aktion.* In: *Soziale Welt* 21/22, 1970/1.
Galtung, J., *Theory and Methods of Social Research*, Oslo 1967.
Garfinkel, H., *Studies in Ethnomethodology*, Prentice Hall 1967.
Giegel, H. J., *Die Logik der seelischen Ereignisse*, Frankfurt 1969.
Gordon, R. L., *Interviewing. Its strategy and tactics*, Homewood, Ill. 1969.
Green, Attitude Measurement. In: Gardner/Lindzey ed., *Handbook of Social Psychology*, 1968.
Guest, *A Study of Interviewer Competence. International Journal of Opinion and Attitude Research* 1, 1947.
Guilford, J., *Psychometric Methods*, New York 1954.
Guttman, L., *The Problem of Attitude and Opinion Measurement.* und: *The Basis for Scalogramm Analysis.* In: *Measurement and Prediction* (Bd. IV von *The American Soldier*) 1950.
Habermas, J., *Zur Logik der Sozialwissenschaften.* Sonderheft der Philosophischen Rundschau 1966.
Haug, F., *Soziologie in der DDR.* In: *Das Argument* 50, 1969.
Hartmann, H., *Empirische Sozialforschung*, München 1970.
Herkommer, S., *Gesellschaftsbild und politisches Bewußtsein.* In: *Argument* 50, 1969.
Hobsbawm, E. J., *Sozialrebellen*, Neuwied 1962.
Hyman, H. et. al., *Interviewing in Social Research*, Chicago 1954.
Jackson, D. N. / Missick, *A note on »ethnocentrism« and acquiescense response sets.* In: *Journal of Abnormal and Social Psychology* 54, 1957.
Jahoda, M. / Warren, N., ed., *Attitudes (Selected Readings)*, London 1966.
Jaide, H., *Junge Arbeiterinnen*, München 1969.
Kahn, R. L. / Cannell, C. F., *The Dynamics of Interviewing*, New York 1957.
Katz, D., *Do interviewers bias poll results?* In: *Public Opinion Quarterly* 6, 1942.
Katz, D. / Stotland, *Preliminary Statement to a Theory of Attitude Structure and Chance.* In: *Psychology. A Study of a Science*, ed. Koch, Bd. I, 1959.
Kern, H. / Schumann, M., *Industriearbeit und Arbeiterbewußtsein*, RKW-Studie 1970.
Kern, H. / Schumann, M., *Zum politischen Verhaltenspotential der*

Arbeiterklasse. In: Meschkat/Negt ed., *Gesellschaftsstrukturen,* Frankfurt 1973.
Krech/Crutchfield/Ballachey, *Individual in Society. A Textbook of Social Psychology,* New York 1962.
Kreutz, H., *Soziologie der empirischen Sozialforschung,* Stuttgart 1972.
Labov, W. u. a., *A Study of the Non-Standard English of Negro and Puerto Rican Speakers in New York City,* Washington 1968.
Labov, W., *Die Logik des Non-Standard Englisch* (Auszug) 1969. In: Klein/Wunderlich ed., *Soziolinguistik* 1971.
Lane, J. P., *Isolation and Public Opinion in Rural Northeast Brazil.* In: *Public Opinion Quarterly* 33, 1969.
Lazarsfeld, P. F., *The Controversy over Detailed Interviews.* In: *Public Opinion Quarterly* 8, 1944.
Lazarsfeld, P. F. / Merton, R. K., ed., *Studies in the Scope and Method of »The American Soldier«,* Glencoe, Ill. 1950.
Lazarsfeld/Rosenberg, *The Language of Social Research,* Glencoe, Ill., 1957.
Lazarsfeld ed., *Stouffer, Social Research to Test Ideas,* Glencoe 1962.
Lenski G. E. / Leggett J. C., *Caste, class and deference in the research interview.* In: *American Journal of Sociology* 65, 1965.
Lefèvre, W., *Der historische Charakter und die historische Funktion der bürgerlichen Soziologie,* Frankfurt 1971.
Lerner, D., *The Passing of Traditional Society,* New York 1964.
Lundberg, G., 1942.
Maccoby/Maccoby, *Interview.* In: König ed., *Das Interview,* Köln 1956.
Madge, J., *The Origins of Scientific Sociology,* London 1963.
Mangold, W., *Gruppendiskussion.* In: *Handbuch der empirischen Sozialforschung* I, 1967.
Maquet, J., *Objectivity in Anthropology.* In: *Current Anthropology,* 1964, H. 5.
Marsh, *Comparative Sociology,* New York 1967.
Martinez Alier, J., *Labourers and Landowners in Southern Spain,* London 1972.
Mayntz, R. / Holm, K. / Hübner, P., *Einführung in die Methoden der empirischen Soziologie,* Köln 1969.
Merton, R. K. / Fiske, M. / Kendall, P., *The Focused Interview,* Glencoe 1956.
Mills, C. W., *The Sociological Imagination* (1959), Middlesex 1970.
Nagel, E., *Measurement.* In: *Erkenntnis* 2, 1932.
Nagel, E., *The Structure of Science,* London 1962.
Negt, O., *Soziologische Phantasie und exemplarisches Lernen,* Frankfurt 1969.

Negt, O. / Kluge, A., *Öffentlichkeit und Erfahrung*, Frankfurt 1972.
Neuloh, O. u. a., *Der ostafrikanische Industriearbeiter zwischen Shamba und Maschine*, 1969.
Oevermann, U., *Sprache und soziale Herkunft*, Frankfurt 1972.
Opp, K.-D., *Methodologie der Sozialwissenschaften*, Hamburg 1970.
Oppenheim, A. N., *Questionnaire Design and Attitude Measurement*, London 1966.
Pollock, *Gruppenexperiment – ein Studienbericht*, Frankfurt 1955.
Popitz, H. u. a., *Das Gesellschaftsbild des Arbeiters*, 1956.
Popper, K. R., *Logik der Forschung*, Tübingen 1966.
Probst, H., *Die scheinbare und wirkliche Funktion des Intelligenztests im Sonderschulüberweisungsverfahren*, in: *Kritik der Sonderpädagogik*, Gießen 1974.
Quaderni Rossi, *Arbeiteruntersuchung*, München 1972.
Ramirez, T., *Algunas consideraciones sobre actitudes sociopoliticas en Andalucia*. In: *Anales de Sociologia* 4, 1968/9.
Richardson, S. A. / Dohrenwend, B. S. / Klein, D., *Interviewing, Its Forms and Functions*, New York 1965.
Ritsert, J. / Becker, E., *Strukturen sozialwissenschaftlich-statistischer Argumentationen*, 1971.
Ritsert, J., *Inhaltsanalyse und Ideologiekritik*, Frankfurt 1972.
Robins, L. N., *The Reluctant Respondent*. In: *Public Opinion Quarterly* 27, 1963.
Roede, H., *Befrager und Befragte – Probleme der Durchführung des soziologischen Interviews*, Berlin (DDR) 1969.
Roethlisberger, F. J. / Dickson, W. J., *Management and the Worker* (1939), New York 1964.
Rudolph, L. / Rudolph, S. H., *Surveys in India*. In: *Public Opinion Quarterly* 22, 1958.
Schatzmann, L. / Strauss, A., *Social Class and Modes of Communication*. In: *American Journal of Sociology* 60, 1955.
Scheuch, E., *Das Interview in der Sozialforschung*. In: *Handbuch der Empirischen Sozialforschung* I, 1967.
Schrader, A., *Einführung in die empirische Sozialforschung*, Stuttgart 1971.
Schwartz, A., *Interviewing and the Public*. In: *Public Opinion Quarterly* 28, 1964.
Scott, W. A., *Measures of Cognitive Structure. Multivariate Behavior Research* 1, 1966.
Selltitz/Cook/Jahoda/Deutsch, *Untersuchungsmethoden in der Sozialforschung*, Köln 1972.
Shaw, M. E. / Wright, J. M., *Scales for the Measurement of Attitudes*, New York 1967.

Sjoberg, G., *Operationalism in Social Research.* In: Gross ed., *Symposium in Sociological Theory*, 1959.
Staeuble, I., *Politischer Ursprung und politische Funktionen der pragmatistischen Sozialpsychologie*, München 1972.
Stoljarow, V., ed., *Zur Technik und Methodologie soziologischer Forschung*, Berlin 1966.
Stouffer, S. u. a., *The American Soldier. Studies in Social Psychology in World War II.* Bd. I-IV, Princeton 1950.
Taietz, P., *Conflicting Group Norms and the »Third Person« in the Interview.* In: *American Journal of Sociology* 68, 1962.
Thurstone, L. L., *The Measurement of Values* (Aufsätze), Chicago 1959 (v. a. die Aufs. 1, 7, 19, 24).
Vester, M., *Die Entstehung des Proletariats als Lernprozeß*, Frankfurt/M. 1972.
Webb, E. J. u. a., *Unobtrusive Measures. Nonreactive Research in the Social Sciences*, Chicago 1966.
Williams, J. A. Jr., *Interviewer-Respondent Interaction: A Study of Bias in the Information Interview.* In: *Sociometry* 27, 1964.
Williams, J. A., *A Further Note on Bias in the Information Interview*, In: *Public Opinion Quarterly* 32, 1968.
Wittgenstein, L., *Philosophische Untersuchungen*, Frankfurt 1967.